한국사회 불평등과 빈곤 현실

이성균

박영story

머 리 말

현재 한국사회에서 가장 많이 거론되는 사회문제는 불평등과 빈곤이다. 과거 고도 성장기에는 다양한 산업과 직업이 새롭게 등장하고 일자리 기회도 계속 늘어나, 많은 사람들이 노동을 통하여 가구생활에 필요한 소득을 확보할 수 있었으며 빈부격차도 낮은 수준이었다. 그러나 최근에는 국내외 경제여건 변화에 따라서 안정적 일자리 기회가 축소되어 적정한 소득을 확보하기 어려운 사람들이 점점 늘어나고 있다. 또한 많은 사람들이 각종 경제활동을 통하여 사업소득과 자산소득 등을 늘리려고 노력하지만, 경제적 불평등과 사회적 불안정성이 지속되고 있다. 20세기 '동아시아의 네 마리 용' 가운데 하나로서 경제적 궁핍과 불평등 문제를 해결해 왔던 한국사회는 21세기 들어서 불평등과 빈곤 문제를 해결해야 한다는 시대적 과제를 안고 있다.

이러한 사실은 주요 일간지와 방송 기사에서 잘 나타난다. "한국, 서유럽처럼 부유하지만 소득·부 불평등 심각"(아시아경제, 2021년 12월 7일), "부자 나라 한국, 소득 불평등 심각…부의 불평등은 더 심각"(KBS, 2021년 8일), "부(富)의 불평등이 소비 위축하고 성장률 저하시켜"(조선일보, 2020년 6월 29일) 등의 제목에서 알 수 있듯이, 한국사회 불평등과 빈곤 문제를 보도한 기사를 쉽게 찾을 수 있다. 또한 최근 국민 여론조사 결과 "한국사회의 제1 과제는 불평등 해소"이며 2022년도 대통령선거를 앞두고 주요 정당들이 일자리정책과 불평등 해소를 위한 정책들을 주요 공약으로 발표한 점에서 알 수 있듯이, 불평등과 빈곤 문제는 시급한 해결과제로 부각되고 있다.

머 리 말

그러나 현재의 불평등과 빈곤문제는 4차 산업혁명 흐름과 코로나19 팬데믹이라는 거대한 변화에 따라서 매우 복합적인 양상을 나타낸다. 경기변동과 시장 위축, 인력채용방식 변화 등에 따라서 전통적 제조업체 및 자영업 부문이 위축되고 있으나, 새로운 기업조직으로서 등장한 플랫폼 기업에서는 일자리가 늘어나고 있다. 직장을 찾지 못하거나 월급만으로 생계를 유지하기 어려운 사람들이 늘어나지만, 동시에 전문지식과 기술력을 갖춘 사람들에 대한 보상은 과거보다 더욱 커졌다. 또한 주식과 부동산 자산 가치상승으로 더 많은 부(富)를 축적하는 사람들이 늘어나고 무주택자들의 주거부담과 '빚(을 지어) 투(자하는)' 사람들이 확대되는 것도 현재 한국사회의 현실이다.

최근 전 세계적으로 발생한 코로나19 상황은 우리 사회의 불평등과 빈곤 현실을 적나라하게 보여준다. 인류 역사의 경험을 볼 때, 코로나19 팬데믹과 같은 대규모 재난은 많은 시민들의 삶에 영향을 미치지만, 경제사회적으로 취약한 사람들의 어려움이 더욱 심화되는 경향이 있다. 코로나19 상황이 장기화되면서 전 세계적으로 실업자가 대폭 증가하였으며 빈곤가구의 생계문제는 더욱 악화되고 있다. 한국사회에서도 사회적 거리두기와 경기위축의 장기화로 인하여 자영업자, 중소기업 취업자, 비정규직 종사자 등 노동시장 취약계층의 고용문제와 소득감소가 나타났다. 또한 양질의 일자리가 부족해 청년의 고용문제는 심화되었고, 일－가정 양립이 어려운 맞벌이 가구나 경력단절 여성의 고용위기도 지속되었다. 코로나19 상황 이전부터 노동시장에서 취약한 지위에 있던 사람들이 코로나19 팬데믹으로 더욱 큰 어려움을 경험하고 있다. 앞에서 소개한 신문 기사에서도, "코로나로 임금 불평등 심화...현정부 들어 임금 지니계수 첫 상승"(경향신문, 2021년 1월 24일) 혹은 "코로나19사태로 '경제적 불평등' 우려"(내일신문, 2020년 11월 5일) 등 코로나19 상황의 불평등 변화를 주목하는 보도가 다수 존재한다.

코로나19 팬데믹은 고용이나 소득 등 경제적인 측면뿐만 아니라 사회적 측면의 취약성을 드러냈다. 과거에도 많은 사람들이 취약한 주거 시설이나 환경에서 생활해 왔으며, 코로나19 상황에서는 좁은 공간, 열악한 주거시설 및 환경에서 생활하는 사람들이 주거 빈곤상태를 벗어날 가능성이 더욱 줄어들고 있다. 교육격차 문제도 팬데믹 상황에서 다시 부각되었는데, 사회적 거리두기로 학교 수업이 차질을 빚으면서 부모의 지원 정도와 사교육 기회 등에 따라서 학생 개인별 학업성취도에서 많은 차이가 나타났다. 또한 '코로나 블루'라는 용어에서 알 수 있듯이, 대규모 재난 상황은 정신건강에도 많은 영향을 미치고 있다. 결국 불평등과 빈곤문제는 경제적 측면뿐만 아니라 사회적인 측면에서 우리들의 삶에 직접적인 영향을 미치고 있다.

따라서 우리 사회의 불평등과 빈곤 문제를 좀 더 구체적으로 파악할 필요가 있다. "현재 불평등과 빈곤 문제가 심각한 수준이다"는 주장에 대해서는 논란이 없으나, 우리 사회의 불평등과 궁핍함은 어느 정도인가?" 일자리 질과 주거생활, 정신건강의 현실은 무엇인가? 노동빈곤층과 상대적 빈곤층, 주거 빈곤층의 삶은 어떠한가? 팬데믹 상황에서 불평등과 빈곤문제는 어떻게 변화하였으며, 팬데믹의 피해는 집단별로 어떤 차이가 있는

머 리 말

가? 우리사회의 불평등현실과 의식은 어떤 특징을 갖는가? 등의 많은 의문이 제기되고 있다.

이 저서는 각종 사회조사 자료를 활용하여 우리사회의 불평등과 빈곤 현실을 설명하고사 한다. 전통적으로 불평등과 빈곤에 관한 연구는 경제적 차원에 집중되어 왔다. 임금, 소득, 자산 등 각종 자료를 기초로 경제적 불평등 문제를 연구하거나 빈곤문제를 연구하는 것이 한국 사회과학계의 가장 일반적인 경향이었다. 경제적 불평등은 사회·문화·심리적 차원의 불평등을 낳는 주요 원인이기 때문에, 경제적 불평등에 대한 구체적인 연구는 매우 중요한 일이다. 그럼에도 불구하고 경제적 불평등이 교육·주거·건강·불평등 인식 등 다양한 영역의 불평등 현실을 모두 설명하는 것은 아니다. 불평등은 경제적인 측면과 사회적 측면, 객관적 사실과 주관적 의식 등 매우 많은 항목에서 나타나기 때문에, 이러한 현실을 구체적으로 규명하는 작업이 필요하다.

이 저서는 '불평등과 빈곤 문제에 대한 다차원적 연구'라는 장기 프로젝트의 출발점으로서, 필자가 코로나19 팬데믹 상황 이전에 쓴 논문들을 수정하고 최근 현실을 설명한 글을 추가한 것이다. 코로나19 팬데믹이 완전히 종료되지 않은 상황에서는 그 경제사회적 파급효과를 구체적으로 파악하기에는 시기적으로 적절하지 않으며, 이를 파악할 만한 자료도 충분하지 않다. 팬데믹 상황의 불평등과 빈곤이 이전 상황의 연속선상에 있다고 생각하여, 필자의 기존 연구 결과를 재정리하고 최근 불평등과 빈곤의 민낯을 소개하는 글을 모아서 출간한다.

이 저서의 첫 번째 글은 고전 사회과학에서부터 현대 사회과학에 이르기까지 불평등과 빈곤을 설명하는 개념 및 이론을 간략히 정리한다. II~IV장은 불평등과 빈곤 현실을 설명한 것으로서, 2010년대 이후 한국사회 소득과 자산의 불평등 추이와 발생 요인, 그리고 상대적 빈곤과 주거빈곤 문제에 대한 실증분석 결과를 정리한다. V~VII장은 일자리 질의 지역 격차, 직장인의 정신건강, 청소년의 불평등의식 등 사회적 차원의 격차와 빈곤 문제를 분석한 것이며, VIII장은 코로나19 팬데믹 상황의 불평등과 빈곤 현실을 정리하고 정책적 시사점을 제시하였다.

이 저서에 수록된 글의 일부는 과거에 출간한 논문 등을 수정하고 재정리한 결과이다. II장은 필자가 신희주 · 김창환 교수와 함께 쓴 논문 "한국사회 가구 소득과 자산의 불평등: 연구 성과와 과제"(『경제와 사회』 2020년 9월호, 60~94쪽)를 수정한 글이다. III장은 "가구주 특성과 상대적 빈곤: 수도권과 비수도권의 비교"(『지역사회학』 20권 1호, 2019년 4월, 5~34쪽)를 기초로 상대적 빈곤문제를 새롭게 설명한 글이며, IV장은 2019년 9월의 비판사회학대회 발표문 "1인가구의 주거빈곤과 사회경제적 특성"을 수정한 것이다. 또한 VI장은 "한국 임금근로자의 스트레스에 관한 연구: 패널자료 분석"(『한국사회학』 제50집 제4호, 2016년 8월, 203~232쪽)을 기초로 고용과 정신건강 격차 문제를, VII장은 "한국사회 고등학생의 기회불평등 의식"(연세대학교 『사회과학논총』 47권 2호, 2016년 11월, 3~26쪽)을 기초로 청소년의 불평등의식을 정리한 것이다.

필자는 이 저서가 한국사회의 불평등과 빈곤 문제를 이해하는데 도움

머 리 말

되기 바라며, 더 나아가 많은 전문가들이 이 저서에서 다루지 못한 문제들을 더욱 구체적으로 연구하기 희망한다. 한 사회의 불평등과 빈곤 현실에 대해서는 설명해야 할 부분이 매우 많으며, 현재와 같이 급격히 변화하는 사회 문제의 발생 요인이나 한국적 특징을 파악하기 위해서는 다양한 접근 방식이 필요하다. 이 저서가 이러한 과제를 수행하는데 초석이 되기 바라며, 포스트(post) 코로나 혹은 위드(with) 코로나 시대의 문제해결을 위한 시사점을 찾는데 도움되기 바란다.

마지막으로 이 저서를 발간하는데 도움을 주신 분들에게 감사의 인사를 전한다. 공저의 논문을 이 저서에 포함하는데 동의해 주신 신희주 · 김창환 교수, 연구주제 선정 및 분석 과정에서 도움을 주신 수많은 연구자들, 그리고 도서를 출간해 주신 박영사 관계자에게 깊은 감사의 뜻을 전한다. 또한 필자의 박사과정 지도교수로서 2019년에 승천하신 라이트 교수(Erik Olin Wright)를 언급하고자 한다. 비판적 사회과학자의 삶을 제시하셨고 한국사회에도 많은 애착을 보였던 고인을 추모하며 이 저서를 출간한다.

2022년 9월

이성균

목 차

I 불평등과 빈곤의 이해

1. 계급과 계층 불평등 ······ 3
2. 노동시장 불평등 ······ 6
3. 절대적 빈곤과 상대적 빈곤 ······ 9
4. 사회적 시민권과 배제 ······ 12

II 소득과 자산 불평등

1. 서론 ······ 19
2. 불평등 연구의 기본 방향 ······ 21
3. 소득불평등의 변화와 현실 ······ 28
4. 자산불평등의 변화와 현실 ······ 41
5. 자산과 소득의 상관성 ······ 46
6. 결론 ······ 49

III 상대적 빈곤 현실

1. 서론 ······ 53
2. 한국의 빈곤 추이 ······ 55
3. 상대적 빈곤가구의 특성 ······ 64
4. 결론 ······ 71

목 차

Ⅳ 주거 빈곤과 1인 가구

1. 서론 ···· 75
2. 주거빈곤에 대한 이해 ···· 77
3. 연구 방법 ···· 80
4. 가구유형별 주거빈곤과 사회경제적 지위 ···· 83
5. 주거빈곤 결정요인 ···· 88
6. 결론 ···· 96

Ⅴ 지역 불평등과 양질의 일자리

1. 서론 ···· 101
2. 이론적 시각 ···· 103
3. 연구 방법 ···· 107
4. 지역별 임금근로자 구성과 경제구조 특성 ···· 109
5. 양질의 일자리 결정요인 ···· 114
6. 결론 ···· 123

Ⅵ 노동시장 불평등과 업무 스트레스

1. 서론 ···· 127
2. 직장인의 업무스트레스에 대한 이해 ···· 129
3. 연구방법 및 자료 ···· 131
4. 직장인의 업무스트레스 현실 ···· 134
5. 직장인의 업무스트레스에 영향을 미치는 요인 ···· 138
6. 결론 ···· 146

Ⅶ 청소년의 기회불평등 의식

1. 서론 ······ 151
2. 이론적 배경 ······ 153
3. 자료 소개 ······ 156
4. 청소년의 불평등의식 현황 ······ 160
5. 기회불평등의식에 영향을 미치는 요인 ······ 168
6. 결론 ······ 173

Ⅷ 코로나19 팬데믹 상황의 불평등과 빈곤

1. 팬데믹의 충격 ······ 177
2. 팬데믹 직전의 불평등과 빈곤 ······ 179
3. 팬데믹 상황의 불평등과 빈곤 ······ 181
4. 불평등과 빈곤문제 해결방향 ······ 195
5. 새로운 연구와 자료의 필요성 ······ 200

참고문헌 ······ 205

표 목차

〈표 II-1〉 개인단위와 가구단위 소득 현황: 2017~2020 ······ 24
〈표 II-2〉 균등화 소득분위 경계값 비 ······ 25
〈표 II-3〉 가구 구성원의 종사상지위별 구성에 따른 가구 소득격차 ······ 38
〈표 II-4〉 소득구성항목별 격차 ······ 40
〈표 II-5〉 순자산 불평등 변화: 2012~2019년 ······ 41
〈표 II-6〉 소득과 자산의 상관관계: 가구주 연령 집단별 비교(2019년) ······ 48
〈표 III-1〉 상대적 빈곤율: 2011~2019 ······ 57
〈표 III-2〉 소득수준별 가구유형 ······ 60
〈표 III-3〉 빈곤층과 부유층의 소득격차 ······ 61
〈표 III-4〉 상대적 빈곤층의 자산보유 현황 ······ 62
〈표 III-5〉 소득집단별 가계지출구조와 재정상태 ······ 64
〈표 III-6〉 가구주의 특성이 상대적 빈곤에 미치는 순 효과 ······ 66
〈표 III-7〉 가구주가 65세 이상인 경우 일반가구와 노인가구의 소득 비교 ······ 70
〈표 IV-1〉 응답자 분포 ······ 82
〈표 IV-2〉 최저주거기준 미달(주거빈곤) 현황: 가구유형 및 주거시설 특징별 비교 ······ 84
〈표 IV-3〉 가구형태별 가구주 인구학적 특징과 경제적 상태 ······ 87
〈표 IV-4〉 주거빈곤에 대한 로짓 회귀분석 결과: B와 exp(B) ······ 90
〈표 IV-5〉 2019년 12월 주택 매매 및 전세가격 변동률 현황(기준시점 2012년 12월) ······ 92
〈표 V-1〉 지역별 주요 변수: 임금근로자 ······ 110
〈표 V-2〉 서울, 부산, 광주, 울산의 경제활동 특성 비교: 2019년 기준 ······ 113
〈표 V-3〉 임금근로자의 양질 일자리 결정요인: 전국 ······ 116
〈표 V-4〉 임금근로자의 양질 일자리① 결정요인: 지역별 분석결과 ······ 120

〈표 V-5〉 임금근로자의 양질 일자리② 결정요인: 지역별 분석결과 …… 121
〈표 VI-1〉 스트레스 경험 유무: 응답자 기준 …… 134
〈표 VI-2〉 스트레스 정도의 연도별 변화 …… 135
〈표 VI-3〉 주요 집단별 주당 근로시간, 업무관리감독 점수, 스트레스 기술통계 …… 137
〈표 VI-4〉 스트레스 경험(범위)에 대한 확률효과 순서형 프로빗모형 분석 결과 …… 140
〈표 VI-5〉 스트레스 경험(정도)에 대한 확률효과 구간자료 회귀모형 분석 결과 …… 142
〈표 Ⅶ-1〉 주요 변수의 기술통계 …… 158
〈표 Ⅶ-2〉 학교교육과 지역 교육생활 환경에 대한 평가 …… 162
〈표 Ⅶ-3〉 사회적 기회불평등의 심각성에 대한 의식 …… 167
〈표 Ⅶ-4〉 기회불평등의식지수에 대한 일반 회귀분석 결과 …… 170
〈표 Ⅶ-5〉 기회불평등의식(하위영역)에 대한 순서형 로짓(Ordered Logit) 분석 결과 …… 171
〈표 Ⅷ-1〉 코로나 팬데믹 전·후 고용보조지표 변화 …… 182
〈표 Ⅷ-2〉 팬데믹 전·후 종사상 지위별 취업지 규모 변동 (2018=100) …… 183
〈표 Ⅷ-3〉 코로나 팬데믹과 5분위 소득·자산 불평등 …… 185
〈표 Ⅷ-4〉 전국 주요도시의 코로나 팬데믹 전·후 고용률 비교 (2019~2021) …… 188
〈표 Ⅷ-5〉 주요 도시의 코로나 팬데믹 전·후 일자리 질의 지표 비교 (2019~2021) …… 189
〈표 Ⅷ-6〉 주거 입주 형태별 코로나 팬데믹 전·후 소득, 자산, 부채 현황 …… 190
〈표 Ⅷ-7〉 일반 가구의 거처 종류별 가구 및 가구원 분포 (2020년) …… 191
〈표 Ⅷ-8〉 사회경제적 격차와 사교육비: 코로나 팬데믹 전·후 비교 …… 193
〈표 Ⅷ-9〉 코로나 팬데믹 전·후 우울감과 스트레스 …… 194

그림 목차

〈그림 II-1〉 2010년대 소득 격차 추이: P90/P10 ··· 26

〈그림 II-2〉 소득 불평등(지니 계수) 변화 ··· 28

〈그림 II-3〉 P90/P50, P50/P10 소득 경계 비율의 변화 ··· 32

〈그림 II-4〉 소득불평등의 원천별 상대적 기여도 ··· 35

〈그림 II-5〉 자산집단(분위)별 순자산 추이: 2012~2019 ··· 42

〈그림 II-6〉 한국의 주택종합 매매가격 변동률 추이 ··· 44

〈그림 II-7〉 자산불평등의 원천별 상대적 기여도: 부동산자산과 금융자산 ··· 45

〈그림 II-8〉 자산-소득 상관관계 ··· 47

〈그림 III-1〉 상대적 빈곤율(중위소득 50% 이하): 근로연령층과 은퇴연령층 비교 ··· 58

〈그림 III-2〉 상대적 빈곤율(중위소득 60% 이하): 근로연령층과 은퇴연령층 비교 ··· 59

〈그림 IV-1〉 1인 가구의 연령·지역별 주거빈곤 격차 ··· 93

〈그림 VI-1〉 근로시간에 따른 스트레스 경험범위 변화: 관리감독집단별 비교 ··· 145

〈그림 Ⅶ-1〉 학교교육 항목별 평가 평균점수: 계층소속감별 비교 ··· 163

〈그림 Ⅶ-2〉 하위영역의 기회불평등의식(심각성)과 미래 계층지위점수 ··· 168

〈그림 Ⅷ-1〉 팬데믹 이전의 '불평등'과 '빈곤'관련 기사 분석 (2015~2019) ··· 187

〈그림 Ⅷ-2〉 팬데믹 상황의 '불평등'과 '빈곤'관련 기사 분석 (2020~2021) ··· 187

I

불평등과 빈곤의 이해

Ⅰ 불평등과 빈곤의 이해

불평등과 빈곤 문제는 사회과학자들이 오랫동안 탐구해 온 주제이다. 자본주의사회를 역사적인 관점에서 설명한 마르크스(K. Marx)부터 현대 자본주의의 불평등 현실을 명료하게 설명한 피케티(T. Piketty)에 이르기까지, 많은 학자들은 불평등의 발생 기제, 집단 간 격차 및 추이, 빈곤층의 다양성과 사회경제적 변화 등을 설명해 왔다. 자본주의 경제체제에서 자본, 노동, 기술 등이 부를 창출하는 과정을 정리한 학자들도 있으며, 노동시장의 임금격차와 저임금 문제를 분석하거나 사회적 차원의 다양한 불평등 문제를 설명한 학자도 존재한다. 사회학에서 계급과 계층이라는 개념, 경제학이나 사회복지학에서 절대적 빈곤과 상대적 빈곤의 구분이 등장한 것도 자본주의 사회의 불평등과 빈곤 현실을 설명하기 위한 노력의 결과물이다. 여기에서는 한국사회의 불평등과 빈곤 현실을 이해하는 출발점으로서 사회학계의 주요 개념과 이론적 시각을 간략히 소개한다.

1. 계급과 계층 불평등

사회학계에서 불평등과 빈곤 문제를 설명하는 가장 고전적인 개념은 계급과 계층이다. 마르크스(K. Marx)와 베버(M. Weber)는 자본주의 사회에서 발생하는 불평등과 궁핍함을 설명하면서 계급 등의 개념을 사용하였다.

마르크스가 유물론의 시각에서 계급구조와 빈곤 문제 등을 연구하였다면, 베버는 계급·지위·권력 등 다양한 불평등 발생요인을 제시하였다. 또한 이들의 이론에 영향을 받은 학자들은 계급론 혹은 계층론을 더욱 발전시키면서 불평등과 빈곤 현실을 설명해 왔다.

마르크스는 정치경제학의 관점에서 자본주의 경제체제의 형성, 작동원리, 계급관계 등을 분석함으로써, 불평등 구조와 궁핍화 문제 등에 대한 고전적 이론을 제시하였다. 계급이라고 지칭하는 경제사회적 범주는 생산관계에서의 역할 및 생산의 사회적 관계에서 파생된 결과이며, 불평등과 빈곤 문제는 이러한 생산양식과 계급관계에서 필연적으로 발생하는 결과이다(Marx, 1850). 그는 1984년에 엥겔스(Engels)와 공동으로 저술한 『공산당선언 *The Communist Manifesto*』에서 지배계급은 생산시스템을 구성하는 피지배계급을 착취한다는 점을 강조하였는데, 자본주의 사회에서 부르주아지(bourgeoisie)는 프롤레타리아(proletariat)의 노동력을 사용한 대가로 지불한 임금보다 더 많은 이윤을 획득한 결과 불평등과 빈곤문제가 발생한다고 설명하였다. 또한 농민층과 같은 중간계급은 자본주의 역사가 진행될수록 자본가와 노동자로 분화되어 궁극적으로는 계급구조가 양극화된다고 주장하였다.

베버는 자본주의 경제구조의 등장과 사회적 파급효과를 연구하였으나, 계급(class), 지위(status), 권력(power) 등 다양한 개념을 기초로 사회 불평등 현상을 설명하였다. 계급이 경제적 차원의 불평등을 설명하는 기본 개념이라면, 지위는 사회적 차원, 권력은 정치적 차원의 불평등을 설명한다. 특히 베버의 계급은 마르크스가 말한 생산수단의 소유가 아니라 시장지위(market position)에 의하여 결정된다. 개인의 시장지위는 시장에서 재화를 획득할 수 있는 자산의 유무와 소유 정도 등에 따라서 결정되며, 지배·피지배의 두 가지 집단이 아니라 상층 계급, 화이트칼라 노동자, 소자산가, 육체노동자 등 다양한 집단으로 구성된다. 또한 베버는 『경제와 사회

Economy and Society』에서 사회경제적 지위와 계급의 복합적 관계를 설명하면서, 개인적 지위는 재산과 같은 물질적 재화뿐만 아니라 교육, 직업, 정치적 결사체 등 복합적 요인에 의하여 결정된다고 주장하였다.

이들의 학문적 성과는 현대 자본주의사회에서도 불평등 구조와 질서, 의식 등을 설명하는 출발점이었다. 많은 학자들은 각각의 이론적 시각에서 중간계급(층)의 변화, 노동계급(층)의 내부 분화 등을 설명하거나 계층구조의 복합성, 불평등 구조에서의 사회의식 등을 실증적으로 분석하고, 집단 및 국가별 차이를 설명하였다.

마르크스주의자로 지칭되는 학자들은 현대 자본주의경제의 특성과 계급구조의 다양화, 계급불평등과 빈부격차 등을 설명하였다. 미국의 사회학자 라이트(E. O. Wright, 1997)는 마르크스가 강조했던 생산수단으로서의 자본재(ownership asset), 대규모 조직에서 발생하는 권위재(authority asset), 새로운 생산시스템에 필요한 기술재(skill asset)를 기준으로 계급구조를 구분하고 중간계급이 다양한 집단으로 분화되는 현실을 설명하였다. 또한 영국의 사회학자 골드소프(J. Goldthorpe)도 서비스계급 등 현대 자본주의경제이 계급 범주를 새롭게 제시하고, 계급이동 문제 혹은 노동계급의 부르주아지화 현상을 설명하였다(Goldthorpe, Lockwood, Bechhoter and Platt, 2010; Erikson and Goldthorpe, 1992). 이들의 불평등 연구는 현대사회에서 중간계급의 다양화 혹은 양극화 경향, 더 나아가 계급의식의 변화 등을 연구하는 데 많은 시사점을 제공하였다.

한편 베버의 시각은 현대 사회학계에서 사회 계층 social stratification 개념이 등장하는 토대가 되었다. 학자들은 베버가 정의한 계급, 지위, 권력 등에 의하여 위계적 사회구조가 결정된다고 설명하며, 학력, 재산, 직업, 명예 등 다양한 요인이 계층 지위에 미치는 영향을 분석하였다(Treiman, 1977; Gerth and Mills, 1948). 또한 일부 학자들은 교육, 생활방식, 소비 등 명예(prestige)와 관련된 사회적 요인의 격차 문제를 강조하고 계층적 위계

질서의 불평등 현실을 실증적으로 연구하였다. '지위집단' 개념이 '공동의 문화를 공유하는 집단' 혹은 '개인들에게 근본적인 정체의식을 부여하는 것'이라고 주장하거나(Collins, 1971, 1009쪽), 직업집단 등에 사회경제적 지위점수를 부여하고 계층구조와 의식을 분석한 연구가 가장 대표적인 학술적 성과이다(Foner. 1979; Jackman and Jackman, 1973).

또한 프랑스의 사회학자 부르디외(P. Bourdieu)는 베버와 마찬가지로 다차원적인 불평등 이론을 제시하였다. 그는 '계급'을 생산관계가 아니라 사회관계에서 고려하고, 경제 · 사회문화적 차원에서 작동하는 복수의 자본에 의하여 불평등이 발생함을 설명하였다(Bourdieu, 1986). 즉 생계를 유지하기 위한 기본적인 자원으로서 경제적 자본, 혈연적 관계와 각종 사회관계에 내재된 타인과의 교류 및 신뢰 등의 사회적 자본, 명예, 지위, 평판 등으로 표현되는 상징적 자본에 따라서 불평등이 발생한다. 이러한 부르디외의 '자본' 개념은 베버가 설명하는 세 가지 개념과 비슷한 내용을 포함하여, 현대사회 불평등의 다차원성을 이해하는 데 도움이 된다.

2. 노동시장 불평등

현대 사회과학자들이 불평등과 빈곤 현실을 실증적으로 분석할 때 가장 많이 활용하는 시각은 노동시장 불평등이론이다. 대부분의 사람들은 자본주의경제에서 노동력을 제공하고 받은 임금을 기초로 생활하기 때문에, 불평등과 빈곤문제를 연구하는 전문가들의 일차적인 관심은 노동시장에서의 임금 배분과 저임금 문제이다. 노동력 수요와 공급에 관한 신고전학파 이론, 인적 자본이론, 노동시장 미스매치론, 노동시장 이중구조론 및 분절론 등 많은 이론들이 등장하면서, 실업, 취업, 임금결정 메커니즘, 일자리 질 등을 설명하는 논리들이 등장하였다.

사회학계의 불평등에 관한 이론도 노동시장의 임금불평등을 설명하는 데 집중되는 경향이 있다. 전통 마르크스주의 시각에 있는 일부 학자들은 계급 개념을 활용하여 최상위 소득집단에 속하는 자본가와 하위 소득집단에 속하는 임금노동자 간 격차를 설명하였으며, 현대 자본주의를 연구하는 학자들은 노동시장이 다양한 직업집단의 다층적 구조로 이루어지며, 안정적이고 높은 임금을 받는 상층부문과 불안정하고 낮은 임금을 받는 하층부문, 그리고 이들 사이에 있는 중간부문 등으로 분화된다고 설명한다. 계급과 소득불평등을 연구한 라이트(Wright, 2015)와 그루스키(Grusky, 1994) 등에 의하면, 자본주의 사회에서는 고용주 · 자영업자 · 피고용인 · 실업자 등 전통적 계급구조가 존재하지만, 자본주의가 고도화되면서 관리 · 행정직, 전문 · 연구개발직, 생산기능직 등 새로운 중간계급이 등장하여 다양한 집단 간 소득격차가 발생한다. 또한 최근에는 산업구조 변화도 소득 격차에 영향을 미친다. 서비스산업이 확대되면서 지식서비스부문과 개인서비스부문 등 업종별 임금격차가 새롭게 발생하며(Lorence, 1991), 경제활동이 다양화되면서 고용주 등의 사업소득과 자산소득도 늘어나고, 고위관리직이나 전문직 종사자의 근로소득 비중도 높아지고 있다(Atkinson and Lakner, 2017). 따라서 직업집단 · 계급(층) 등으로 표현되는 노동시장 지위와 임금불평등, 더 나아가 근로소득과 자산소득 등의 연관성은 학계의 주요 관심사항이 되었다.

또한 노동시장 불평등 현실을 파악하는 지표도 다양하다. 고용률과 실업률, 임금수준 등 전통적 지표뿐만 아니라 일자리의 질적 측면을 측정하는 고용안정성, 사회보험가입 여부, 노동환경의 안전성 등 많은 지표들이 노동시장 불평등을 분석하는 데 활용되고 있다. 일부 학자들은 앞에서 설명한 각종 지표들을 활용하여, 노동시장이 기업규모, 내부 · 외부노동시장, 1 · 2차 노동시장 등으로 분절됨을 주장한다. 일례로 이중노동시장론을 주장하는 학자들은 임금, 근무조건, 고용안정성, 노동관리의 공정성과 적절성, 승진 가능성 등을 기준으로 1차 노동시장(primary market)과 2차 노동시장(secondary)을 구분하였다(Piore, 2014).

이러한 시각은 최근 임금불평등 문제와 저임금화 경향을 규명하는 데 도움이 된다. 현대사회의 노동시장은 종사상 지위(고용주 · 자영업자 · 임금근로자), 직업(전문관리직 · 일반사무직 · 생산직 · 서비스직 · 단순노무직), 전문성(인적 자본이 부족한 저학력층과 전문지식을 갖는 고학력층) 등에 따라서 다양한 집단으로 분화되고 있으며, 임금 수준과 빈곤 가능성도 이러한 집단별로 달라진다. 전통적으로 임금이 높은 대기업 · 지식기반산업과 중소기업 · 개인서비스업의 격차도 여전히 존재하며, 불안정 취업자와 영세 자영업자의 빈곤화 가능성도 경기 변동에 따라서 달라진다. 해당 산업이 위기상태에 있으면 실업자가 증가하고 소득수준도 하락하여 전반적인 소비생활도 위축되며, 이러한 악순환이 도소매 · 음식서비스업 자영업자의 소득에도 부정적인 영향을 미치고 있다.

또한 1980년대 이후 노동시장 유연화(labor market flexibility) 경향이 강화되면서, 정규직과 비정규직의 격차 문제를 중심으로 노동시장 불평등을 설명하는 학자들도 많다. 기업은 국내외 시장경쟁에서 생존하기 위하여 단기고용계약, 단시간 노동, 간접고용 등 다양한 고용방식을 도입하고, 인건비 절감을 위하여 이들에게 상대적으로 낮은 임금과 복지혜택을 제공한다(김양희, 2013; 정이환, 2013; 정성미, 2012; 강이수, 2001; Gilbert, 1988). 따라서 동일한 직업군에서도, 안정된 고용상태를 유지할수록 고임금 노동자가 될 가능성은 높은 반면, 불안정한 고용상태(비정규직과 실업)에 있는 취업자의 저임금화 가능성도 높다. 또한 고용형태가 다양해지면서, 비정규직 내부의 임금격차도 발생한다. 일반적으로 단기계약 취업자는 장기계약자에 비하여 낮은 임금을 받지만, 계약기간이 짧음에도 불구하고 고임금을 받는 프리랜서 형태의 기술 · 전문직 종사자들도 존재한다. '불안정 고용제체(precarious employment system),' '좋은 일자리와 나쁜 일자리(good job and bad job)' 등의 개념은 이러한 노동시장 불평등 현실을 설명하는 것이다 (Kalleberg, 2011; US Bureau of Labor Statistics, 2011; Blank, 1991). 한국의 경우에도 많은 사회과학자들은 노동유연성, 비정규직, 저임금, 빈곤 등의 연관성을 설명하고, 종사상 지위와 빈곤의 연관성을 실증적으로 분석하고 있다 (윤정혜 · 송현주. 2009; 김교성 · 반정호, 2004).

결국 노동시장이론에 의하면, 경제적 불평등이나 임금격차 문제는 노동시장구조 변화 및 노동시장지위 등에 직접적인 영향을 받는다. 일자리 질과 임금 격차는 노동시장 지위별 보상체계에 따라서 결정되며, 저임금 문제도 성, 연령 등 인구학적 요인, 그리고 직업과 고용형태 등 노동시장 지위별로 달라질 것이다.

3. 절대적 빈곤과 상대적 빈곤

불평등에 대한 연구에서 특별히 관심을 갖는 것은 빈곤 문제이다. 일반적으로 불평등은 개인이나 집단 간 격차를 의미하며, 지니계수 등 각종 불평등 지표 값은 소득과 자산이 많은 집단뿐만 아니라 중간 집단 혹은 적은 집단의 몫에 따라서 달라진다. 반면 빈곤은 최저한의 생계수준을 유지할 수 없는 것을 의미하며, 개인이나 특정 집단의 궁핍한 삶을 나타낸다. 일반적으로 빈곤층의 소득수준이나 생활상태는 불평등 정도와 관련되기도 하지만, 부유층이나 중산층의 삶과 관계없는 경우도 많아 전체적인 불평등으로 빈곤 문제를 설명하기 어렵다. 특히 빈곤은 이론적 차원을 넘어서 정책적으로 중요한 의미를 갖는다. 현대의 문명화된 국가는 시민들이 기초생계를 유지하고 삶의 질을 향상시키도록 지원하기 때문에, 빈곤 해소는 사회정책의 첫 번째 목표라고 해도 과언이 아니다. 이러한 의미에서 빈곤문제는 불평등 사회의 가장 중요한 사회문제이며, 빈곤에 대한 이론적 시각은 국가 정책과 밀접히 관련되어 있다.

학자들은 빈곤을 '절대적 빈곤'과 '상대적 빈곤' 등 다양한 방식으로 개념화하였고, 빈곤층을 결정할 때 '기초 생계'를 중심으로 하는 시각과 '삶의 적절한 수준'을 강조하는 시각도 존재한다. 또한 일부 학자들은 경제사회적 기회 박탈을 중심으로 빈곤의 발생 기제와 사회적 요인을 강조한다.

빈곤에 대한 초기의 시각은 최소한의 생계수준을 유지할 수 없는 집단을 빈곤층으로 정의하고 이들에 대한 지원정책을 마련하는데 일차적 목적이 있었다. 아동, 노인, 장애인 등 사회적 취약계층이 극도로 빈곤한 수준에서 생활하자, 일부 국가들은 이들을 빈곤층으로 규정하고 기초 생계를 지원하였다(원석조, 2019). 그러나 주기적으로 발생하는 공황과 경제위기 상황에서 실업자가 증가하자, 많은 국가들은 노동능력이 있음에도 불구하고 적절한 일자리를 찾지 못하거나 저임금으로 생활하는 사람들에 대한 관심이 증가하였고, 이러한 집단을 '상대적 빈곤층'으로 규정하며 각종 사회정책을 실시하였다. 일부 국가는 보편주의 방식의 소득보장제도를 실시하여 전 국민의 사회적 위험에 대응하였으며, 다른 국가들은 선별주의 방식의 제도를 통하여 특정한 사회집단에게 복지혜택을 제공하고 있다(Esping-Anderson, 1990). 전통적인 빈곤 개념이 주로 극빈층과 같은 절대적 빈곤층의 궁핍함을 강조한 것이라면, 현대사회의 빈곤개념은 상대적 빈곤층 혹은 저임금 노동계층을 새롭게 조명한 것이다.

실제로 절대적 빈곤층은 전반적인 경제성장과 국가의 빈곤대책 등으로 점차로 줄어들고 있다. 세계은행의 보고서에 따르면, "하루 1.9달러(약 2100원) 미만으로 살아가는 사람이 2012년 8억 8100만 명에서 2013년 7억 6700만 명으로 감소했다... 전 세계 인구에서 빈곤선 이하 인구 비율 역시 2012년 12.4%에서 2013년 10.7%로 1.7%포인트 감소했다"(디지털타임스 2016 재인용). 따라서 많은 사람들은 '최저 수준의 생계'가 아니라 '적정한 수준의 삶의 질'에 대하여 관심을 갖고 '상대적 빈곤층'을 정의하였다. 가장 대표적인 학자는 상대적 박탈(relative deprivation)의 관점에서 불평등과 빈곤문제를 연구한 타운젠드(P. Townsend)이다. 그는 『영국의 빈곤 *Poverty in the United Kingdom*』에서 영국 사회의 다양한 삶의 영역에서 나타나는 상대적 박탈 상황을 조사하고, "자신이 소속된 사회에서 광범하게 인정되고 승인된 생활상태를 유지할 경제적 자원을 소유하지 못한 사람"으로 빈곤층 개념을 확대하였다(Townsend, 1979: 31쪽). 이 개념은 인간의 신체적 유지를 위한 최저 생계를 넘어서, 해당 사회의 구성원으로서 적정한 생활수준과 사회적 참여 문제를 강조한다.

또한 학자들은 이러한 빈곤 현실을 파악하기 위하여 상대적 빈곤층, 소득분위 배율, 소득분위 점유율, 팔마(Palma) 비율, 소득 경계값, 상대적 빈곤율, 평균 빈곤갭(gap) 등 각종 지표를 활용하였다. 예를 들어서, 상대적 빈곤층은 한 사회의 중위소득의 50~60% 이하에 있는 집단을 지칭하며, 소득분위 배율은 빈곤층(소득 최하위 집단)과 부유층(최상위 집단)의 격차를, 평균 빈곤선과 빈곤갭은 소득 평균수준(중위값)을 기준으로 하는 저소득집단의 경제적 격차를 나타낸다.[1] 지니계수 등 전통적 불평등 지표들이 한 사회의 전체적인 불평등 정도를 나타낸다면, 상대적 빈곤을 측정하는 지표들은 최소한의 생계 혹은 적절한 생활상태를 유지할 수 없는 소득집단을 특정함으로써 문명화된 현대사회의 빈곤층 규모와 상대적 박탈 상태를 나타낸다. 현재 OECD 국가들과 국제기구들은 이러한 빈곤관련 지표를 활용하여 시기·국가별 상대적 빈곤 현실을 발표하고 있다.

이론적으로 볼 때, 상대적 빈곤 개념은 노동시장 불평등이론과 밀접히 관련된다. 대부분의 노동연령층이 근로소득을 기초로 생계를 유지할 것으로 가정하지만, 임시직·일용직 취업자와 영세 자영업자 가운데 일부는 일

---

1) 불평등과 빈곤 관련 지표에 대한 자세한 설명은 통계청 사회통계국의 ≪소득분배지표 이해하기–작성방법과 지표의 용어를 중심으로≫를 참고.

하는 상태에서도 궁핍함을 벗어나지 못한다. 학자들은 이들을 취업상태에 있음에도 불구하고 빈곤에서 벗어나지 못하는 노동빈곤층(working poor)으로 정의하고, 노동시장 불평등을 나타내는 각종 지표를 활용하여 저임금 문제와 노동빈곤화 경향을 본격적으로 연구하였다(Grusky, 1994; 노대명, 2017).

많은 학자들은 은퇴연령층과 근로연령층, 남성가구주와 여성가구주 가구의 빈곤율을 비교하고 이들의 빈곤 현실을 분석하였다. 또한 일부 학자들은 노동시장 취약계층을 중심으로 노동시장 참여기회가 제한되고 이들의 직종 혹은 종사상 지위별 저임금문제가 노동빈곤화 경향의 주요 요인임을 설명하였다(Charles and Grusky, 2005; Peterson and Morgan, 1995; Becker, 1964). 일례로 빈곤의 여성화 이론(feminization of poverty)은 저임금 문제와 노동(상대적) 빈곤 실태를 인구학적 차원과 사회구조적 차원에서 설명하는 이론적 시도이다. 이제 빈곤에 대한 관심은 노동시장에 참여할 수 없는 절대적 빈곤층 개념을 넘어, 노동빈곤층을 포함한 상대적 빈곤 문제로 확대되고 있다.

4. 사회적 시민권과 배제

현대 사회의 불평등과 빈곤 문제를 이해하는데 새롭게 등장한 개념은 '사회적 시민권'(social right)과 '사회적 배제'(social exclusion)이다. 기초생계를 유지할 만한 경제적 자원이 부족한 점도 문제이지만, 적절하고 평균적인 삶을 지속할 수 있는 사회적 기회의 박탈도 현대 사회에서는 반드시 해결되어야 할 빈곤 문제이다. 따라서 불평등과 빈곤에 대한 시각은 경제적 차원을 넘어 전체 사회의 영역으로 확대되고 있다.

'사회적 시민권' 개념은 영국의 사회과학자 마샬(T.H. Marshall)이 체계화한 것으로 현대 복지국가의 핵심 개념으로 정착되었다. 이 개념은 "약간의 경제적 복지와 보상에서부터, 사회적 유산을 완전하게 공유하고 사회의 지배적 기준에 따라서 문명화된 삶을 유지할 수 있는 모든 범위"를 의미한다(Marshall, 1963, 79쪽). 그는 사회발전과정을 정리하면서 개인의 자유를 위한 '공민적 권리'가 등장하고 이후 '정치권'이 확대되었으나, 시장의 불평등과 빈곤문제가 해결되지 않아 시민들의 인권을 보장하는 데 한계가 있다는 점을 지적하였다(Marshall, 1963). 사유재산권을 보장받고 선거를 통하여 대표자를 선택할 권리를 갖고 있음에도 불구하고, 시장에서 실패하거나 적응하기 힘든 시민들이 다수 존재한다. 따라서 그는 새로운 시민권으로서 사회적 시민권 개념을 제시하고 복지국가 등을 통하여 불평등과 빈곤 문제를 해결할 필요성을 강조하였다.

또한 그는 사회적 시민권을 실현하는 방법으로서 다양한 사회정책을 제안하였다. "넓은 의미의 사회권은 국가가 시장을 규제하여 적정 수준의 경제적 복지를 보장하고 사회보장 프로그램을 제공하는 것을 가리킨다. 사회권에서 주장하는 기본적인 건강, 교육, 주택, 소득보장, 사회보장 등에 대한 권리는 이후 현대 복지국가의 제도적 토대가 된다"(김윤태, 2013, 230쪽). 결국 인간의 '최저'생계는 신체적 유지를 위한 음식물 섭취, 최소한의 인간적 자존감을 위한 의류 구입 등을 통해서 실현되지만, 시민으로서 '문명화 된' 삶을 유지하기 위해서는 주거, 건강, 무상교육, 복지서비스 등 사회정책이 매우 중요하다.

이러한 주장은 최근 유럽에서 조명되고 있는 '사회적 배제'라는 개념과 문제의식을 같이 한다. 사회적 시민권이 복지국가의 이념적 토대를 강조한 것이라면, 사회적 배제 개념은 현대 사회에서 불평등과 빈곤이 발생하는 다양한 제도·구조적 요인을 강조한 것이다. 이 개념에 의하면, 불평등이나 상대적 빈곤은 개인의 게으름이나 무능함이라기보다는 사회적으로 존재하는 다양한 자원과 기회가 박탈된 결과이다. 사회적으로 배제된 것은 "기초생계, 안정적인 고용, 수입, 재산, 최소한 혹은 지배적인 소비수준, 교육,

기술, 문화적 자본, 복지국가가 제공하는 혜택, 시민권과 법률적 평등, 민주적 절차에 참여, 가족과 사회성, 인간적 대우, 존경, 개인적 성취 등에서부터의 배제"를 포함한다(Silver, 1994; 541쪽). 종래의 불평등과 빈곤에 대한 연구가 경제적 자원의 결핍에 대한 관심을 반영한 것이라면, 사회적 배제는 전 사회적 차원에서 나타나는 다차원적 불이익을 설명한다.[2)]

특히 이 개념은 노동시장과 공공제도의 중요성을 강조한다. 사회적 배제는 노동시장에서의 불평등 현상, 즉 취업과 실업, 임금 수준, 직업과 관련된 사회보장 등을 포괄적으로 강조한다. 앞의 두 가지는 전통적인 노동시장 불평등 이론이나 노동빈곤이론의 주요 지표로 사용되지만, 사회보장은 문명화된 현대 사회에서 사회적 위험에 대처하는데 필요한 제도적 요인들을 지칭한다. 또한 노동시장 요인과 제도적 요인은 상호 연관되어 있으며, 제도적 특성이 노동빈곤에도 많은 영향을 미친다. 일례로 비정규직 노동자의 임금 수준이나 사회보험가입 정도는 정규직에 비하여 낮으며, 이러한 노동시장 유연화와 사회보험 배제 상태에서는 노동빈곤층에서 벗어나기 어렵다(장지연 · 양수경, 2007). 따라서 이 개념은 노동시장에서의 임금격차와 고용안정성, 더 나아가 사회보험제도, 최저임금제도, 저임금계층 지원제도 등 제도적 요인으로 우리들의 관심을 확대한다.

현재 많은 복지국가들은 경제적 자원뿐만 아니라 사회적 자원과 기회를 제공한다. 노동 · 금융시장 등 각종 시장 활동을 통한 소득 확보가 불안정해지고 빈곤상황을 벗어나지 못하는 시민들이 많아짐에 따라서, 주요 국가들은 노후 · 실업 · 질병 등에 따른 소득상실을 일정수준 이상으로 보장해왔다. 한국 정부도 다양한 복지 프로그램을 확대하고 있으며, 상대적 빈곤층에게 기초 생계비와 보육 · 교육 · 주거 · 고용서비스 등을 지원하였다. 과

---

2) 또한 이 개념은 빈곤이나 불평등에서의 관계적(relational) 특성과 동태적(dynamic) 특성을 강조한다는 점에서도 새로운 시도이다. 자세한 논의는 장지연 · 양수경(2007) 참고.

거에 존재하던 생활보호법은 국민기초생활보장법으로 변화하였고, 공공복지정책도 단순한 생계지원을 넘어서, 저임금계층의 소득지원, 주거지원, 교육지원 등 다양한 영역으로 확대되고 있다. 그럼에도 불구하고 사회적 배제 개념에 대한 관심은 사회적 기회와 제도로부터 '배제'된 결과 경제사회적 차원의 불평등이 발생하며 이러한 불평등 구조와 제도적 특성이 개인의 궁핍한 삶을 낳는다는 점을 강조한 것이다.

결국 불평등과 빈곤 개념의 변화는 빈곤문제에 대한 사회적 인식과 공공제도의 특성과 밀접히 관련된다. 많은 학자들이 경제적 차원뿐만 아니라 사회적 차원에서 존재하는 다양한 집단 간 격차를 이해하려는 노력, 빈곤층 범위를 '최소한'이 아니라 '평균적' 삶을 지속할 수 없는 집단으로 확대하는 경향, 그리고 사회적 취약계층을 위한 공공정책이 기초생계·교육·주거·문화 등 다양한 영역으로 확대해야 한다는 주장은 현대 사회의 불평등과 빈곤문제를 적극적으로 해결하려는 노력의 결과이다. 따라서 경제적 자원을 확보하기 위하여 노동시장 참여 및 적절한 임금을 받는 문제, 안전하고 문명화된 수준의 주거상태를 유지하는 문제, 사회적 성취와 상승 욕구를 실현하기 위하여 교육받고 건강을 유지할 수 있는 기회를 보장받는 문제 등은 현대적 의미의 불평등과 상대적 빈곤문제를 이해하는데 중요한 의미를 갖는다.

또한 이러한 개념들은 한국사회의 불평등과 빈곤의 발생 현실을 설명하는 출발점이다. 고전적인 이론부터 현대적 개념에 이르기까지 많은 학자들의 주장을 고려하여, 소득과 자산 등 경제적 차원, 건강·주거·교육 등 사회적 측면, 더 나아가 불평등 의식 등 주관적 영역에 이르기까지 광범한 차원의 불평등과 빈곤 현상을 파악할 필요가 있다. 이하에서는 경제적 차원의 불평등, 상대적 빈곤 현실, 주거빈곤 문제, 노동시장에서의 일자리 질, 정신건강 문제와 불평등 의식 등 한국사회의 다양한 현실을 실증적으로 분석할 것이다.

Ⅱ

소득과 자산 불평등

Ⅱ 소득과 자산 불평등

1. 서론

한국사회의 경제적 불평등에 대한 우려의 목소리가 매우 높다. 노동시장 구조가 변화하면서 직업이나 종사상 지위 등에 따른 소득 격차가 발생하고 있으며, 부동산·금융자산 등 각종 자산격차에 따른 불평등 문제가 심각한 상황이다. 통계청의 "2019년 4분기 가계동향조사 소득부문"을 보면, 상위 20% 소득집단의 가구소득은 최하위 20%에 비하여 7배 정도 높았다(KOSIS). 또한 외국의 한 금융기관이 발표한 "2019년 글로벌 자산부석 보고서"에 따르면, 한국의 최상위 1% 부자의 자산 비중은 30%에 이르렀다(Credit Suisse Research Institute, 2019, 53쪽). 정부는 다양한 경제·복지정책을 통하여 불평등문제를 해결하려고 노력하지만, 지니계수, 소득 5분위 배율 등 불평등 지표 값의 일시적인 변화에도 불구하고 불평등 문제에 대한 우려의 목소리는 여전히 많은 것이 현실이다.

이러한 문제의식은 학자들의 연구에서도 잘 나타난다. 전통적으로 인적 자본 및 노동시장 지위별 임금 격차를 설명하는 연구가 다수 존재해 왔으며, 가구단위 소득불평등의 연도별 추이 등을 설명하는 논문도 늘어나고 있다(이철승, 2019; 김낙년, 2018; 홍민기, 2015a; 이병희 등, 2014; 장지연, 2012; 김영미·신광영, 2008; 정이환, 2007). 또한 연구범위를 자산으로 확대하고 경제적 불평등을 종합적으로 설명하는 연구도 최근에 본격적으로 시작되었다.

임금 · 소득 · 자산 등 다양한 경제적 자원의 불평등 현상을 설명하는 개념과 지표, 국제기구들이 구축한 자료(Wealth Distribution Database)를 활용한 국제 비교, 소득 · 자산 · 소비지출 격차에 대한 다중적 분석결과 등이 발표되고 있다(이우진, 2018; 전병유 · 정준호 · 정세은, 2017; 황규성 · 강병익, 2017; 신진욱, 2013; OECD, 2013).

그러나 한국사회의 불평등 추이와 현실과 관련하여 상이한 주장이 혼재되어 있다. 활용 가능한 자료의 성격과 분석대상 기간에 따라서, 자산 · 소득 불평등 변화 경향에 대하여 서로 다른 결론이 제시된다. 1997년 경제위기 혹은 2008년 세계금융위기 전후에 소득불평등이 증가하였다는 점에 대해서는 이견이 없으나, 이후의 불평등 추이에 대해서는 불평등이 증가한다는 주장과 감소한다는 주장이 공존한다. 또한 '자산불평등이 심각한 상황'이라는 주장에 대해서는 대체로 동의하지만(정준호 · 전병유, 2020; 전병유, 2016; 신진욱, 2013), 자산불평등 변화와 자산격차 결정요인에 대한 연구성과는 상대적으로 부족하다. 특히 최근 한국사회에서 비근로소득에 대한 관심도 높아졌으나(김낙년, 2018; 이우진, 2018), 비근로소득의 원천이라고 할 수 있는 부동산 · 금융 자산이 소득과 어떤 연관성을 갖는지 좀 더 구체적으로 파악할 필요가 있다.

따라서 이 글은 한국사회의 자산 · 소득 불평등 변화와 불평등 발생 요인, 자산과 소득의 상관성 등을 중심으로 2010년대 불평등 문제를 설명한다. 불평등 현실에 대한 논의를 위해서는 최근 발생한 코로나 팬데믹 상황을 고려해야 하는데, 여기에서는 2010년대로 한정하여 불평등 문제를 설명하고 코로나 팬데믹 시기인 2020년대 불평등 현황은 Ⅷ장에서 다시 설명할 것이다.

먼저 한국의 소득불평등에 대한 해석이 달라지는 이유를 소득의 개념 등을 중심으로 설명하고, 한국에서의 소득불평등 추이 및 발생 요인에 대한 기존 연구 성과, 새로운 발견, 그리고 향후 연구 과제를 제시한다. 1990

년 이후 장기적인 관점에서 한국의 불평등 추이를 설명하고, 2010년대 자료를 새롭게 분석하여 소득과 자산 불평등 추이를 설명한다. 여기에서는 샤플리(Shapley) 분해기법을 활용하여 소득과 자산의 구성항목(원천)별 불평등 기여도를 새롭게 설명할 것이다. 또한 기존 연구 성과 등을 인용하면서 최근 경제적 불평등을 주도하는 요인을 재정리한다. 마지막으로 소득과 자산의 구성항목(원천)들의 상호연관성을 통하여 한국사회에서 자산의 소득 효과를 설명할 것이다.

2. 불평등 연구의 기본 방향

불평등에 대한 측정과 평가는 분석 단위와 구성 항목에 따라서 다른 결과를 나타낸다. 먼저 어떤 소득과 자산을 기준으로 불평등을 연구하는가에 따라서 상이한 주장을 제기할 수 있다. 소득은 경제활동 유형에 따라서 근로소득 · 사업소득 · 재산소득 · 이전소득 등으로 구성되며, 자산도 금융자산 · 부동산자산 등 다양한 세부 항목으로 구성된다. 노동경제학자들의 주요 관심사항인 임금불평등 문제, 사회학과 복지학의 연구대상인 빈곤문제, 그리고 일반 국민들이 체감하는 빈부격차 문제 모두 어떤 소득과 자산을 기준으로 설명하는가에 따라서 달라지는 경우가 많다. 따라서 일부 시민들이 국민들이 정부가 발표한 불평등 조사 결과를 믿을 수 없다고 비판하거나, 불평등 현실과 불평등 의식에 괴리가 있다는 주장도 종종 발견할 수 있다.

예를 들어서, 소득불평등을 분석하는 자료는 개인단위와 가구단위로 구분되는데, 전자는 주로 사업체가 제공하는 임금자료 및 개인단위 소득자료이며, 후자는 가구원 전체의 소득 합계를 나타내는 것이다. 임금불평등 연구는 주로 개인단위의 근로소득(임금)을, 소득분배 연구는 가구단위의 소득 총액을 기초로 하는 것이 일반적인 경향이다.

한국의 불평등 연구도 두 가지 경향으로 구분된다. 먼저, 개인단위의 소득불평등을 분석하기 위하여 취업자 개인이 직장에서 받은 임금과 자영업 활동을 통하여 얻은 수입, 자본소득 등을 분석할 수 있다. 일부 학자들은 고용노동부가 사업체 조사(임금구조기본통계조사, 고용형태별 근로실태조사 등) 가운데 종사자 개인별 월급여 총액 등을 기준으로 개인단위의 임금격차를 파악하고 있다. 반면 가구단위 소득을 파악하기 위하여 통계청의 가계단위 조사(가계동향조사, 가계금융·복지조사 등) 결과를 활용한다. 이 자료들은 가구원 전체의 "노동시장으로부터 벌어들이는 소득(봉급생활자의 근로소득, 자영업자의 사업 소득), 자본으로부터 형성되는 소득(은행이자 등 재산소득), 가구 간 또는 비영리단체로부터 받는 소득(사적이전소득) 및 정부로부터 지원받는 소득(공적이전소득)"을 모두 조사한다(사회통계국 복지통계과. 2021). 또한 통계청은 아래와 같은 방식으로 시장소득과 처분가능소득을 구분하고 각각의 소득분배지표를 공개한다.

≫ 통계청 「가계금융 · 복지조사」의 소득분배지표

1. 가구소득은 아래와 같이 시장소득과 처분가능소득으로 재구성된다.

○ 시장소득="근로소득+사업소득+재산소득+사적이전소득−사적이전지출". 여기에서 사적이전지출은 타 가구 또는 비영리단체에 지출하거나 기부한 금액을 의미.

○ 처분가능소득="시장소득+공적 이전소득−공적 이전지출
공적 이전소득은 공적연금, 기초연금, 양육수당, 장애수당 등을,
공적 이전지출은 세금, 공적연금 기여금, 사회보험료 등을 포함.

2. 소득 분배를 측정할 때 시장소득과 처분가능소득의 균등화 값을 기준으로 한다. 여기에서 균등화 소득이란 시장소득 혹은 처분가능소득을 가구원 수로 나눈 결과.

○ 균등화 시장소득= 시장소득총액 / $\sqrt{가구원수}$
○ 균등화 처분가능소득= 처분가능소득총액 / $\sqrt{가구원수}$

출처: 사회통계국 복지통계과(2021).

한국의 불평등 현실은 이처럼 소득의 종류와 자료의 성격에 따라서 달라진다. 먼저 2017~2020년의 자료를 정리하면, 개인의 월 임금총액과 가구단위 연평균소득 총액 모두 증가하였으나, 시간당 임금과 월 임금총액, 소득원천(근로소득, 재산소득, 이전소득, 사업소득), 소득의 종류(시장소득과 처분가능소득)와 기준선(중위값과 평균값)이 시기별로 달라졌다(<표 II-1>). 2020년 개인단위 봉급생활자 급여는 2017년에 비하여 9.8% 증가하였으나, 가구단위 근로소득 총액은 동 기간에 5.9% 증가하였다. 더구나 가구단위 사업소득은 2017~2020년에 하락한 반면, 공·사 이전소득은 동 기간에 59% 증가하였다. 따라서 시장소득 혹은 가처분 소득을 기준으로 할 경우에도 소득 총액 변동 폭이 달라짐을 알 수 있다.

소득불평등을 나타내는 분배지표 및 시기별 추이도 자료의 종류에 따라서 상이하다. 소득집단을 10개 집단으로 구분하고 각 분위별 경계값 비(P90/P10, P50/P10, P50/P10)를 비교하면, 전일제 임금노동자의 월평균 임금에서는 모든 수치가 하락하지만, 가구단위 시장소득과 가처분소득에서는 다른 결과가 나타난다(<표 II-2>). 특히 빈부격차를 상징적으로 보여주는 P90/P10을 보면, 가구단위 시장소득을 기존으로 할 경우에는 2015년 이후 빈부격차가 증가하지만, 처분가능소득을 기준으로 할 경우에는 격차가 완화되는 경향을 나타낸다(<그림 II-1>).

〈표 II-1〉 개인단위와 가구단위 소득 현황: 2017~2020

	2017	2018	2019	2020
개인단위 봉급생활자 급여				
- 시간당 임금(천 원)	17,381	19,522	20573	19,316
- 월 임금총액(만 원)	2,896	3,028	3,138	3,180
가구단위 연평균 소득 총액(만 원)				
• 경상소득	5,705	5,828	5,924	6,125
- 근로소득	3,640	3,781	3,791	3,855
- 사업소득	1,243	1,177	1,151	1,135
- 재산소득	380	380	417	432
- 공 · 사 이전소득	442	489	564	703
• 균등화 평균소득				
- 시장소득기준	3,455	3,539	3,601	-
- 가처분소득기준	3,210	3,320	3,450	-
• 균등화 중위소득				
- 시장소득기준	2,873	2,967	3,018	-
- 가처분소득기준	2,756	2,875	2,998	-

주) 가구소득은 전년도 소득값을 조사한 결과이므로, 조사연도 2018년 수치를 2017년으로 표기.
출처: 개인단위 봉급생활자 급여는 고용형태별 근로실태조사, 가구단위 연평균소득은 가계금융 · 복지 조사(KOSIS)

〈표 II-2〉 균등화 소득분위 경계값 비

		2011	2012	2013	2014	2015	2016	2017	2018	2019	2020
시장 소득 기준	P90/P10	8.51	8.06	7.89	8.12	8.45	8.51	9.18	9.51	9.79	9.36
	P90/P50	2.34	2.28	2.22	2.23	2.24	2.23	2.30	2.31	2.27	2.23
	P50/P10	3.64	3.53	3.56	3.64	3.77	3.82	3.99	4.11	4.31	4.19
처분 가능 소득 기준	P90/P10	6.42	6.25	6.09	5.97	5.74	5.73	5.78	5.55	5.24	4.81
	P90/P50	2.22	2.17	2.10	2.10	2.09	2.07	2.11	2.08	2.04	1.98
	P50/P10	2.89	2.88	2.90	2.85	2.75	2.76	2.75	2.66	2.56	2.43
월 임금 총액 기준	P90/P10	4.80	4.63	4.70	4.79	4.59	4.50	4.30	3.93	3.63	3.60
	P90/P50	2.40	2.34	2.36	2.42	2.39	2.36	2.35	2.32	2.28	2.25
	P50/P10	2.00	1.98	1.99	1.98	1.92	1.91	1.83	1.69	1.59	1.60

출처: 월임금총액은 고용노동부가 고용형태별 근로실태조사를 기초로 OECD에 보고한 자료(stats.oecd.org/Index.aspx?DatasetCode=DEC_I)이며, 상시근로자 5인 미만 사업체와 농림어업, 공공행정기관, 교육기관, 경찰 등을 제외한 민간 사업체 전일제 상시근로자의 통계. 시장소득과 처분가능소득은 통계청의 가계 · 금융복지조사 결과(KOSIS).

〈그림 II-1〉 2010년대 소득 격차 추이: P90/P10

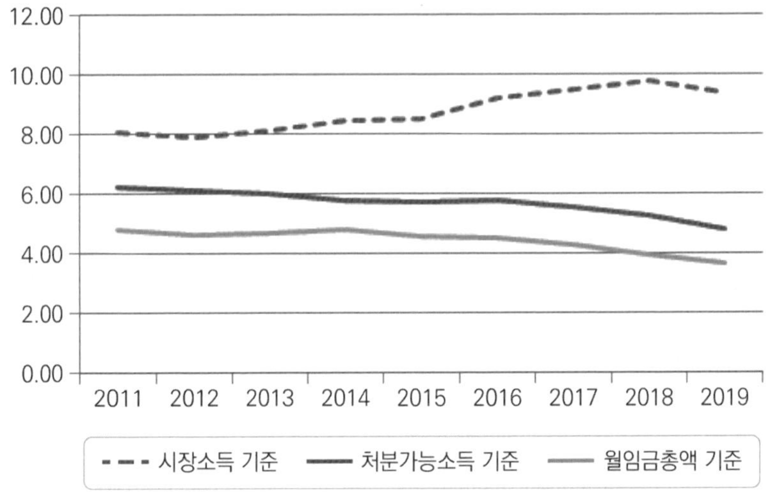

출처: 〈표 II-2〉와 동일.

그렇다면 개인단위 자료와 가구단위 자료 가운데 어떤 자료를 선택하는 것이 적절한가? 개인의 근로소득이나 임금을 기준으로 하면, 직업 등 노동시장지위가 임금격차에 미치는 효과를 설명할 수 있다. 또한 가구소득을 기준으로 하면, 가구원 전체의 경제적 상태의 격차를 설명할 수 있다. 따라서 개인 차원의 자료를 분석한 결과 혹은 가구단위 자료를 분석한 결과 가운데 한 가지가 옳은 방법이라고 단정할 수 없다.

그럼에도 불구하고 이 저서는 '가구단위 균등화 처분가능소득'을 일차적인 기준으로 고려하고자 한다. 소득자체가 근로소득과 사업소득 등 다양한 원천으로 구성되는데, 개인단위의 임금 자료는 '소득이 있는 취업자'의 근로소득만을 나타낼 뿐 자영업자·실업자·비경제활동인구 등의 소득과 재정수입을 포함하지 않는다. 예를 들어서, 노인, 학생, 주부 등은 개인적으로 비경제활동 상태에 있어 근로소득이 없는 것으로 보이지만, 실제로는 가구원의 근로소득, 재산소득, 공·사 이전소득 등으로 생활하는 경우가 많다. 따라서 개인단위 임금보다는 가구단위소득을 기준으로 하는 것이 전체 국민들의 경제적 생활상태와 불평등 현실을 파악하는데 더 적절하며, 특히 고령화 사회에서는 경제활동에 참여하지 않고도 연금이나 실업급여 등으로 생활하는 경우가 많아 시장소득보다는 처분가능소득 총액을 기준으로 불평등 문제를 연구하는 것이 현실을 정확히 나타낸다. 또한 동일한 소득 총액이라고 해도 가구원 수에 따라서 경제적 가치가 달라진다는 점을 고려하면, 가구원 수를 고려한 '균등화 소득'을 파악할 필요가 있다. 다행히 통계청의 가구단위 조사는 봉급생활자의 근로소득, 자영업자의 사업소득, 재산소득, 공·사 이전소득 등 가구원 전체의 소득원천별 총액을 조사하고 가구원 규모에 대한 정보를 제공하기 때문에 균등화 가처분소득을 파악할 수 있다.

또한 자료의 신뢰도 문제가 있다. 통계청은 정확한 소득분배지표를 계산하기 위하여 조사대상을 1인 가구까지 확대하거나 조사결과의 신뢰도를 높이기 위하여 많은 개선작업을 진행해 왔다. 1990~2016년까지 가계동향조사 결과를 기초로 소득분배지표를 제공하였으나, 2017년부터 가계금융·복지조사를 기초로 가구소득 분배 상황을 공개하고 있다. 특히 통계청은 2018년부터 국세청과 보건복지부 등의 행정자료로 보완하여 소득 관련 조사결과를 공개하기 때문에, 가구단위 소득 현황과 불평등 현실을 파악하는데 신뢰할 만하다.

물론 통계청의 가구단위조사에서는 가구 구성원 개인별 취업 여부 혹은 소득원천별 액수를 정확히 알 수 없어 개인별 경제활동과 무관하게 불평등 현실을 과장·과소 평가하는 문제가 발생할 수 있다. 인구학적 요인이나 사회경제적 요인이 개인의 소득에 미치는 효과를 파악하기 위해서는 개인별 경제활동과 소득을 파악할 필요가 있는데, 아직까지는 이를 구체적으로 조사한 가구단위 자료가 부족한 것이 현실이다.

따라서 한국사회의 경제적 불평등을 이해하기 위한 가장 현실적인 방법은 개인 및 가구단위의 다양한 자료를 활용하는 것이지만, 최근의 현실을 파악하기 위해서는 통계청·금융감독원·한국은행이 공동으로 주관하는 가계금융·복지조사 자료를 분석하는 것이 적절하다.

3. 소득불평등의 변화와 현실

1) 소득 불평등의 장기 추이

한국사회의 소득불평등은 시기별로 다른 변화를 나타낸다. 1980년 이후 소득불평등 추이를 보면, 1997년 외환위기와 2008년 이후 세계금융위기 상황에서는 소득불평등이 급격히 증가하였으나, 위기 상황이 해소되면

〈그림 II-2〉 소득 불평등(지니 계수) 변화

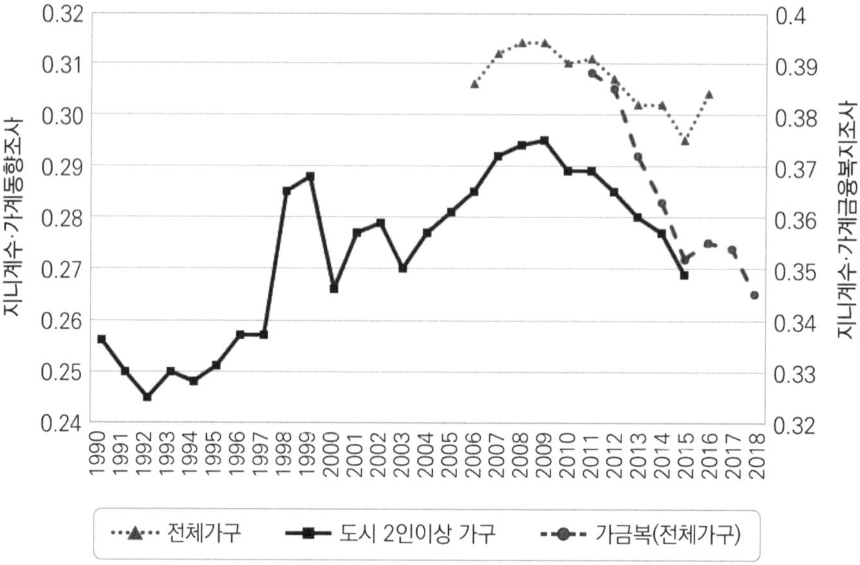

출처: 통계청의 가계동향조사 , 가계금융 · 복지조사 각 년도(조사연도) 결과. 좌측의 축은 가계동향조사를 이용한 전체가구와 도시 2인 이상 가구의 지니계수이고, 우측의 축은 가계금융복지조사의 지니계수이다.

서 감소하는 경향을 나타낸다(<그림 II-2>). 또한 2010년대 들어서 일시적으로 소득불평등이 증가하거나 감소하는 경향도 나타나고 있다. 이러한 장기추이를 볼 때, 소득불평등의 증가 혹은 감소는 경제위기와 같은 특정한 사건뿐만 아니라 다양한 요인이 복합적으로 작동한 결과라고 해석해야 한다.

한국의 소득불평등은 1980~90년대만 해도 현재와 같이 심각한 상황은 아니었으며, 1980~1992년에는 감소하는 경향을 보였나(홍민기 2015a, 2015b; 곽노선 · 김선하, 2008; 이정우 · 황성현, 1998; 정원오, 1995). 정부 공식 통계에 따르면, 1976년 0.391에 달했던 지니계수는 1980년 0.389, 1985년 0.345, 1993년 0.310으로 하락하였다. 특히 1987~1988년의 노동자 대투쟁 이후 노동자들의 임금이 인상되어 전체 GDP 중 임금노동소득의 비중이 늘어나면서(김정우, 2005) 소득불평등도 하락하였다. 따라서 장기적인 관점에서 본다면, 1980년대 한국사회는 '소득 불평등이 낮은 시기'라고 할 수 있다.

일부에서는 통계청의 조사 대상자의 불일치성 때문에, 이러한 시계열적 논의에 문제가 있다고 주장한다. 가계동향조사 대상자는 2006년 이전까지 2인 이상 도시가구에 한정되므로, 해당 시기의 조사결과는 1인 가구를 포함한 전체 가구의 소득불평등을 보여주는 것이 아니라는 점, 그리고 2007년 이후 조사대상자가 확대되어 시계열적 비교가 어렵다는 점을 지적한다.

이러한 지적은 일면 설득력이 있으나, 다른 자료를 분석한 결과를 참고할 경우에도 한국사회 불평등이 1990년대 초기까지 완화되었다는 점은 동일하다. 일례로 직종별임금실태보고서(정원오, 1995) 혹은 국세자료를 이용한 연구에 의하면(홍민기, 2015a, 2015b), 산업화가 완성되는 1970년대 후반을 기점으로 1990년대 초까지 소득불평등이 완화되었다.

한국에서 소득불평등이 증가하기 시작한 시점은 1990년대 초반이다. 가구단위 균등화 처분가능소득을 기준으로 할 때, 소득불평등은 이미 1992년부터 점차로 증가하였고 1998~1999년에 폭증하였으며, 2000년대 들어서는 미국발 금융위기 직전 시기인 2008년까지 다시 증가하였다(정준호 외, 2017). 다시 말하면, IMF 위기 직후를 제외하면 1990년 초반부터 이어진 전반적인 소득불평등 증가 추이가 2008년까지 지속되는 경향을 발견할 수 있다. 또한 개인소득을 연구한 결과에 의하면, 소득불평등은 1997년 외환위기 이전부터 확대되었다. 임금구조기본통계조사와 고용형태별근로실태조사를 이용하여 5인 이상 상용직을 대상으로 개인 소득을 분석해도 소득불평등 증가 시점은 IMF 위기 직후가 아닌 1990년대 초반이며(한종석 외, 2015), 국세 자료를 이용하여 개인소득을 분석한 홍민기(2015a)도 1994년 이후 임금불평등이 증가했음을 설명한다.

그렇다면 한국사회의 소득불평등은 21세기 들어서도 지속적으로 확대된다고 주장할 수 있는가? 소득불평등의 '확대'라는 주장은 학술 논문보다는 언론보도에서 자주 등장할 정도로 심각한 문제임은 틀림없으나, 이에 대해서는 좀 더 실증적인 분석이 필요하다.

통계청이 가계금융·복지조사 결과를 기초로 계산한 균등화소득 분배지표에 의하면, 한국의 가구소득불평등이 2009년 이후에 지속적으로 하락하는 경향을 발견할 수 있다. 또한 가계금융·복지조사와 가계동향조사의 결과를 기초로 지니계수를 계산해도, 계수 값 자체는 차이가 있으나 2009년 이후 줄어드는 경향은 동일하다(<그림 II-2>).[3]. 이러한 경향은 1인가구와 농촌가구를 포함한 전체 가구를 대상으로 할 경우, 혹은 도시 2인 이

---

3) 가계금융복지조사와 가계동향조사를 기초로 가처분 균등화 소득의 지니계수를 계산하면, 자료에 따라서 19~25% 정도의 차이가 발생한다. 예를 들어서, 2015년 기준 가구 가처분 균등화 소득의 지니계수는 '가계동향조사'에서는 .295로 북유럽 복지국가나 프랑스(.292), 독일(.289)에 비견 될 만큼 낮은 수준이었지만, '가계금융복지조사'에서는 .352로 영국(.357)과 비슷하게 높은 불평등 국가로 나타났다. 외국의 지니계수는 OECD 누리집(www.oecd.org/social/income-distribution-database.htm)에서 2020년 5월 20일에 정리함.

상 가구로 한정할 경우에도 차이가 없다. 따라서 소득불평등 변화의 시점에 대해서는 분석 자료 및 시기 등에 따라서 상이한 주장이 존재하지만, 한국사회의 가구단위 소득불평등이 2010년대 들어서 '더욱 확대되었다'고 주장하기 어렵다.

한편, 가구 소득불평등 추이와 관련하여 중요한 문제는 불평등 변화가 고소득집단 혹은 저소득집단의 변화에 의해서 추동되었는지 파악하는 것이다. 미국과 유럽의 불평등 증가는 소득 상위 1%, 0.1% 등 초고소득층의 소득점유율 확대에 의해서 주도되었다(Piketty, 2014; Piketty and Saez, 2003). 미국에서 소득점유율 확대는 소득상층으로 갈수록 높아져, 상위 1~4%집단이나 5~10% 집단보다는 상위 1% 혹은 상위 0.1% 집단에서 더 높다. 한국에서도 개인소득의 측면에서 상위 1%와 10%의 임금과 소득점유율이 지속적으로 높아졌다는 연구가 있어(김낙년 2012; 홍민기, 2015a, 2015b), 고소득층으로의 소득 집중화 경향을 확인할 수 있다.

그러면 중간 소득집단이나 하위 소득집단의 점유율은 어떻게 변화하였는가? 일반적으로 상위 소득집단의 점유율 확대는 나머지 90% 집단의 전반적 점유율 하락 혹은 소득 중간층까지의 희생 없이 하층의 점유율 하락에 의해서 추동될 수도 있으며, 이러한 중·하위 소득집단의 소득점유율에 따라서 전체적인 소득불평등 정도가 결정된다.

<그림 II-3>은 통계청 자료를 활용하여 1990년대 이후 가구균등화 소득 상위 10% 집단, 중위 집단, 하위 10% 집단의 소득 변화를 정리한 것으로, 한국의 2010년대 소득 불평등은 소득 상층과 중간층의 격차보다는 중간층과 하층의 격차에 기인한다는 점을 잘 나타낸다. 일례로 도시거주 2인 이상 가구의 가구균등화 소득 90번째 퍼센타일(percentile) 분위의 경계값과 50번째 분위의 경계값의 비는 1992년에 1.7, 2008년에는 1.9로 증가하여, 소득상층과 중간층의 격차는 0.2 포인트 정도 상승하는데 그쳤다. 그러나 소득 50번째 분위의 경계값과 10번째 분위의 경계값의 비는 동 기간

〈그림 II-3〉 P90/P50, P50/P10 소득 경계 비율의 변화

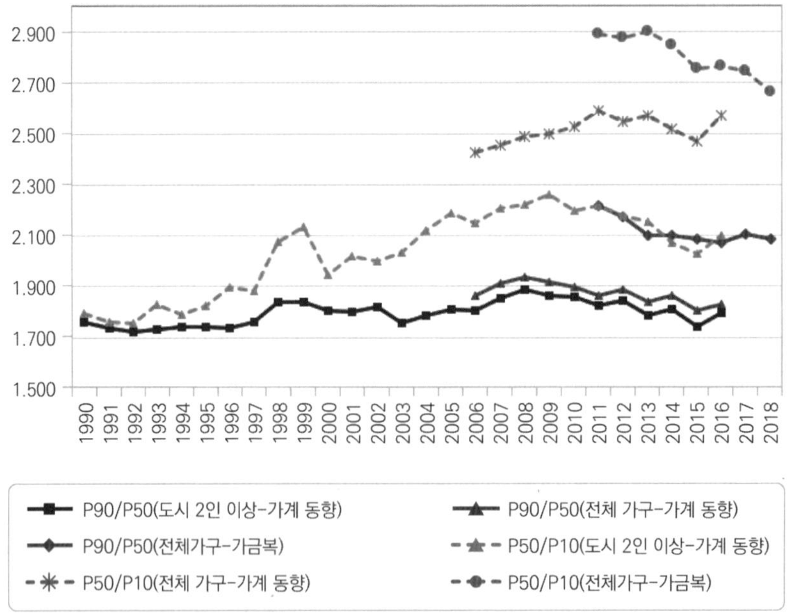

출처: 통계청 가계동향조사, 가계금융복지조사(각 년도, 조사연도 기준)

에 1.8에서 2.2로 0.4 포인트 상승하였다. 또한 1992~2016년에 소득 10번째 분위 경계값의 연간 가구균등화 소득 상승률은 인플레이션을 적용하지 않았을 때 4.7%인데, 50번째 분위는 5.5%, 90번째 분위는 5.6%이다. 2016년 소득 중간층과 상층의 격차는 1990년대 초기와 비교해서 크지 않았으나 소득 중간층과 하층의 격차는 커졌다는 점을 고려하면, 소득 상층 10%의 점유율 확대는 중간층의 하락보다는 소득하위계층의 궁핍화의 결과라고 할 수 있다(이철희, 2008).

또한 1인 가구를 포함한 가계동향조사 결과(2006~2011년)를 정리해도 중간소득집단과 하위소득집단의 격차는 확대되었다. 도시거주 2인 이상 가구로 한정한 가계동향조사와 1인가구를 포함한 가계금융·복지조사 결과를 비교하면, 후자의 결과가 전자에 비하여 더 크지만, 변화 추세는 동일

하다(<그림 II-3>). 한국에서 1인 가구의 소득이 2인 이상 도시가구의 가구소득보다 평균적으로 낮기 때문에 1인 가구를 포함하지 않은 통계는 오히려 저소득집단의 궁핍화를 과소 계상하는 문제를 나타내는데, 1인 가구를 포함할 경우에도 저소득집단과 중간소득집단의 격차가 더욱 확대된다는 점은 명확한 사실이다.

결국 한국사회 소득불평등의 핵심은 빈곤층 혹은 저소득층의 궁핍화이다. 중산층이나 부유층, 중간소득집단이나 고소득집단의 가구소득이 지속적으로 증가하지만, 저소득집단은 여전히 궁핍한 상태에서 생활한다. 소득만을 기준으로 한다면, 빈부격차와 빈곤층의 경제적 취약성이 소득불평등의 핵심적인 특징이라고 할 수 있다.

2) 소득불평등의 원인

소득을 근로소득, 재산소득, 이전소득 등 구성항목(원천)별로 구분할 때, 한국 사회에서 소득불평등 발생 및 변화에 가장 큰 영향을 미치는 것은 근로소득으로 알려져 있다(정준호 · 전병유 · 장지연, 2017; 홍민기 2015b). 특히 가구주의 근로소득이 가구 전체 소득 불평등에 많은 영향을 미치기 때문에, 2008년 이후 소득불평등이 하락한 이유도 가구주의 학력, 직업, 종사상 지위에 따른 노동소득 격차가 축소된 결과로 해석할 수 있다.

그렇다면 2010년대의 가구소득 격차도 가구주의 근로소득에 의하여 설명할 수 있는가? 이에 대한 해답은 샤플리(Shapley)의 분석기법을 활용한 연구결과에서 나타난다. 이 기법은 소득불평등 지니계수, 소득구성항목(원천)별 지니계수 및 전체 소득에서 차지하는 점유율 등을 활용하여 각 소득항목별 설명력을 분석하는 것이다.[4] 지니계수에서 차지하는 소득구성항목

4) 불평등 기여도에 대한 분해기법은 매우 다양하며, 샤플리(Shapley) 분해기법 등에 대한

별 기여도를 계산한 후, 지니계수를 1로 했을 때 각 항목의 기여도(상대적 기여도)를 비율로 계산하면, 각 소득 항목의 소득불평등 효과를 설명할 수 있다.

<그림 II-4>는 이 방법을 활용하여 2010년대 가계금융·복지조사 자료를 분석한 결과이다. 한국사회에서 근로소득의 상대적 기여도는 2012년 59%에서 2019년 64%로 증가한 반면, 사업소득의 상대적 기여도는 동기간에 32%에서 23%로 감소하였다. 이 시기에는 봉급생활자의 급여 혹은 근로소득 액수 자체가 계속 증가하였기 때문에(<표 II-1> 참고), 근로소득이 가구소득에서 차지하는 비중도 높아지고 소득불평등에 미치는 효과도 높은 수준이다. 그러나 사업소득의 경우에는 주요 대상자인 자영업자가 전체 노동인구에서 차지하는 비중이 축소되고 이들의 매출액이나 수입액이 줄어들면서, 전체 가구소득 중 사업소득이 차지하는 비중도 동기간 동안 28%에서 21%로 줄어들었다. 사업소득의 불평등 기여도가 줄어든 것은 이러한 자영업자의 경제적 하락을 반영한 결과이다.

반면 일부 비근로소득의 불평등 기여도는 늘어났다. 자산소득의 기여도는 6%(2012년)에서 9%(2019년)로 증가하였고, 이전소득의 불평등 기여도도 증가하였다. 자산소득의 불평등 기여도 증가는 현대 자본주의의 소득불평등 및 고소득층으로의 소득 집중화를 낳는 주요 요인으로 알려져 있다. 전 세계적으로 볼 때 경제활동이 다양화되면서, 부동산·주식 시장에서 자산소득을 얻는 사람들이 전 사회적으로 증가하였고 자산이 많은 집단이 이러한 투자활동을 주도하면서 더 많은 소득을 얻게 되었다(Atkinson and

---

자세한 설명은 이성재·이우진(2016)을 참고할 것. 또한 2010년 이후 '가계금융복지조사'를 분석한 결과를 해석하는 데 있어서, 자료의 시기별 성격을 고려하여 유의할 필요가 있다. 2012~2017년 자료는 설문조사 결과이며 2018~2019년 자료는 소득·부채 등에 대한 행정자료를 사용하여 보정한 결과이다.

〈그림 II-4〉 소득불평등의 원천별 상대적 기여도

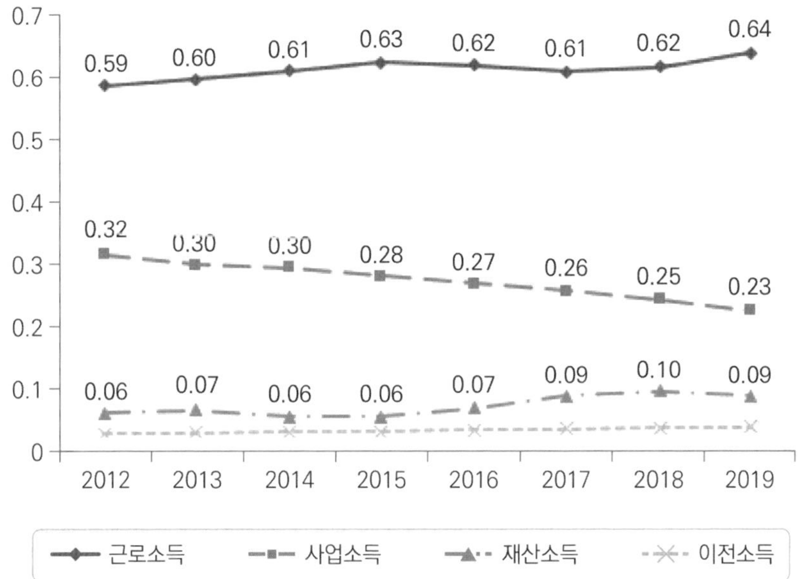

출처: 통계청, 가계금융 · 복지조사(원자료, 조사연도 기준)

Lakner, 2017). 한국의 경우에도 일부 학자들은 "비근로소득의 집중도가 1990년대 외환위기로 일시 하락한 후에 다시 증가하였다"고 주장하였는데(김낙년, 2018, 21쪽), 이 연구에서도 자산소득의 기여도가 2010년대 들어서 지속적으로 증가하였음을 확인할 수 있다.

이러한 상대적 기여도 분석결과는 한국사회에서 가구소득불평등이 발생하는 원인과 관련하여 많은 시사점을 제공한다. 전체적인 소득불평등 발생의 일차적 항목인 근로소득 격차를 낳는 요인을 설명해야 하며, 최근 들어서 점진적으로 증가하는 비근로소득 격차 문제도 설명할 필요가 있다.

현재 많은 국가에서 관찰되는 근로소득불평등 변화의 주요 원인에 대한 논쟁은 기술 변화와 제도적 변화로 대별된다(Kim and Sakamoto, 2010; Autor, Katz, and Kearney, 2008; Card and DiNardo, 2002; Card, 2001; Morris and

Western, 1999). 기술변화와 노사관계의 변화를 강조하는 시각은 가구소득이 아니라 개인소득의 불평등 변화를 설명하지만, 가구주 노동소득이 가구소득의 대부분을 차지하는 한국에서 가구소득 불평등 변화를 설명하는데 중요한 의미를 갖는다.

기술변화의 중요성을 강조하는 이론 가운데 가장 대표적인 것은 "정보통신기술의 발전이 고학력자 등 숙련도가 높은 노동자에게 친화적으로 발전했다"는 '숙련친화적 기술변동론'(Skill-biased Technological Change)이다(Kim and Sakamoto, 2010; Card and DiNardo, 2002). 이 이론에서 가장 일반적으로 사용되는 증거는 학력 간 소득격차 증대이며, 한국의 일부 학자들도 임금구조기본통계조사 자료를 분석하고 학력 간 노동소득격차가 1990년대 초반부터 꾸준히 증가하였다고 설명하였다(김창환 · 김형석, 2007; 정진호 · 이규용 · 최강식, 2004). 그러나 가계동향조사 자료를 이용하여 25-64세 노동자를 대상으로 분석해 보면, 고등학교 졸업자 대비 대학졸업자의 상대적 소득에 큰 변화가 없으며, 세대 내에서 학력 간 소득 격차는 오히려 축소되었다. 한국노동패널 자료를 활용한 분석에서도 학력별 소득 격차가 증가했다는 증거가 없다. 기술변화가 소득불평등을 초래했다는 미국 경제학계의 지배적 견해와 달리, 한국사회에서는 숙련친화적 기술변동 가설의 설명력이 유효하지 않다.

한국에서 제도적 변화를 강조하는 학자들은 IMF 경제위기 상황에서 근로자파견제도가 실시된 후 노동유연성이 강화되고 노동과 자본의 역학관계가 변화한 점을 소득불평등 증가의 원인으로 강조한다. 노동시장 통계를 살펴볼 때, 정규직과 비정규직, 그리고 비정규직의 다양한 집단 간 임금격차가 발생하고 이러한 임금격차가 소득불평등에 직접적인 영향을 미치는 것은 사실이다. 1990년대 후반기 경제위기 이후 노동유연화가 강화되면서, 파트타임 · 계약제 · 간접 · 특수고용 등 비정규직 취업자가 노동시장에서 높은 비중을 차지하고 있으며 이러한 경향은 21세기 들어서도 지속되고 있다(통계청, 2019; 한국비정규노동센터. 2019; 신광영, 2013; 장지연, 2001).

또한 일부 학자들은 고용형태보다는 사업체 규모의 효과가 더 크다고 설명한다(김영미 · 한준 2007; 정이환 2007). 한국의 대기업과 중소기업 간 위계적 종속관계를 볼 때, 중소기업은 생산성 · 이윤 · 인적자원 등에서 열악한 지위에 있어 기업 간 임금격차가 노동시장 불평등을 낳는 것은 일면 설득력이 있다. 더구나 서비스산업의 영세사업체들은 치열해지는 경쟁구조에서 생존의 어려움을 겪고 있어 영세사업체와 중견 · 대규모 사업체의 임금격차는 더욱 심각한 상황이다.

그러나 시기적으로 볼 때, 기업규모 간 격차는 1980년대 중반 이후 확대되기 시작하여 2000년대 초반까지 지속되었는데(강병익 · 황규성, 2017; 전병유 · 정준호 · 정세은, 2017), 이러한 결과는 전체 가구소득불평등이 1990년대 초기부터 증가하였다는 사실과 불일치한다. 기업규모 간 임금 격차는 개인의 노동시장 지위 및 사업체 특성 등이 임금에 반영된 결과이므로, 이러한 격차를 가구단위 소득 격차로 동일시하는 것은 적절하지 않다. 따라서 노동시장에서의 격차 확대가 가구소득 격차 확대와 어떻게 연관되어 있는지에 대해서는 추가적인 연구를 필요로 한다.

한편, 2010년대 가구소득불평등 변화를 설명하는데 새롭게 주목할 만한 요인은 사회적 차원에서 발생하는 인구구조와 가구형태 변화이다(이다미 외, 2016; 이병희 외, 2014). 성명재 · 박기백(2009)은 1994-2008년 소득 불평등 증가의 14.9%가 고령화 · 이혼 · 만혼 등 인구구조 변화 때문이며, 특히 고령화 등 연령구조 변화는 전체 불평등 변화의 방향을 바꿀 정도로 중요한 원인이라고 설명한다. 또한 김창민 · 김은경 · 신광영(2020)에 의하면, 가구형태 · 노동시장 참여 · 가구원 수 · 부부의 총 노동시간 등 가구 속성이 가구소득 불평등 변화의 상당 부분을 설명한다.

이러한 경향은 2010년대에도 지속되고 있다. <표 II-3>에 의하면, 2010년대 들어서 가구주와 가구원의 취업 여부 및 종사상 지위별 구성에 따라서 소득 격차가 변화하였다. 기본적으로 가구원 가운데 취업자 수가 많을수록 가구소득 총액이 높으며, 취업자가 1인의 가구에서는 상용직>자영업>비상용직의 순서로 가구소득이 높다.

특히 한국사회에서 가구원들의 동질혼 문제가 불평등 변화와 밀접하게 연관되어 있다는 점을 주목할 필요가 있다. 동질혼은 가구 구성원들이 학력이나 직업 등에서 동일한 지위를 갖는 경향을 의미하므로, 맞벌이 부부가 증가하는 현실에서는 노동시장에서 높은 지위에 있는 취업자 부부와 낮은 지위에 있는 부부 간에 가구 소득격차가 더욱 확대될 것임을 시사한다. 실제로 한국에서도 '상용직 2인으로 구성된 가구'의 소득은 '상용직 1인으

〈표 II-3〉 가구 구성원의 종사상지위별 구성에 따른 가구 소득격차

	2012	2015	2018	2020
상용직 1인	100.0	100.0	100.0	100.0
비상용직 1인	52.0	51.7	57.5	59.6
자영업 1인	97.8	90.9	87.9	85.3
상용직 + 상용직	144.8	145.8	149.9	144.3
상용직 + 비상용직	101.2	106.4	107.1	110.7
상용직 + 자영업	142.6	144.3	142.2	142.6
비상용직 + 비상용직	66.4	68.1	79.0	80.5
비상용직 + 자영업	93.2	94.4	91.8	89.0
자영업 + 자영업	147.8	143.0	157.1	119.5
정규직 + 비정규직 + 자영업	124.4	146.1	132.8	133.2
전체 무직	39.3	36.7	45.2	47.3

주) 표의 수치는 조사 연도 균등화 가구소득을 기준으로 하며, '가구원 가운데 상용직 1인만 있는 가구'유형을 기준으로 할 때, 다른 가구유형의 가구소득 상대값을 의미함.
출처: 통계청, 가계금융 · 복지조사(원자료)

로 구성된 가구'보다 44%, '자영업과 자영업으로 구성된 가구'보다는 20% 정도 높으며, '비상용직과 비상용직으로 구성된 가구'의 1.8배에 이른다. 따라서 가구소득불평등은 가구원들의 취업 여부와 종사상 지위별 구성 등을 반영한다.

또한 여성의 노동시장 참여가 불평등에 미치는 영향도 주요 관심 사항이다. 여성의 취업은 1인 가구 혹은 2인 이상 가구의 총 소득에 영향을 미치며, 결혼한 여성이 맞벌이로 생활하는 경우에는 가구단위 근로소득과 사업소득에 영향을 미친다. 일부 연구자들은 한국에서 저소득 가구에서 부부 모두가 노동시장에서 참여하는 비율이 높기 때문에, 배우자의 노동시장 참여가 가구소득불평등을 낮추는 효과를 낳는다고 설명해 왔다(장지연 2012; 반정호, 2011; 이철희, 2008). 그러나 1990년 이후 최근까지 배우자 근로소득은 소득불평등 축소보다는 증가에 기여했다는 연구결과도 존재한다(정준호 · 전병유 · 장지연, 2017). 취업 여성이 전문직 등의 고소득 직종에 종사하고 이들의 배우자들도 동질적인 직업에 종사할 경우에는 이들의 가구소득 총액이 다른 가구유형에 비하여 훨씬 더 높아져, 가구소득 격차도 더욱 늘어날 가능성이 있다. 결국 여성의 경제활동참여가 소득불평등에 미치는 효과는 여성 본인뿐만 아니라 배우자 등 다른 가구원의 직업 및 임금수준에 따라서 결정될 것이며, 전 사회적으로는 1인 가구 혹은 동질혼 등의 가구형태 변화와 맞물려 향후 한국사회의 가구소득 불평등에 직접적인 영향을 미칠 것이다(김영미 · 신광영, 2008).

마지막으로 논의할 것은 시장소득의 불평등을 완화할 수 있는 소득보장제도의 효과이다. 한국 사회에서 공적 이전소득의 증가는 가구 가처분소득 불평등을 낮추는 경향이 있다. 불평등이 일시적으로 폭증하였던 IMF 경제위기 이전에는 이전소득으로 인한 소득재분배가 가구균등화 소득불평등에 미치는 영향이 작았으나, 이후에는 재분배 정책이 확대되면서 소득불평등 완화 효과가 증가하였다. 강신욱(2018)의 추정에 따르면, 2016년 재분

〈표 II-4〉 소득구성항목별 격차

		1분위	2분위	3분위	4분위	5분위
2016	근로소득	3.7	16.6	31.3	52.3	100
	사업소득	2.8	16.6	33.7	47.8	100
	재산소득	8.5	16.4	21.8	30.4	100
	공적이전소득	131.2	125.2	120.6	104.3	100

주) 표의 수치는 조사 연도 5분위 집단의 소득구성항목별 액수를 100으로 할 때, 각 소득집단의 상대값. 사적이전소득은 표에서 생략함.
출처: 통계청, 가계금융 · 복지조사(KOSIS)

배 정책이 가구 가처분소득 불평등을 16.5% 낮추는 효과가 있다.

이러한 공적 이전소득의 소득불평등 효과는 2010년대에도 지속되었다. 2010년대 후반기 저소득가구와 고소득가구의 소득구성항목(원천)별 격차를 보면, 공적 이전소득 액수는 저소득가구에서 더 높다(<표 II-4>). 2016년 1분위 가구의 공적 이전소득이 37만 원인 데 반하여, 5분위의 경우에는 28만 원에 불과하였다. 저소득계층에 해당하는 1분위의 근로소득은 5분위의 3.7%, 사업소득은 2.8%인 데 반하여, 이들의 공적 이전소득은 5분위의 131.2%를 차지한다. 공적 이전소득은 저소득층을 대상으로 하는 빈곤정책과 봉급생활자 등을 대상으로 하는 직역별 연금제도 등에서 발생하므로, 고소득 가구보다는 저소득이나 중간소득 가구에서 더 높은 비중을 차지한다. 따라서 공적 이전소득이 이들의 가구소득을 높임으로써 전체적인 소득불평등을 완화하였다.

4. 자산불평등의 변화와 현실

1) 자산불평등 변화

<표 II-5>는 가계금융·복지조사 원자료를 이용하여 2012~2019년 자산불평등 지수(지니계수, 자산집중도, 팔마지수 등) 변화를 정리한 것이다. 2012년 48%를 차지했던 10분위 집중도는 2017년에 44.3%로 하락하였고, 이후 증가하여 2019년 45.5%에 이르며, 순자산 지니계수, 분위 배율, 팔마지수도 2012년에 최고점을 기록한 후 몇 년간 감소하였으나 2017년을 기점으로 다시 증가하였다. 따라서 분석대상 시기를 2010년대 전체로 확대하면, 자산불평등 증가와 감소의 두 가지 변화 흐름을 확인할 수 있다.

2010년대 자산불평등 변화에서 흥미로운 점은 집단별 순자산 변동 폭이다. 하위 10% 집단의 경우 자산총액보다 부채가 많은 상태에 있으며, 하

〈표 II-5〉 순자산 불평등 변화: 2012~2019년

순자산	2012	2013	2014	2015	2016	2017	2018	2019
지니계수	.63	.61	.59	.59	.59	.59	.60	.60
집중도 - 상위10%	48.23	46.69	45.06	44.85	44.54	44.29	44.91	45.48
- 상위20%	65.68	64.17	62.79	62.56	62.35	62.22	62.82	63.44
분위배율 -상위10%/하위20%	382.50	278.47	177.97	189.43	213.02	181.01	188.77	222.88
-상위20%/하위20%	260.45	191.35	124.02	132.11	149.10	127.16	132.04	155.43
팔머지수	10.25	9.27	8.20	8.21	8.36	8.24	8.48	8.86

주) 팔머지수(Palma index) = 상위 10%의 자산점유율 / 하위 40%의 자산점유율
출처: 통계청, 가계금융 · 복지조사(원자료)

〈그림 II-5〉 자산집단(분위)별 순자산 추이: 2012~2019

(단위: 만 원, %)

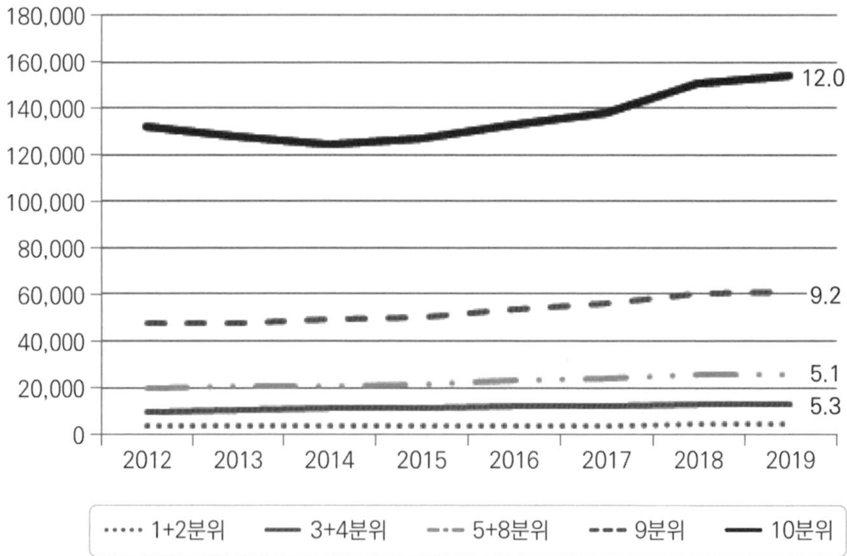

주) 그래프 선의 수치는 각 집단별 2017년 대비 2019년 순자산 증가율
출처: 통계청, 가계금융 · 복지조사(원자료)

위 3~4분위 집단의 경우에는 적자를 벗어난 상태이지만 순자산 총액이 크게 변하지 않았다. 그러나 다른 중간 이상 자산집단의 순자산 총액은 점차로 증가하였다. 특히 상위 10% 집단의 경우에는, 2010년대 중반기까지만 해도 순자산 총액 자체가 감소하였으나, 2017년 이후에 다른 집단에 비하여 더 큰 폭으로 증가하였다. 2017년 대비 2019년의 순자산 증가율은 3~8분위에서 5.0%, 9분위에서 9.2%이지만, 10분위에서는 12.0%를 기록하였다(<그림 II-5>). 또한 상위 1%집단의 순자산 점유율은 최근 3년간 계속 증가하여 2019년에는 12.5%에 이른다.

결국 2010년대 자산불평등 변화는 상위집단의 자산 증감과 밀접히 관련된다. 소득불평등 확대가 소득상층과 중간층의 격차 확대보다는 소득 중간층과 하위층의 격차 확대에 기인한 것이라면, 자산불평등은 상위집단과 다른 집단의 자산변동 격차의 결과이다.

2) 부동산자산과 금융자산의 불평등 효과

자산불평등 연구에서 주요 관심사항은 부동산과 금융자산 격차이다. 선진 자본주의 국가에서는 "금융자산 불평등이 부동산자산 불평등보다 더 높다"는 점이 '자산분포의 정형화된 사실'로 알려져 있으나(Davies and Shorrocks, 2000), 최근에는 부동산 자산격차에 따른 자산불평등 효과에 관심을 갖는 학자들도 늘어났다(Jordà et al. 2017). 주요 국가에서 저금리중심의 통화정책이 지속되고 부동산 투자가 확대되면서, 부동산자산이 많은 계층과 그렇지 않은 계층 간 자산격차가 확대되는 경향을 보인다(조영철·권혁진, 2020). 또한 미국 등 일부 국가에서 주택구입용 담보대출제도가 확대되어, 이자 등을 감당할 수 있는 집단과 그렇지 못한 집단의 순자산 격차는 더욱 확대되었다(Desmond, 2015).

한국의 경우에도 2010년대 부동산 가격이 급격히 증가하면서 부동산자산 격차와 자산불평등 효과에 대한 관심이 매우 높다. 2010년대 후반기부터 서울과 일부 대도시를 중심으로 부동산 가격이 큰 폭으로 증가하였고, 아파트 등 주택매매가격은 2019년에는 이전 5년보다 더욱 가파른 인상폭을 기록하였다(<그림 II-6>). 또한 부동산 매매가 격차(5분위 배율)도 2012년(9.8)부터 2015년(8.8)까지 하락하였으나, 이후 다시 증가하여 2019년에 최고점(11.9)을 기록하였다. 따라서 불평등의 관점에서 보면, 이러한 부동산 가격 변동이 자산불평등에 많은 영향을 미쳤을 것으로 예상할 수 있다.

〈그림 II-6〉 한국의 주택종합 매매가격 변동률 추이

(2017년 11월 가격 기준)

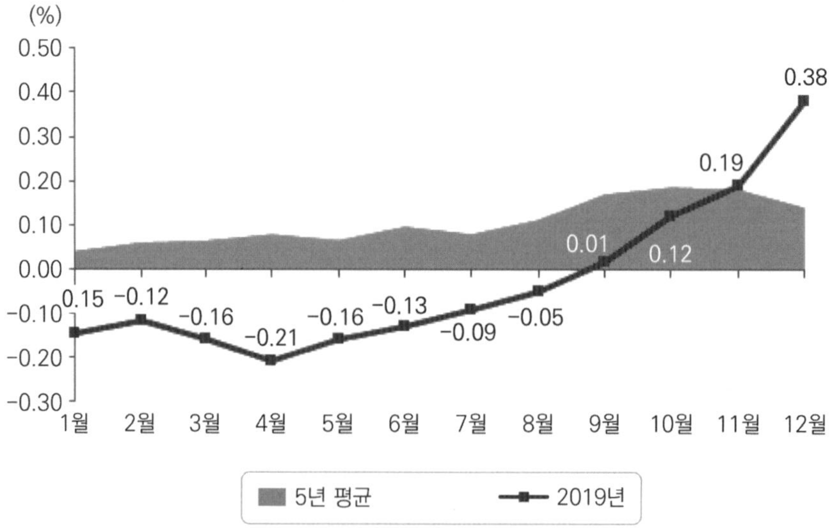

출처: 한국감정원. 「주택가격동향조사」 DB

실제로 앞에서 소개한 샤플리의 분석방법을 활용하면, 부동산 자산격차가 자산불평등을 낳는 핵심적인 요인임을 확인할 수 있다. 2010년대 전 기간에 걸쳐서 가구자산 불평등의 70% 정도는 부동산자산 불평등(지니계수)에서 기인하며, 부동산 자산의 불평등 기여도는 2010년대 중반기부터 서서히 높아져 2019년에는 2010년대 가장 높은 수준(74%)을 기록하였다(<그림 II-7>). 이러한 결과는 2010년대 초반기까지의 상황을 연구한 결과와 동일하다. 일부 학자들은 당시에 부동산자산과 금융자산의 상대적 기여도를 분석하고 "부동산자산 불평등이 자산불평등의 주요 원인"이라고 설명한 바 있다(장영은 · 이강용 · 정준호. 2017; 이성재 · 이우진, 2016). 이 연구는 이러한 경향이 2010년대에 지속되었으며, 특히 2010년대 후반기 부동산 가격폭등이 부동산 자산격차를 확대하여 가구자산 격차를 더욱 확대함을 보여준다. 한국사회에서 '부동산 불패'라는 믿음이 확산될 정도로 많은 사

람들이 부동산 자산의 경제적 가치를 강조하는데, 이러한 주장은 2010년대 후반기 부동산 자산 불평등 격차에서 다시 한 번 확인되고 있다.

〈그림 II-7〉 자산불평등의 원천별 상대적 기여도: 부동산자산과 금융자산

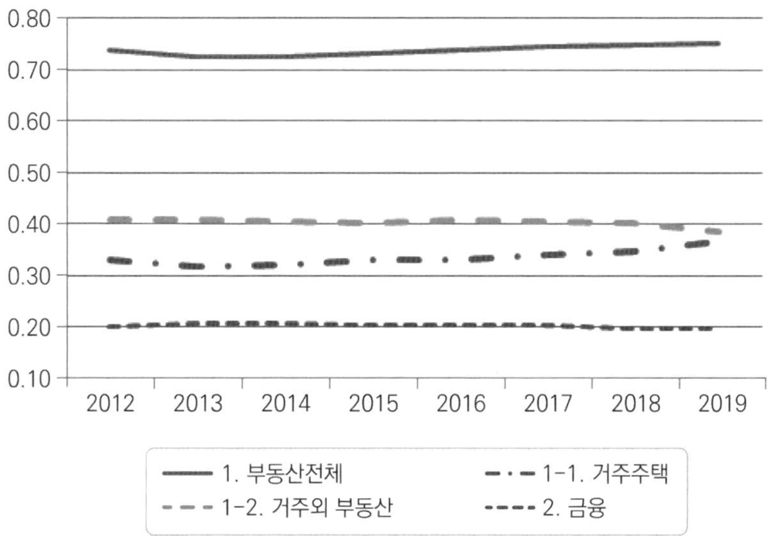

출처: 통계청, 가계금융 · 복지조사(원자료)

또한 최근 자산불평등은 거주주택뿐만 아니라 거주 주택외 부동산자산에 많은 영향을 받았다. 일부 집단은 현재 거주하는 주택이외에도 아파트, 오피스텔, 상가, 토지 등 다양한 부동산자산을 보유하는데, 이러한 거주 주택이외 부동산자산은 거주주택보다 더 높은 기여도를 나타냈다. 일례로 2018년 거주주택의 순자산불평등 상대적 효과(기여도)는 0.35인 반면, 거주 주택이외 부동산자산의 경우에는 0.41에 이른다(<그림 II-7>). 종합부동산세 등 조세부담 증가로 비거주용 주택을 처분하는 사례가 발생하여 2019년 거주 주택이외 부동산자산의 불평등 기여도는 이전보다 약간 줄었으나, 임대용으로 사용하는 주택이나, 토지 · 상가 등 비주거용 부동산 등의

자산 격차가 한국사회 자산불평등에 미치는 효과는 여전히 크다.

반면 금융자산의 불평등 기여도는 부동산자산만큼 높지 않다. 일반 국민들은 임금이나 근로소득의 일부를 금융자산으로 축적하고, 이를 기초로 장래의 생활비와 교육·의료·주택구입비용 등을 준비한다. 또한 주식시장이 활성화 된 현대 사회에서는, 주식과 채권 등에 투자하고 금융자산을 축적하는 사람들도 늘어난다. 그러나 이러한 금융자산의 순자산불평등에 대한 상대적 기여도는 전체 부동산자산(거주주택, 거주주택외 부동산자산의 합계)의 1/3에도 못 미친다. 또한 부동산자산의 기여도는 최근에 증가하는 추세이지만, 금융자산의 자산불평등 기여도는 시기별로 큰 차이가 없이 0.2 수준을 유지하고 있다. 따라서 한국인의 가구자산 격차는 금융자산보다는 부동산 자산 격차에 의하여 주로 발생한 것이다.

5. 자산과 소득의 상관성

이제 우리가 관심을 갖는 것은 소득과 자산의 연관성이다. 부(wealth)는 소득과 자산을 통하여 확인할 수 있기 때문에, 소득과 자산의 연관성을 파악하면 우리 사회에서 부의 축적과정을 좀 더 구체적으로 이해할 수 있다. 일반적으로 '소득이 자산을 증가시키고 자산이 소득을 높이는' 선순환 효과를 예상할 수 있으나(Cynamon and Fazzari, 2016), 자산과 소득의 구성항목(원천)이 다양하기 때문에 항목별 연관성에 대해서는 구체적인 연구가 필요하다. 특히 부동산자산 격차가 확대되는 상황을 고려할 때, 이러한 자산이 소득에 미치는 효과를 구체적으로 파악하면 부의 축적 메커니즘을 간략히 설명할 수 있다.

주요 국가의 사례를 보면, 소득과 자산의 상관성 정도는 국가별로 매우 다양하며, 소득불평등과 자산불평등이 늘 같은 방향성을 갖지는 않는다.

유럽의 경우, 소득과 자산은 유의미한 상관성을 나타내지 않거나 매우 낮은 경우가 있다(Muller, Buchholz and Blossfeld, 2011). 스웨덴과 덴마크처럼 소득불평등은 낮지만 자산불평등이 높은 국가들도 있으며, 거시적으로는 OECD 국가들의 소득지니계수와 자산지니계수 간 부(-)의 관계를 나타내기도 한다(신진욱, 2013). 일부 학자들은 한 국가에서 소득과 자산의 상관성을 파악하기 위하여 스피어만 계수를 계산하였는데, 이 계수값도 이탈리아 .64, 미국 .61, 독일 .40을 기록하여, 국가별 차이를 확인할 수 있다(정준호·전병유, 2020). 이것은 자본소득에 영향을 미치는 사회경제적 요인뿐만 아니라 노동소득에 영향을 미치는 요인들이 각각 상이하며 이러한 다양한 요인들의 조합이 국가별로 상이하게 나타나기 때문이다(Atkinson, 2002; 조영철·권혁진, 2020).

한국의 경우에는 2012년 이후 가구소득은 총자산 혹은 순자산과 높은

〈그림 II-8〉 자산-소득 상관관계

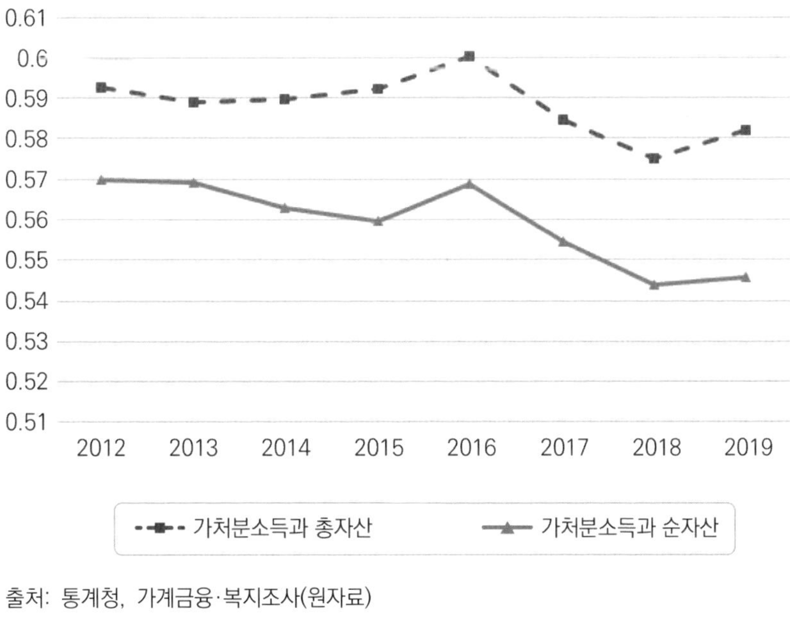

출처: 통계청, 가계금융·복지조사(원자료)

상관성을 보인다. 앞에서 인용한 학자들과 마찬가지로 스피어만 계수값을 계산하면, 가처분 소득과 자산은 2018~2019년에 0.5 이상을 기록하였으며 시기별로는 2018년 보다 2019년에 약간 더 높아졌다(<그림 II-8>). 이러한 수치는 이탈리아와 미국보다 낮지만 독일보다는 높은 수준이다. 따라서 '소득이 자산축적의 기초가 되며 동시에 자산이 소득을 낳는 순환구조'가 한국사회에서 고착화되고 있음을 설명할 수 있다.

또한 한국사회에서 자산구성항목과 소득구성항목 간 상관성이 가장 높은 것은 부동산자산과 자산소득이다(<표 II-6>). 많은 국민들은 노동의 보상 결과 일부를 저축하고 각종 투자활동을 통하여 금융자산을 형성하지만, 금융자산보다는 부동산자산이 자산소득과 매우 높은 상관성을 보인다(스피어만 계수값 .37). 자산이 많을수록 자산소득이 높은 것은 당연한 결과이지만, 한국사회에서는 자산소득이 금융자산(이자 및 배당금 등)보다는 부동산자산의 결과(임대료 등)에 더욱 가깝다. 또한 거주주택이외의 부동산자산 격차가 자산불평등에 가장 큰 영향을 미친다는 점을 고려하면, 이러한 부동산자산에서 발생하는 임대소득이 가구소득 격차도 확대한다고 설명할 수 있다. 결국 부동산자산은 자산불평등을 발생시키는 주요 요인이며 동시에 자산소득을 매개로 소득불평등에도 영향을 미치고 있다.

〈표 II-6〉 소득과 자산의 상관관계: 가구주 연령 집단별 비교(2019년)

	부동산자산	금융자산
근로소득	0.20*	0.40*
사업소득	0.20*	0.19*
자산소득	0.57*	0.37*
이전소득	-0.03*	-0.27*

* p 〈0.01

자료: 통계청, 가계금융·복지조사(원자료)

6. 결론

이 글은 2010년대 소득과 자산 불평등 추이, 불평등 변화 요인, 자산·소득의 상관성 등을 설명하였다. 장기적인 관점에서 보면, 한국의 가구소득 불평등은 이미 1990년대 초반에 시작되었고, IMF 경제위기가 발생한 1997년을 거쳐 세계금융위기가 발생한 2009년까지 증가하였으며, 경제위기가 어느 정도 해결된 2010년대에는 감소하는 경향을 보였다. 이러한 소득불평등 변화는 기본적으로 근로소득 격차에서 기인하며, 최근에는 사업소득의 불평등 기여도는 하락하지만 자산소득의 기여도는 증가하였다. 반면 공적 이전소득이 고소득층보다 저소득층에서 더 높다는 점을 볼 때, 소득보장제도 발전에 따른 공적 이전소득 증가는 소득불평등 완화에 기여하였다.

자산불평등도 연구대상 시기에 따라서 상이한 변화의 흐름을 나타낸다. 부동산자산이 가구자산에서 높은 비중을 차지하는 한국사회에서, 자산불평등은 기본적으로 부동산시장의 변동 및 상위자산집단의 부동산자산 증감에 따라서 변화하였으며, 최근에는 거주주택이외 부동산자산의 자산불평등 기여도가 높아졌다. 한국사회에서 소득과 자산은 밀접히 관련되며, 부동산자산을 통한 자산소득의 격차도 더욱 부각되고 있다. 부동산 등의 자산격차가 심화되는 것도 문제이지만, 부동산 자산 등의 소득 효과가 높아짐에 따라서 소득격차를 더욱 확대하고 있다.

그러나 이러한 결론은 잠정적이며, 한국의 경제적 불평등을 파악하기 위해서는 향후 좀 더 많은 연구가 필요하다. 이 글은 기존 연구 성과를 비판적으로 수용하고 가능한 다양한 자료를 활용하여 2010년대 불평등 문제를 설명하였으나, 소득과 자산 불평등 발생 요인 등에 대해서는 추가적인 연구가 진행되어야 한다. 가구단위 소득과 자산의 변화 경향에 대해서는 의문이 없으나, 이러한 변화를 낳는 요인에 대해서는 좀 더 체계적인 설명이 필요하다. 개인단위 소득과 가구단위의 소득총액을 분리해서 설명하거나, 각각의 소득격차를 낳는 인구학적 요인과 노동시장 및 사회구조적 요인을 명확히 분석할 필요가 있다. 또한 소득과 자산의 상관관계를 넘어, 소득이 자산에 미치는 효과 혹은 자산이 소득에 미치는 효과 등 소득-자산의 인과관계를 구체적으로 설명할 필요가 있다. 소득은 일시적인 경제적 자산이지만 자산은 생애과정의 누적된 결과이므로, 자산과 소득의 축적과정 과정을 시계열적으로 분석한다면 한국사회의 부의 축정과정과 격차문제를 좀 더 자세히 설명할 수 있다. 이 저서는 앞으로 노동시장 요인이나 가구구성의 요인 등이 불평등과 빈곤에 미치는 효과를 실증적으로 파악하고, 본 저서의 결론에서 향후 연구방향 등을 설명할 것이다.

III

상대적 빈곤 현실

III 상대적 빈곤 현실

1. 서론

경제적 불평등은 빈곤문제에도 직접적인 영향을 미친다. 경제적 불평등은 부유층과 빈곤층의 격차를 의미하기 때문에, 불평등의 고착화는 빈곤층의 경제적 궁핍함도 지속됨을 시사한다. 또한 최근 20101년대 한국사회의 소득불평등이 저소득층의 상대적 하락에 기인하므로, 소득불평등은 빈곤문제를 심화시킬 가능성이 있다. 이러한 점은 통계청의 "2018년 3/4분기 가계동향조사(소득부문)"에서도 확인되는데, 소득 최상위 20% 가계의 월평균 소득은 계속 증가하지만, 최하위 20% 가계의 월평균 소득은 1년 전보다 7% 감소하였다(통계청, 2018). 전반석인 물질적 풍요와 경제적 번영에도 불구하고, 경제적 취약계층과 저소득계층의 경제적 어려움이 지속되고 있다.

많은 학자들은 한국사회의 빈곤 현실과 원인을 설명하며, 직업·연령·성 등을 기준으로 빈곤 가구의 구성과 궁핍한 삶을 자세히 분석하였다(김문길, 2017; 노대명, 2017; 허수연, 2011; 윤홍식·김혜영·이은주, 2005; 구인회, 2002). 성별 빈곤격차를 분석한 한 논문은 "남성가구주 가구가 경제위기에서 비교적 빠른 회복을 보이는 반면, 여성가구주 가구의 빈곤율은 경제위기 이전의 2/3 수준으로만 회복되어, 경제위기의 회복과정에서 성별 격차가 확대되었다"고 설명한다(석재은, 2004, 167쪽). 또한 경제위기이후 노인 증가 혹은 저임금 비정규직 고용 증가가 빈곤에 미치는 효과를 분석하거나

(김수정, 2014; 한국비정규직노동센터, 2014; 석재은·임정기, 2007; 최옥금. 2007), 각종 사회복지제도를 통하여 지급되는 공적이전소득과 가족구성원 등을 통한 사적이전소득 등이 탈 빈곤화에 미치는 효과를 연구도 다수 발표되었다(김희삼, 2008; 김진욱, 2007).

최근에는 상대적 빈곤에 대한 관심도 높다. I장에서 간략히 소개한 대로, 전통적인 빈곤에 대한 관심은 주로 최저생계가 어려운 절대적 빈곤층이었으며, 공적부조제도와 같은 빈곤정책의 일차적 대상도 노동시장 참여가 어려운 노인, 아동, 장애인 등이었다. 그러나 절대적 빈곤층이 줄어들면서, 현대 사회의 빈곤에 대한 관심은 극빈한 생계수준에 있는 빈곤층뿐만 아니라 일정 수준의 생활상태를 유지하지 못하는 상대적 빈곤층으로 확대되었다. 주요 국가들은 중위소득을 기준으로 빈곤층을 선정하고 각종 공적부조제도를 통하여 이들의 생계를 지원하고 있다. 노동시장의 변화가 저임금계층을 양산하고 전 세계적인 차원에서 대규모 재난이 발생하거나 주기적으로 경제위기가 발생하면서, 적절한 수준의 생활상태를 유지할 수 없는 사람들이 다수 존재한다.

현재 한국사회의 상대적 빈곤문제는 국제적인 기준으로 볼 때에도 우려할 만한 수준이다. 정부의 공식 발표에 의하면, 한국의 전 연령층 가처분소득기준 빈곤율(중위소득의 50% 기준)은 2018년에 15%를 넘으며, 노인의 상대적 빈곤율은 43%로서 OECD 평균수치의 3배에 이른다(Park, 2018). 정부도 이러한 문제를 해결하기 위하여 최저임금 인상, 일자리 창출, 비정규직 차별 완화, 자영업자 지원 및 빈곤층 생계지원 확대 등 다양한 정책을 추진하고 있으나, 상대적 빈곤문제를 쉽게 해결하지 못하는 것이 현실이다.

이 글은 2010년대 한국사회의 빈곤문제를 전반적으로 살펴보고, 상대적 빈곤 현황 및 결정요인 등을 구체적으로 파악한다. 먼저 2010년대 한국사회의 빈곤 추이와 빈곤 가구의 경제적 현실을 정리한다. 인구학적 특성과 가구 특성 등을 중심으로 상대적 빈곤율을 비교하고, 사회적 취약계층의 가계지출을 구체적으로 설명한다. 또한 통계청 자료를 활용하여 가구주의 연령, 성, 지역, 노동시장지위별 빈곤 격차를 분석한다. 가구원 규모를 고려한 '균등화 가구소득' 중위값을 기준으로 상대적 빈곤가구를 정의하고, 이분형 로지스틱 회귀분석기법을 활용하여 개인·가구의 특징과 노동시장지위가 빈곤가능성에 미치는 순(net) 효과를 실증적으로 분석한다. 이러한 내용은 II장에서 설명한 경제적 불평등 현실의 빈곤문제를 좀 더 구체적으로 이해하는 데 도움이 될 것이다.

2. 한국의 빈곤 추이

1) 2010년대 상대적 빈곤율

한국사회에서 상대적 빈곤층 문제를 연구하기 위해서는 정확한 개념 정의가 필요하다. 일반적으로 상대적 빈곤층은 적절한 생활수준을 유지하기 어려운 사회적 취약계층을 포함하며, 가구 총소득이 전체 가구의 중위소득 50~60% 이하 가구를 상대적 빈곤가구로 파악하는 것이 관례이다. 이러한 방식은 극빈층을 넘어서 일정수준 이하의 소득집단을 빈곤층으로 정의함으로써, 현대사회의 빈곤 문제에 대한 인식을 확대할 수 있다. 또한 이러한 개념은 노동빈곤 문제의 중요성을 부각시킨다. 임시직·일용직 취업자와 영세 자영업자가 경제활동인구에서 많은 비중을 차지하고 이들의 소득수준이 낮아짐에 따라서 노동빈곤층에 대한 관심이 증가하였는데, '중위소득'을 기준으로 하는 상대적 빈곤층 개념은 전통적 취약계층뿐만 아니라 노동빈곤층의 경제적 궁핍을 설명할 수 있다.

한국의 경우에도 공공지원제도 대상자를 선정하는 데 있어서, 상대적 빈곤층을 정의하는 방식이 적용되고 있다. 정부는 과거에 최저생계비를 기준으로 기초생활수급자 및 차상위계층을 선정하였으나, 최저생계비 기준이 지나치게 낮고 부양의무자 요건 등으로 인하여 공공제도의 대상자에서 배제되는 경우가 다수 발생하였다. 따라서 최근 들어서 OECD 등이 사용하는 방식에 따라서 '가구단위 중위소득'을 기준으로 빈곤층 규모를 발표하고 2015년 7월부터 중위소득을 기준으로 각종 사회보장정책 대상자를 선정하였다. 예를 들어서 중앙생활보장위원회는 연도별 기준 중위소득과 함께 급여별 선정기준 및 급여수준을 발표하는데, 기준 중위소득 대비 생계급여는 30%, 의료급여는 40%, 주거급여는 43%, 교육급여는 50% 이하 가구이다(보건복지부 · 국토교통부 · 교육부, 2017). 일부 급여 선정기준이 상대적 빈곤 기준에 못 미치는 문제가 발생하지만, 과거의 생활보호제도보다는 더 많은 시민들에게 복지혜택을 제공하고 있다.

따라서 한국사회의 상대적 빈곤층 규모를 파악하기 위해서는 소득 중위값을 파악해야 하는데, 소득의 구성항목을 고려할 때 시장소득과 처분가능소득의 중위값을 각각 기준으로 할 수 있다. 여기에서 시장소득은 근로소득과 사업소득 등 경제활동의 결과를 모두 포함하며, 처분가능소득은 시장소득과 공적 이전소득 등을 포함한 결과이다.[5] 따라서 복지제도가 발전한 현대사회에서는 공공복지정책 등에 따라서 지급되는 소득보장지원금도 상대적 빈곤을 결정하는 기준이 된다.

<표 III−1>은 이러한 방식으로 계산된 2010년대 상대적 빈곤율이다. 시장소득 중위소득 50%를 기준으로 한 2010년대의 상대적 빈곤율은 19~20% 수준을 유지하였으며, 60%를 기준으로 하면 24~25% 수준을 기록하였다. 또한 가처분소득을 기준으로 한 상대적 빈곤율은 동 시기에 각각 16~18%(중위소득의 50% 이하 기준), 22~25%(중위소득의 60% 이하 기준)이다. 한국 사회에서도 공공복지제도 등이 발전함에 따라서, 공적연금, 기

5) 가처분소득은 '시장소득+공적 이전소득−공적 이전지출'이다. 자세한 내용은 II장 참고.

초연금, 양육수당 등을 받는 사람들이 증가하면서, 빈곤율은 시장소득보다는 가처분 소득을 기준으로 할 때 더 낮다.

〈표 III-1〉 상대적 빈곤율: 2011~2019

(단위: %)

	중위소득 50% 기준		중위소득 60% 기준	
	시장소득	가처분소득	시장소득	가처분소득
2011	19.6	18.6	24.6	24.5
2012	19.0	18.3	24.3	24.3
2013	19.1	18.4	24.4	24.3
2014	19.6	18.2	24.6	24.1
2015	19.5	17.5	24.6	23.7
2016	19.8	17.6	24.9	23.7
2017	19.7	17.3	24.7	23.2
2018	19.9	16.7	24.8	22.6
2019	20.8	16.3	25.8	22.5

주) 조사연도 기준 시장소득과 가처분소득의 균등화 소득을 기준으로 한 결과.
출처: 통계청 소득분배지표(KOSIS)

한편 상대적 빈곤율은 성과 연령 등 인구학적 특성에 따라서 달라진다. 개인의 취업 가능성이나 직업의 종류, 심지어 종사상 지위 등이 이러한 인구학적 특성에 따라서 영향을 받는 한국사회에서는 가구주의 성과 연령에 의하여 가구소득 총액이 결정되고 더 나아가 상대적 빈곤 가능성도 결정된다.

첫째, 빈곤율을 연령집단별로 비교할 때 가장 눈에 띄는 것은 노인 빈곤문제이다(<그림 III-1>). 2011년 중위소득의 50%를 기준으로 한 상대적 빈곤율은 가구주가 은퇴연령층(66세 이상)인 경우에 57.8%이었으며,

2019년에는 60%를 상회하였다. 반면 근로연령인구(18~65세)의 상대적 빈곤율은 10% 중반수준을 유지하였으며, 2010년대 후반기에는 전반기보다 더욱 하락하였다. 또한 시장소득 60% 이하를 기준으로 할 경우에도, 근로연령층과 은퇴연령층의 상대적 빈곤율 격차는 매우 크다. 노인들은 생계비가 부족할 경우에 노동시장에 참여하지만, 일자리를 찾지 못하거나 저임금 취업자일 가능성이 높아 근로연령층에 비하여 가구소득 총액도 낮고 빈곤 가능성은 더 높다.

〈그림 III-1〉 상대적 빈곤율(중위소득 50% 이하): 근로연령층과 은퇴연령층 비교

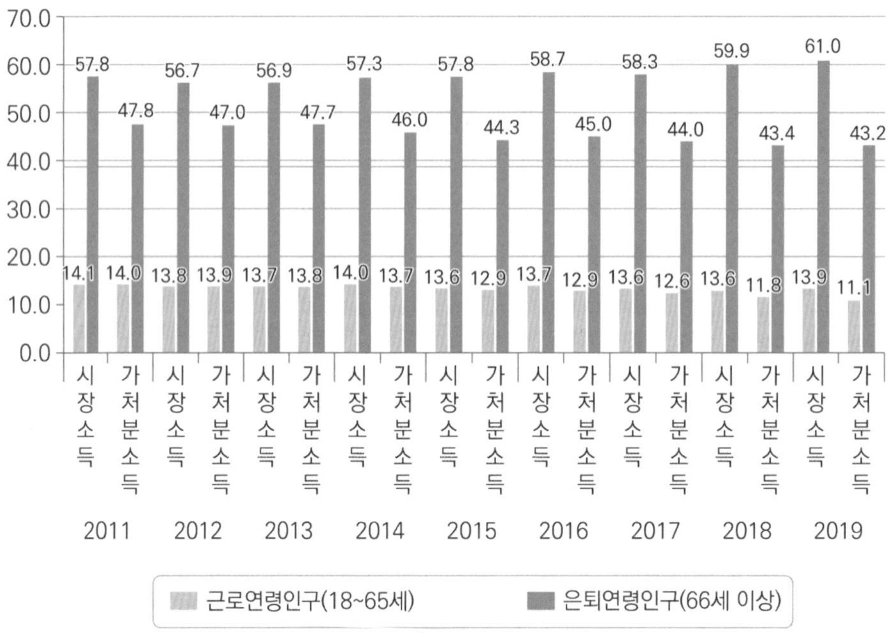

출처: 통계청, 가계금융 · 복지조사(KOSIS)

〈그림 III-2〉 상대적 빈곤율(중위소득 60% 이하): 근로연령층과 은퇴연령층 비교

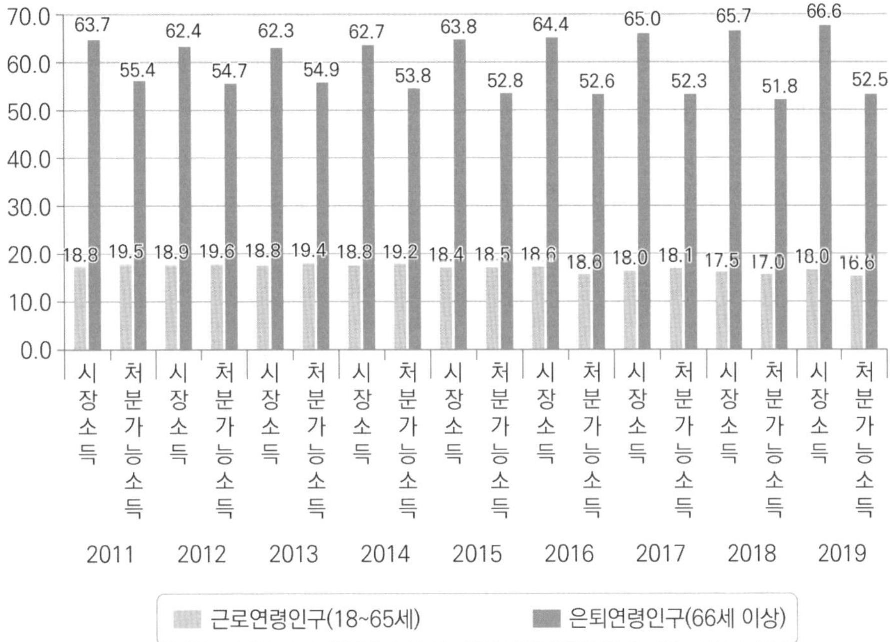

출처: 통계청, 가계금융 · 복지조사(KOSIS)

둘째, 상대적 빈곤율은 남성보다는 여성을 가구주로 둔 경우에 훨씬 높다. '국민기초생활보장제도의 혜택을 받는 가구' 혹은 '소득인정액이 기준 중위소득 50% 이하인 (저소득)가구'를 한국의 가장 대표적인 빈곤가구로 정의할 수 있는데, 두 집단에서 모자가구가 차지하는 비중은 부자가구의 비중보다 더 높다. 일례로 2018년 기준 저소득가구 가운데 4.0%는 모자가구이지만, 부자가구는 0.2%에 불과하다(<표 III-2>). 한국사회에서 여성은 일·가정 양립 부담을 안고 있으며, 노동시장에서도 남성에 비하여 더 많은 어려움을 경험하고 있다. 특히 여성이 이혼이나 사별 등에 따라서 가구주가 될 경우에는 보육문제를 해결하거나 경력단절 문제를 극복해야 하지만, 이들이 희망하는 일자리를 찾는 일이 쉽지 않다. 중장년 여성의 다

수가 실업생태에 있거나 저임금·단순노무직 등에 집중되어 빈곤율이 높아지는 것은 '빈곤의 여성화' 현실을 잘 나타낸다.

〈표 III-2〉 소득수준별 가구유형

(단위: %)

가구형태	2015				2018			
	전체	수급	저소득	일반	전체	수급	저소득	일반
단독가구	27.1	67.0	64.1	23.8	29.2	79.6	63.5	25.3
모자가구	1.4	6.6	1.9	1.2	1.2	4.7	4.0	0.9
부자가구	0.3	2.1	0.1	0.3	0.4	1.0	0.2	0.4
소년소녀 가장가구	0.2	0.8	1.2	0.1	0.2	0.2	1.0	0.2
기타가구	71.0	23.5	32.7	74.7	69.0	14.6	31.3	73.3
합계	100	100	100	100	100	100	100	100

주) 모자가구는 어머니와 만 18세 미만 자녀를 포함한 가구, 부자가구는 아버지와 만 18세미만 자녀를 포함한 가구. 저소득가구는 수급자를 제외하고 소득인정액이 기준 중위소득 50% 이하인 가구.
출처: 보건복지부, 국민생활실태조사(KOSIS)

2) 상대적 빈곤층의 소득과 자산 현황

우리는 2010년대 들어서 고소득층과 저소득층의 소득격차가 심화되고 저소득층의 궁핍함이 지속됨을 설명하였는데, 이러한 경향은 상대적 빈곤층의 소득 변화에서도 확인할 수 있다(<표 III-3>). 먼저 시장소득을 기준으로 하면, 전체적으로 가구소득 총액은 증가하지만, 저소득집단의 증가율은 평균에도 못 미친다. 소득 상위 20% 집단이 전체 소득에서 차지하는 비중도 2010년대에 57~58% 정도를 유지하였으나, 빈곤층의 소득 비중은 동 기간에 하락하였다. 상위 10% 소득집단과 하위 10% 집단의 소득경계값을 기준으로 하는 P90/P10도 2011년보다 2019년에 더욱 증가하여, 상대적 빈곤층 가운데 소득이 더 낮은 계층(하위 10% 집단)의 궁핍함이 심화되고 있음을 알 수 있다.

또한 가처분 소득을 기준으로 해도, 빈곤층의 가처분 소득 비중은 2010년대에 5~6%에 머물러 있고, 상·하위 집단 간 격차도 5~6배를 기록하였다. 다행인 것은 시장소득보다 가처분소득을 기준으로 할 때 상대적 빈곤층의 궁핍함이 완화되는 추이를 보인다는 점이다. 예를 들어서 P90/P10은 6.4배에서 5.2배로, P90/P20도 4.2배에서 3.7배로 하락하여, 시장소득을 기준으로 하는 빈부 격차가 일정한 수준에서 완화되고 있음을 알 수 있다. 결국 상대적 빈곤층은 고소득층에 비하여 여전히 경제적으로 어려운 상황이지만, 기초연금이나 국민연금, 실업자를 대상으로 하는 실업급여 등 공적 이전소득이 늘어나면서 빈부 격차가 다소 완화되고 있다.

〈표 III-3〉 빈곤층과 부유층의 소득격차

			2011	2013	2015	2017	2019
시장 소득 기준	소득 비중	빈곤층	4.1	4.3	4.2	4.0	3.8
		부유층	58.8	57.3	56.9	57.8	57.5
	소득 경계값 격차	P90/P10	8.5	7.9	8.4	9.2	9.8
		P90/P20	4.9	4.5	4.1	4.7	4.9
가처분 소득 기준	소득 비중	빈곤층	5.3	5.6	6.0	6.0	6.5
		부유층	56.8	55.4	54.0	54.2	53.1
	소득 경계값 격차	P90/P10	6.4	6.1	5.7	5.8	5.2
		P90/P20	4.2	4.0	3.8	3.8	3.7

주) 상대적 빈곤층은 소득 1분위(하위 20%)집단, 부유층은 소득 상위 20%를 의미하며, P90/P10은 소득 10분위 중 9분위 소득의 경계값(P90)을 1분위 소득경계값(P10)으로 나눈 수치.
출처: 통계청, 가계금융 · 복지조사(KOSIS)

한국사회에서 상대적 빈곤층의 궁핍함은 자산보유 현황에서도 확인된다. 원래 두 집단 간에는 소득격차보다 자산 격차가 훨씬 더 크지만, 이러한 격차는 최근에 더욱 확대되고 있다. 상대적 빈곤층의 2017년 총자산은 부유층(상위 20% 집단)의 14.5%이었으나 2019년에 13.8%로 하락하였고, 이들의 순자산 가치도 동 시기에 하락하였다(<표 III−4>). 특히 극빈층에 해당하는 하위 10%는 자산보다 부채가 많은 상태에 있어, 이들은 적자상태에서 생활하고 있다.

〈표 III-4〉 상대적 빈곤층의 자산보유 현황

	자산	2017		2019	
		보유액(만 원)	자산격차	보유액(만 원)	자산격차
상대적 빈곤층 (소득 하위20%)	총자산	12,420	14.5	13,146	13.8
	순자산	10,906	16.4	11,535	14.9
부유층 (소득 상위20%)	총자산	83,094	100	94,663	100
	순자산	67,591	100	76,950	100

출처: 통계청, 가계금융 · 복지조사(KOSIS)

3) 상대적 빈곤가구의 생활상태

빈곤층의 경제적 궁핍함은 가계지출에서도 확인할 수 있다. 가계 경제는 의식주와 같은 기초생계비, 교육·문화 등의 사회활동비로 구성되는데, 상대적 빈곤층은 소득과 자산이 부족하기 때문에 가구 생활비 지출 총액도 적고 항목별 지출 비중도 중산층이나 부유층과 다르다. 특히 2010년대 후반기 주택가격이 급등하는 상황에서는, 주거비용 부담도 다른 소득 집단과 많은 차이를 나타낸다.

한국사회 전체 가구에서 식료품비용이 가계지출 총액에서 차지하는 비중은 2017년 26~30%에 불과하며, 자녀 교육 및 주거, 문화활동비 지출이 전체 가계지출의 대부분을 차지한다. 그러나 저소득층일수록 식료품비용의 비중이 더 높고, 교육·주거·문화비용의 비중은 더 낮다(<표 III-5>). 식료품비용은 가족생활의 최저 안정성, 교육은 자녀의 미래 사회적 지위 등과 관련된다는 점을 고려하면, 상대적 빈곤가구원 전체의 미래가 고소득층이나 중산층에 비하여 비관적임을 시사한다.

특히 상대적 빈곤가구의 지출에서 주거비 비중이 높다는 점은 현재와 미래의 불안정한 생활상태를 보여준다. 2017년 전체 가구에서 주거비 비중은 가계지출 비용의 10% 이상에 이르며, 이러한 지출 비중은 고소득집단보다는 저소득집단에서 더 높다. 빈곤층은 자가 보유율이 상대적으로 낮아 주거불안정성이 높고, 무주택자의 경우 전세보증금이나 월세 등을 지출해야 하므로 높은 주거비용 부담을 안고 있다. 특히 최근의 부동산 가격 폭등과 전반적인 부동산 문제는 빈곤층의 소비지출과 부채에도 직접적인 영향을 미쳤다. 많은 사람들은 생활안정을 위하여 부동산을 구입하려고 노력하며, 소득이나 자산이 부족한 경우에 금융권으로부터 대출을 받기 때문에 이자부담이 발생한다. <표 III-5>에서도 고소득층의 주거비 비중은 10%에 못 미치지만, 저소득층(1분위)의 경우에는 20%에 이르며, 주거용 대출 비율도 전자에서는 39%, 저소득층에서는 50%를 상회한다. "자산 가운데 주거관련 자산의 비중이 가장 높은 집단이 상대적 빈곤층이다"고 할 정도로, 한국의 빈곤층은 부동산자산 이외에는 특별한 자산이 없는 집단이다. 그러나 이들의 주거비용 부담이 높아, 교육이나 건강관리, 문화·여가 생활에서 경제적 여유가 매우 적은 삶을 지속하고 있다.

〈표 III-5〉 소득집단별 가계지출구조와 재정상태

(2017년 기준)

	1분위	2분위	3분위	4분위	5분위
가계지출구조					
식료품비	32.4	30.8	29.9	28.4	26.6
주거비	20.1	16.2	12.9	11.0	9.6
교육비	3.3	7.3	10.6	14.2	17.2
의료비	12.7	8.4	6.2	5.6	5.4
기타	31.6	37.4	40.4	40.8	41.2
가계 재정					
부채비율	12.2	16.8	19.2	19.7	18.7
주거용 대출 비율	53.5	45.1	55.8	55.6	39.1
자산대비 부동산자산 비중	75.5	71.5	69.4	68.2	68.5
부동산 자산 몫	35.0	58.6	82.1	112.1	212.2

주) 부채비율은 자산 총액 가운데 부채액의 비율, 주거용 대출 비율은 부채총액 가운데 주거용 대출액의 비율, 부동산 자산 몫은 전체 부동산 자산액 평균에서 부동산자산액의 비.

출처: 통계청, 가계금융 · 복지조사(KOSIS)

3. 상대적 빈곤가구의 특성

그렇다면 한국의 상대적 빈곤가구는 어떤 특성을 갖는 집단인가? 앞에서 연령과 성에 따라서 빈곤율이 달라진다는 점을 정리하였는데, 이러한 인적 특성이 상대적 빈곤화에 미치는 영향은 어느 정도인가? 또한 근로연령층 가운데 10% 이상이 상대적 빈곤집단이 되는 이유는 무엇인가? 노동빈곤화를 강조하는 학자들이 주장하는 바와 같이, 상대적 빈곤화는 노동시장지위와 직접 관련되는가?

이에 대한 해답은 2016년 가계금융·복지조사 자료를 활용한 이분형 로지스틱회귀분석 결과에서 확인할 수 있다. 원래 이분형 로지스틱 회귀분석은 종속변수를 2개 집단으로 구분하고 인구학적 요인이나 노동시장 관련 요인을 독립변수로 사용하여, 각 집단별로 종속변수의 특정 범주에 해당될 확률을 구하는 통계방법이다(홍두승·설동훈, 2012). 분석결과의 계수값(B)은 각 변수의 기준범주와 해당범주의 구성원들이 빈곤층이 될 가능성의 차이를 나타내는 통계량으로서, 이를 exp(B)로 계산하면 각 범수 간 확률의 차이를 알 수 있다. 여기에서는 전체 가구를 두 개의 집단('상대적 빈곤가구'와 '일반가구')으로 구분하므로, 가구주의 인구학적 요인과 노동시장지위 요인들이 상대적 빈곤화에 미치는 영향을 통계적으로 나타낸다.

분석 결과를 정리한 <표 III-6>을 간단히 요약하면, 한국사회에서 가구주의 인적 특성과 노동시장지위 각각이 상대적 빈곤 확률에 영향을 미치며 각 변수들을 기준으로 하는 집단적 특성에 따라서 상대적 빈곤 가능성이 달라진다. 가구주가 여성인 가구의 빈곤가능성은 남성 가구주의 경우에 비하여 2.65배, 고졸 이하 학력층은 대학원이상 학력층의 3.48배 높다.[6] 더구나 이들이 실업상태이거나 판매서비스·단순노무직 등 불안정한 저임금 직종에 종사할 경우에 상대적 빈곤 가능성이 더욱 높아진다. 따라서 한국사회에서 '빈곤의 여성화'는 여성의 낮은 인적 자원, 불안정한 노동시장 지위, '여성 가구주'로 표현되는 가구형태와 가정내 역할 등이 종합적으로 반영된 결과이다.

6) 분석 결과에서 exp(B)는 종속변수의 범주 간 확률의 차이를 의미하지만, 이 글에서는 서술상의 편의를 위하여 '가능성'이라는 용어를 사용한다.

〈표 III-6〉 가구주의 특성이 상대적 빈곤에 미치는 순 효과

	전체	
	B	Exp(B)
성(기준=남성)		
- 여성	.97**	2.65
연령(기준=40대)		
- 20~30대	.02**	1.02
- 50대	-.37**	.69
- 60대	-.29**	.75
학력(기준=대학원이상)		
- 고졸이하	1.25**	3.48
- 전문대졸이하	.70**	2.01
- 4년제졸업이하	.42**	1.52
노동시장지위(기준=고용주)		
- 자영업자(종업원 없는 고용주)	1.29**	3.65
- 전문관리직(상용직)	.27**	1.31
- 전문관리직(비상용직)	2.10**	8.18
- 사무직(상용직)	-.34**	.71
- 사무직(비상용직)	1.90**	6.70
- 판매서비스직(상용직)	.44**	1.56
- 판매서비스직(비상용직)	1.64**	5.14
- 생산직(상용직)	.05**	.95
- 생산직(비상용직)	1.19**	3.31
- 단순노무직(상용직)	.85**	2.34
- 단순노무직(비상용직)	2.08**	7.98
- 무직	2.92**	18.46
가구유형(기준=일반가구)		
- 노인가구	1.37**	3.95
지역구분(기준=수도권)		
- 비수도권	.31**	1.37
통계량		
• -2LL	12,519,759.3	
• Cox& Snell R^2	.29	
• Nagelkerke R^2	.45	

주) * p<.05; ** p<.01

출처: 통계청「가계금융 · 복지조사」 원자료(2016)

또한 노동시장 요인이 상대적 빈곤 가능성에 미치는 효과도 명확하다. 무직자 가구의 빈곤 확률은 고용주 가구의 18배이다. 가구주가 취업 상태에 있는 경우에도 전문직 가구보다 비전문직 가구에서 빈곤가능성이 높다. 또한 동일한 직업군에서도 비상용직의 빈곤가능성은 상용직에 비하여 매우 높다. 가구주가 전문관리직인 경우에도 상용직으로 종사하는 가구의 빈곤 가능성은 비상용직 가구와 매우 큰 차이를 보인다. 더구나 가구주 기준 전문직－비상용직의 빈곤 가능성은 사무직－상용직보다 더 높아, 화이트칼라 직종에서도 종사상 지위가 빈곤문제와 밀접히 관련됨을 알 수 있다.

이러한 결과를 종합하면 직업과 종사상 지위 등에 따른 노동빈곤문제가 상대적 빈곤과 밀접히 관련된다. 실제로 가구주가 고용주인 경우와 사무－비상용직인 경우의 빈곤 격차는 6.7배이며, 모든 직업군의 비상용직(전문관리－비상용직, 판매서비스－비상용직, 단순노무－비상용직)의 빈곤 확률도 상용직에 비하여 더 높다(표의 exp(B) 참고). 국제적인 기준에서 볼 때에도 한국사회의 노동빈곤화에 따른 상대적 빈곤문제는 비교적 심각한 수준이다. OECD 발표에 의하면, 한국사회에서 전체 노동자 가운데 중위임금의 2/3 미만을 받는 저임금 노동자 비율은 2016년에 23.5%로 OECD 국가 평균(15.6%)보다 훨씬 더 높았다(OECD, 2018). 저임금 노동자들의 다수가 비정규직 종사자라는 점을 고려할 때, 한국사회 노동시장의 저임금화가 상대적 빈곤발생의 주요 요인임을 알 수 있다.

또한 자영업자 가구의 경제적 궁핍함에 대해서 주목할 필요가 있다. 분석결과에 의하면, 영세 자영업자(고용원이 없는 고용주) 가구의 상대적 빈곤가능성은 일반 고용주에 비하여 3.65배 높으며, 사무직이나 생산직의 상용직 종사자 가구에 비하여 더 높다. 통계 수치만을 비교하면, 영세 자영업자 가구의 상대적 빈곤가능성은 생산직－비상용직 가구와 거의 비슷한 수준이다.

이러한 결과는 한국사회에서 영세 자영업자의 매출 하락, 폐업 등에 따른 경제적 어려움을 반영한다. 통계청이 공공 행정자료 등을 활용하여 집계한 '기업생멸행정통계'에 의하면, 2019년 도소매업체의 2년 생존율은 47.5%, 숙박음식업의 2년 생존율도 45.9%이며, 5년 내 생존율도 각각 28.5%, 21.5%에 불과하다(KOSIS). 최근 자영업자의 어려움은 이미 2010년대에 존재하였던 경영위기가 팬데믹 상황에서 더욱 악화된 것이라고 할 수 있다.

한편 상대적 빈곤화에 대한 분석결과는 한국사회에서 노인 빈곤문제의 현실을 좀 더 구체적으로 나타낸다. 앞에서 소개한 빈곤율 수치를 보면 은퇴연령층 가구의 상대적 빈곤문제가 매우 심각한 것으로 해석할 수 있으나, 이러한 결과가 연령의 문제인가 혹은 이들의 가구형태의 문제인가에 대해서는 좀 더 면밀한 분석과 해석이 필요하다. 일반적으로 노인 빈곤은 연령, 혼인상태, 자산, 직업경력 등 다양한 요인에 영향을 받기 때문에(석재은·임정기, 2007; 최옥금, 2007), 이들의 연령과 가구형태 등이 상대적 빈곤 가능성에 미치는 효과를 구분할 필요가 있다.

분석결과를 볼 때, 한국사회에서 노인의 상대적 빈곤화는 '연령'보다 '가구형태'와 좀 더 밀접히 관련된다. 상대적 빈곤 가능성은 가구주가 60대 이상인 경우에 다른 연령집단에 비하여 더 높은 것은 사실이다. 그러나 연령의 순 효과를 나타내는 exp(B) 통계량을 보면, 60대와 40대의 빈곤 격차는 75%에 불과하다. 반면 '가구유형으로서의 노인가구' 계수값을 보면, 노인가구의 빈곤가능성은 일반가구에 비하여 4배 정도 높다. 따라서 노인의 상대적 빈곤문제의 핵심은 '노인'이라는 연령의 문제라기보다는 가구유형으로서의 노인가구('노인들로만 가구가 구성된 경우')이다. 노인들이 자녀 등과 동거하며 가구원의 지위를 유지할 경우보다는 가구주로서 생계를 책임질 경우에 빈곤 문제가 더욱 심각하다. 다시 말하면, 동거하는 가구원들이 소득을 얻을 경우에는 노인들의 빈곤가능성이 낮아지지만, 노인이 가구생계를 책임지는 경우에는 빈곤가능성이 매우 높다. 고령화가 빠른 속도로 진행되고 노인으로만 구성된 가구형태가 증가하는 상황에서, 이러한 결과는 노인빈곤의 미래를 보여주는 결과이며 동시에 노인빈곤 문제 해결을 위한 정책적 시사점을 제공한다.

마지막으로 지적할 것은 비수도권 노인가구의 상대적 빈곤문제이다. 65세 이상 연령층의 가구총소득을 세부적으로 비교하면, 가구총소득은 수도권－일반가구에서 가장 높고, 비수도권－노인가구에서 가장 낮다. 또한 소득구성요소별로 비교하면, 사적 이전소득을 제외한 대부분의 소득구성요소에서 비수도권－노인가구의 평균소득이 가장 낮았으며, 특히 근로소득과 재산소득을 기준으로 할 때 비수도권 －노인가구와 수도권－일반가구의 격차가 가장 컸다(<표 Ⅲ－7>). 사적 이전소득에서는 전자 집단이 후자집단보다 1.4배 더 높지만, 공적 이전소득에서는 전자 집단이 후자 집단의 66%에 불과하다.

상대적 빈곤지위는 가구주와 가구원 전체의 소득 합계에 따라서 결정되므로, 근로소득 등을 포함한 가구 총소득이 가구주 개인의 소득을 의미한다고 말할 수 없다. 65세 이상 연령층을 가구주로 둔 경우에 가구유형별 평균 가구원 수가 비수도권－노인가구(1.48명)보다 수도권－일반가구(3.02명)에서 더 높기 때문에, 후자의 가구총소득이 높은 것은 자녀 등 동거 가구원의 소득이 추가된 결과라고 해석할 수 있다. 따라서 일반가구(노인들이 자녀 등과 동거하는 가구)에서는 가구주와 가구원의 소득총액이 높아져 빈곤 가능성이 줄어들지만, 노인가구(노인만으로 구성된 가구)에서는 이러한 추가 소득이 부족하여 빈곤층으로 전락할 가능성이 매우 높다. 비수도권－노인가구의 빈곤율이 거의 70%에 이른다는 결과는 이들의 근로소득이나 공적 이전소득, 그리고 가구원들의 추가적인 소득이 낮은 현실을 잘 나타낸다.

결국 한국사회에서 노인의 상대적 빈곤문제는 연령과 노동시장 참여 등과 같은 일반적 요인, 그리고 가구구성 및 가구내 역할 및 거주지역 등 다양한 사회적 요인이 누적된 결과이다. 일부 노인들은 공·사적 이전소득이나 금융자산 등을 기초로 비교적 풍요로운 생활하지만, 다수는 이전소득도 부족하고 생애과정에 모아 둔 소득과 자산도 부족하여 은퇴연령기에도 노동시장에서 근로소득을 얻어야 한다. 그러나 노인들의 노동시장 참여기회는 좁아지고 있으며, 특히 비수도권에 거주하며 생계를 책임져야 하는 노인 가구주들은 취업기회 부족, 저임금 등으로 상대적 빈곤상태를 벗어나기 어렵다.

〈표 III-7〉 가구주가 65세 이상인 경우 일반가구와 노인가구의 소득 비교

(단위: %, 천 원)

권역 구분	수도권		비수도권	
가구유형	일반가구	노인가구	일반가구	노인가구
상대적 빈곤율	23.2	59.3	30.7	69.6
가구소득 총액	5,129.3 (100)	1,703.2 (33.2)	3,465.6 (67.6)	1,323.2 (25.8)
- 근로소득	2,425.1 (100)	256.4 (10.6)	1,366.6 (56.4)	149.4 (6.2)
- 사업소득	833.3 (100)	145.7 (17.5)	877.3 (105.3)	260.1 (31.2)
- 재산소득	850.1 (100)	438.8 (51.6)	238.1 (28.0)	143.9 (16.9)
- 이전소득	1,020.7 (100)	862.3 (84.5)	985.5 (96.6)	769.8 (75.4)
• 공적이전소득	900.5 (100)	623.3 (69.2)	878.9 (97.6)	594.1 (65.9)
• 사적이전소득	120.2 (100)	239.0 (198.8)	104.6 (87.0)	175.8 (146.3)
평균 가구원 수	3.02	1.50	2.74	1.48

주) 괄호안의 수치는 수도권 일반가구의 가구소득(총액 혹은 소득항목별)을 100으로 할 경우에 다른 지역 및 노인가구의 소득이 갖는 상대값을 의미함.

출처: 통계청, 가계금융 · 복지조사(2016)

4. 결론

이 글은 소득불평등이 지속되는 한국사회에서 빈곤문제가 여전히 심각한 상황임을 확인하였다. 사회적 취약계층이라고 할 수 있는 여성·저학력층을 가구주로 둔 경우에 상대적 빈곤율이 특히 높다. 이들은 중산층이나 고소득층에 비하여 훨씬 낮은 시장소득으로 생활하며, 자산도 부족하여 궁핍한 생활상태를 벗어나기 힘들다. 특히 주택 가격이 폭등하는 현실에서 무주택 저소득가구의 주거비 부담과 부채부담이 높아, 상대적 빈곤층이 교육이나 건강, 문화생활 등 삶의 질을 향상시키기 어려운 상황이다.

한국사회에서 상대적 빈곤은 노동빈곤의 또 다른 표현이다. 가구주의 노동시장 지위에 따른 빈곤 가능성은 고용주, 자영업자, 임금근로자, 무직자 간에 큰 차이를 보인다. 상대적 빈곤가구 가능성도 고용주 혹은 전문직 종사자를 가구주로 둔 경우보다는 다른 직업에 취업한 가구주를 둔 경우에 더 높으며, 동일한 직업에서도 가구주가 상용직인 경우와 비상용직인 경우의 빈곤격차가 명확히 나타난다. 또한 영세 자영업자를 가구주로 둔 경우에는 이미 2010년대에 상대적 빈곤 문제가 심각한 상황이다. 이들은 고용주뿐만 아니라 전문직 등 화이트칼라 직종의 상용직 종사자보다 더 높은 빈곤가능성을 나타내고 있다. 2010년대에 자영업 위기가 시작된 상황에서, 매출부진에 따른 상대적 빈곤문제도 현실화되었다.

이러한 점은 노동시장 취약계층인 여성이나 청년층의 상대적 빈곤문제와 밀접히 관련된다. 이들의 노동시장 경력이 남성이나 4050세대에 비하여 적기 때문에 저임금계층으로서 노동빈곤 가능성도 높다. 특히 여성은 경력단절의 경험이 있을 경우에 노동시장에 복귀하기 힘들고 복귀한 경우에도 저임금직종에 집중되는 경향이 있다.

또한 한국사회 노인 빈곤문제는 연령의 문제보다는 '노인가구'라는 가구유형의 문제이며, 노인가구의 빈곤효과도 비수도권에서 더 크다. 일반적으로 노인연령층이 가구주인 경우에는 본인과 가구원들의 소득이 생계유지의 주요 자원이며, 소득보장제도를 통하여 지급되는 공적이전소득도 이들이 적정한 생계수준을 유지하는데 중요한 역할을 한다. 그러나 65세 이상 노인가구는 근로연령층에 비하여 훨씬 적은 시장소득(근로소득·사업소득·재산소득)을 가지며, 소득보장제도가 취약한 상황에서는 공적이전소득의 탈 빈곤화 효과도 높지 않다. 일부 빈곤층이 공적 부조제도 등을 통하여 소득을 보전하고 탈 빈곤화 가능성을 갖는다는 점은 희망적인 현상이지만, 여전히 다수의 노인들이 빈곤층으로 생활하고 있다.

결국 상대적 빈곤문제의 해결은 노인, 여성, 청년 등 노동시장 취약계층의 근로소득을 높이고 공적이전소득을 향상시키는 정책에서 시작되어야 한다. 경력단절여성이나 청년에게는 직업훈련 및 취업알선 기회를 확대하여 취업 가능성을 높여야 하며, 노동시장에서의 종사상 지위별 임금격차도 줄여야 한다. 또한 가구상황에 적합한 각종 사회정책이 확대되어야 한다. 현재의 국민기초생활보장 지원제도에서 생계급여 등의 기준을 상대적 빈곤선 수준으로 올려야 한다. 여성이나 노인이 가구주로 살아가는 경우에 일반 가구보다 빈곤 가능성이 더 높다는 점을 고려하여, 가족수당과 기초노령연금 등 다양한 사회적 임금을 확대하는 정책도 진지하게 고민할 필요가 있다.

Ⅳ

주거 빈곤과 1인 가구

Ⅳ 주거 빈곤과 1인 가구

1. 서론

주거 문제는 한국사회의 불평등과 빈곤 현실을 상징적으로 나타낸다. 부동산을 중심으로 자산불평등이 심화되는 상황에서, 일부 부유층은 부동산 임대수입 등을 통하여 풍요롭게 생활하지만, 상대적 빈곤층은 주거비 부담으로 기초생계, 교육, 문화 활동에도 제약이 많다. 주택가격 급등은 주택 소유자와 비소유자, 부유층과 빈곤층의 삶의 격차를 더욱 명확히 나타낸다. 소득과 자산의 불평등이 주거불평등을 낳고, 저소득층의 상대적 빈곤화는 주거 빈곤문제에도 많은 영향을 미친다.

또한 주거는 삶의 질적 측면을 보여준다. 일반적으로 주거는 기초 생계, 신체적 보호와 안전 등을 위한 기본적인 요소이며, 주거시설의 규모와 상태는 건강상태와 가족관계, 정서적 안정성 등에 영향을 미친다(박정민 외, 2015; 박신영, 2012; 임세희, 2010). 따라서 주거불평등은 단순히 부동산자산의 격차가 아니라 가구경제 생활과 사회적 관계 등의 불평등을 의미하며, 주거빈곤은 일정한 수준의 생계수준과 삶의 질을 유지하기 어려운 공간적 상태와 생활환경 등 사회적 시민권의 현실을 종합적으로 나타낸다.

많은 사회과학자들은 주거 상태를 기준으로 삶의 질적 수준과 빈곤 현실을 연구해 왔다. 일부 연구자들은 가구형태별 주택소유 및 거처종류 등을 설명하였으며(국회예산정책처, 2019; 이윤석, 2012), 가구유형과 점유형태,

그리고 연령과 소득 요인과의 상호작용을 분석한 바 있다(박보림 · 김준형 · 최막중, 2013). 또한 학자들은 '빈곤'의 관점에서 주거 실태를 설명하였다(진미윤, 2021; 김바오, 2019; 이태진 외, 2017; 강은나 · 이민홍, 2016; 김용창 · 최은영, 2013; 박신영, 2012; 장세훈, 2011; 이태진, 2009). 이들은 주거시설, 지역, 사회적 약자 등의 주거빈곤 현실을 설명하고 빈곤가구의 취약한 주거상태를 재조명함으로써, 한국사회의 새로운 빈곤 현실을 나타내는 주거빈곤문제를 이해하는 데 많은 도움이 된다.

한편 최근에는 1인 가구가 증가하면서 이들의 주거문제와 생활상태 등에 대한 관심도 늘어났다(변미리, 2015; 우민희 외, 2015; 홍성철, 2015; 김혜영, 2014; 이진숙 · 이윤석, 2014; Ho, 2015; Park and Choi, 2015). 한국 사회에서 1인 가구가 전체 가구에서 차지하는 비중은 2000년 15.5%에서 2010년 23.9%로 증가하였고, 2019년에는 598만여 가구를 기록하여 전체 가구의 29.8%를 차지하였다(통계청, 2019). 청년층 이외에도 자녀교육과 직장문제로 가족과 떨어져 생활하는 중장년층, 자녀 출가 및 배우자 사별 등으로 홀로 살아가는 노인 등 다양한 계층이 전국에서 1인 가구를 형성하고 있다(김석호, 2018; 통계청, 2018; 이윤석, 2012, 68쪽). 1인 가구의 형성 자체가 일정한 주거공간을 전제로 하기 때문에, 1인 가구의 증가와 다양화는 주택수요 및 주거형태에도 많은 영향을 미치고 있다. 특히 주택 매매 및 임대료 가격이 급격히 증가하는 상황에서는, 무주택 소유가구의 임대비용 부담이 높아져 1인 가구의 취약한 주거문제가 시급한 정책과제로 부각되고 있다.

따라서 한국사회의 2010년대 후반기 주거 빈곤문제를 전반적으로 파악하고 최근 많은 관심을 받고 있는 1인 가구의 주거 빈곤현실을 구체적으로 설명할 필요가 있다. 한국사회에서 주거 빈곤층은 어느 정도인가? 1인 가구의 주거빈곤 정도는 다인 가구와 다른가? 1인 주거 빈곤가구는 어떤 집단들로 구성되어 있는가? 이들의 주거빈곤은 경제적 빈곤과 어떻게 연관되는지, 그리고 공공 주거지원제도는 주거빈곤을 해결하는 데 어떤 효과를 낳는가?

2. 주거빈곤에 대한 이해

주거생활은 가구주를 포함한 가구원의 경제적 상태, 거주 지역, 연령집단 등에 따라서 다양하다. 경제적으로 부유한 가구는 값비싼 주택을 소유하거나 질 높은 주거시설에서 여유롭게 생활할 수 있으나, 경제적으로 취약한 사람들은 주택을 소유하기도 힘들고 임대비용이 낮은 취약한 시설에서 거주한다. 또한 동일한 재정상황에서도, 주택가격이 낮은 지역보다는 구입·임대비용이 높은 대도시 지역에서 주거 빈곤층이 많다. 가구원이 교육과 취업 등을 이유로 대도시 생활을 희망할 경우에 주거비 부담이 높아져 장기적으로도 안정적인 주거생활을 지속하거나 빈곤상태를 벗어날 가능성도 낮다. 또한 일부 빈곤층은 주거비용 부담을 감당하지 못하고 더욱 저렴한 주거시설로 이주하는 악순환도 발생한다(변미리, 2015; Christopher, 2019). 노인 연령층의 경우에도 생애과정에서 축적된 자산과 소득을 기반으로 안정적 주거생활을 하는 집단도 존재하지만, 평생 집 한 채 마련하지 못하고 열약한 주거시설에서 생활하는 독거노인도 다수 존재한다.

주거생활 격차와 빈곤 문제는 일반적인 가계경제에도 직접적인 영향을 미친다. 미국의 경우에 가구소득의 절반 이상을 임대료로 시출하는 가구의 비율은 21%(1991년)에서 30%(2013년)으로 증가하였고(Desmond, 2015; 1쪽), 영국의 경우에도 저소득층의 주택비용 부담이 1997~2007년에 2배 이상 증가하였다(Housing and Dependency Working Group, 2008). 주택비용 부담이 높을수록 가처분소득이 낮아져 생활수준도 질적으로 하락하며, 장기적으로 주택을 구입하거나 일정한 수준의 주거생활을 유지하는 것이 쉽지 않다. 가족과 떨어져 사는 1인 가구도 주택을 소유하거나 독립적인 주거공간을 마련하는데 많은 비용이 필요하며, 특히 청년층은 자가 소유의 꿈을 포기하는 경우도 늘어나고 있다.

한편 주거생활 실태는 동일한 경제적 상황에서도 공공 주거지원제도에 따라서 달라진다. 주요 복지국가들은 주거권(right to housing) 혹은 괜찮은 주거여건(decent housing) 기준을 구체적으로 마련하고, 빈곤층에게 일정 수준의 주거시설을 제공한다거나 주거시설 구입·임대비용을 지원하는 등 다양한 주거지원정책을 실시하고 있다(진미윤, 2021; 김용창, 최은영. 2013; Barcia, 2015; Lloyd-Sherlock, 2010). 한국 정부도 주거기본법 17조 및 시행령 12조에서 국민이 쾌적하고 살기 좋은 생활을 영위하기 위하여 필요한 최소한의 주거기준을 설정하였다. 국토교통부는 가구원 구성 및 수를 고려한 주거공간 면적, 주택내 각종 편의시설 설치 여부, 건물의 구조·성능·환경 기준을 최저주거기준으로 제시하고, 주거시설개선, 구입, 임대 등을 위한 금융지원, 주거급여 제공 등 다양한 제도를 운영하고 있다(국토교통부 주거복지기획과, 2020). 따라서 공공 지원제도의 내용, 혜택 등에 따라서 경제적 빈곤층이나 저소득층의 주거생활 상태와 빈곤탈피 가능성이 결정된다.

이러한 점은 1인 가구의 주거실태를 설명하는 데에도 유용하다. 1인 가구(One Person Household)의 확산은 주요 국가에서 공통적으로 나타나는 현상이다. 2010년에 31%를 차지했던 유럽연합(EU)의 1인 가구 비중은 2017년에 34%로 늘어났다(Eurostat, 2018). 아시아의 주요 국가에서도 2010년 기준 1인 가구 비중이 20%를 넘는 국가는 한국, 일본, 대만 등 동아시아 국가였으며, 인구가 많은 중국에서도 14.5%를 기록하였다(Cheung and Yeung, 2015: 1100쪽).

클라이넨버그(E. Klinenberg, 2012)는 경제성장과 사회보장제도 발전으로 개인들이 부유해지고 문화적 가치관이 변화한 결과 1인 가구가 확대되었다고 해석한다. 경제적 풍요로움, '개인화'와 '독립성'의 가치가 과거보다 강화되면서, 1인 가구가 증가한다고 설명하였다. '개인의 욕구충족이 사회적 관습보다 더욱 중요하다'는 개인화(individualization) 경향이 확대되고 1인 가구 등 다양한 가구형태에 대한 관용(tolerance)도 높아지면서, 전통적 의미의 가구형성 및 관계유지를 탈피하려는 사례가 증가하고 있다(Klinenberg, 2012).

그러나 불평등시대에는 모든 사람들이 자율적이고 독립적이며 풍요로운 생활상태를 유지하는 것은 아니다. 경제적 불평등은 사회적 불안정성과 '위험의식'(risk consciousness)을 확대하여 결혼과 독립가구 형성에도 부정적인 영향을 미친다(Bachman and Baruka, 2015). 성인기에 들어서도 취업상태가 불안정하고 소득수준이 낮으면, 경제적으로 독립할 수 없고 부부관계에 대한 '위험의식'이 증가하여 결혼 대신 1인 가구를 선택할 수밖에 없다. 유럽의 통계에 의하면, 1인 가구는 다인 가구에 비하여 더 높은 빈곤율을 기록하였으며, 특히 소득보장제도가 발달되어 있고 소득불평등 정도가 낮은 것으로 알려진 북유럽 국가의 경우에도 노인연령층 1인 가구의 빈곤율은 20%로 전 국민 평균수치보다 더 높았다(Eurostat, 2018). 동아시아 국가의 경우에도 1인 가구는 전통적으로 사별한 노인가구 등으로 구성되었으나 최근에는 주로 이주노동자, 저학력층, 주택을 소유하지 못한 집단 등 사회경제적으로 취약한 집단의 증가율이 높다(Guilmoto and de Loenzien, 2015, Park and Choi, 2015; Yeung and Cheng, 2015).

결국 1인 가구의 주거생활도 다양할 것이다. 1인 가구 가운데 경제적으로 여유로운 집단은 질 좋은 주거시설에서 생활한다. 미혼 청년의 소득이 높거나 부모로부터 재정적으로 지원받을 수 있다면, 그리고 노인이 과거 모아온 부동산 자산과 공적 이전소득이 충분하거나 자녀로부터 안정적으로 재정지원을 받을 수 있다면, 1인 가구는 괜찮은 주거 시설에서 생활할 것이다(Michael, Fuchs & Scott, 1980). 동시에 경제적으로 궁핍한 사람들도 1인 가구를 선택할 수밖에 없으며, 질 낮은 주거상태에서 생활하는 경우도 많다. 재정 상황이 취약함으로 불구하고 학업과 고용 문제로 가족과 떨어져 사는 사람들은 경제적 여유가 없어도 1인 가구로 생활한다. 청년 자녀세대의 도시 이주가 증가하면, 청년 본인뿐만 아니라 농어촌지역의 부모세대도 홀로 생활하는 경우가 발생한다.

또한 1인 가구의 주거상태는 공공 주거지원제도에 영향을 받을 것이다. 주거의 권리를 보장하려는 국가에서는 저소득층 1인 가구의 주거상태도 일정 수준을 유지할 것이며, 공공 지원제도가 부족하거나 다인 가구 중심으로 주거혜택을 제공하는 국가에서는 1인 가구가 일정 수준의 주거생활을 유지하는 것이 힘들다. 따라서 저소득층 일부에게 주거급여를 제공하고 각종 주거지원정책을 실시하는 한국사회에서, 1인 가구의 주거 상태는 각종 주거지원제도의 내용, 대상자, 지원규모 등에 따라서 달라질 것이다.

3. 연구 방법

이 글은 한국사회 전체 가구를 대상으로 주거 (빈곤)상태를 파악하고 1인 가구의 주거 빈곤문제를 구체적으로 설명한다. 주거 상태를 빈곤의 관점에서 설명하기 위해서는 '주거빈곤'을 구체적으로 정의할 필요가 있다. 일반적으로 최저생계비 혹은 중위소득의 50% 등과 같은 일정한 소득·자산을 기준으로 빈곤집단을 정의할 경우에, 이들의 주거생활 상태를 상세히 설명하기 어렵다. 주거의 '빈곤상태' 혹은 '최저주거기준'은 주거 시설·환경 등과 관련된 많은 항목들에 따라서 결정되므로, 주거의 질을 나타내는 항목들을 종합적으로 고려하여 주거빈곤을 정의해야 한다.

이 연구는 국토교통부가 최저주거조건으로 제시하는 세 가지 기준 가운데 한 가지라도 충족하지 못하는 경우를 주거빈곤가구로 정의한다.[7] 첫째, '최소 주거면적과 가구원·방 수'를 기준으로 현재 주거시설 공간의 최저주거조건의 충족 여부를 구분한다. 예를 들어서, 1인 가구의 경우 '방 1개, 총 주거면적은 14㎡'의 조건을 충족하지 못하면, 공간면적 최저주거조건을 충족하지 못한 것으로 정의한다.

7) 자세한 내용은 국토해양부(공고 제2011-490호)의 최저주거조건 기준을 참고

둘째, '최저 주거설비 기준'에 따라서 주거시설의 설비충족 여부를 구분한다. 국토교통부는 "상수도 또는 수질이 양호한 지하수 이용시설 및 하수도시설이 완비된 전용 입식부엌, 전용 수세식화장실 및 목욕시설(전용수세식화장실에 목욕시설을 갖춘 경우도 포함한다)을 갖추어야 한다"고 규정하므로, 이 연구는 '부엌, 화장실, 목욕시설, 상수도시설, 하수시설(정화조), 난방시설을 단독으로 사용할 수 없는 경우'를 최저주거설비 조건을 충족하지 못한 것으로 정의한다.

셋째, '주택의 안전성 · 쾌적성 등을 확보하기 위한 기준'을 적용한다. 설문지는 구조물의 균열 상태, 방수 상태, 난방 및 단열상태, 환기 · 채광상태 등에 대하여 4점 척도(불량~양호)로 질문하는데, 이 연구는 각 항목에 대하여 '불량'이라고 응답한 경우에 주택의 구조 · 성능 · 환경기준을 충족하지 못하는 것으로 판단한다.

또한 가구 유형과 주거(빈곤) 현실을 설명하기 위하여 현 주거시설의 유형, 점유형태(소유 여부), 주거위치 등을 정리한다. 또한 주거시설의 구입 · 이용 · 관리비 등을 파악하고 1인 가구의 주거비 부담을 설명한다. 가구유형별로 주거시설 가격, 임대 보증금, 월세 등을 정리하고, 월평균 가구 경상소득 대비 주거관리비 비중(주거비 비중1, 전기료 등 주거관리비가 차지하는 비중; 주거비 비중2, 주거관리비와 월세 등을 합한 금액의 비중)을 비교한다.

마지막으로 공공 주거지원제도의 수혜 경험 등을 파악하고 이러한 경험과 주거빈곤의 연관성을 분석한다. 2019년 당시를 기준으로 세 가지 주거지원제도(주거급여, 공공임대주택 입주, 기타 주거관련 공공지원제도)의 수혜 여부를 구분하고 각각의 공공제도가 가구 전체 혹은 1인 가구의 주거빈곤에 미치는 효과를 파악한다.

〈표 IV-1〉 응답자 분포

(단위: 명, %)

I. 가구주 인구학적 특성	II. 지역
- 성별 구성 • 남성: 15,608,027 (78.1) • 여성: 4,371,161 (21.9) - 연령별 구성 • 29세 이하: 1,486,068 (7.4) • 39세 이하: 3,166,762 (15.9) • 40~64세: 10,805,994 (54.1) • 65세 이상: 4,520,363 (22.6) - 가구유형(가구원 수 기준) • 1인 가구: 5,848,530 (29.3) • 다인 가구: 14,130,658 (70.7)	- 서울; 3,839,767 (19.2) - 광역시: 5,147,027 (25.8) - 도: 10,992,393 (55.0) **III. 절대적 빈곤층 686,451 (3.4)** **IV. 공공 주거지원제도 수혜가구** - 주거급여 수혜가구: 599,279 (3.0) - 공공임대주택 거주가구: 988,776 (4.9) - 기타 주거관련 지원제도 수혜가구: 2,518,060 (12.6)

주) 수치는 가중치를 적용한 결과.

한국의 주거생활실태 혹은 1인 가구의 주거빈곤을 파악하는 자료는 2019년도 주거실태조사 원자료이다. 설문항목으로 정부가 정의한 최저주거기준 관련 항목(크기, 방 수, 주거시설, 불량정도 등), 가구 현황(가구원 수, 가구주 인적 특성 등)과 가구주의 사회경제적 특성(거주지역, 빈곤지위), 가구단위 재정상태(소득, 생활비, 주거비 및 주거관련 기타 사항), 그리고 주거지원제도 등에 관한 정보를 포함하기 때문에, 1인 가구의 주거현실을 구체적으로 파악하는데 많은 도움이 된다. 이 자료의 응답자를 소개하면 ＜표 IV－1＞과 같다.

4. 가구유형별 주거빈곤과 사회경제적 지위

1) 최저주거기준과 주거빈곤 현실

2019년 기준으로 한국사회에서 주거빈곤 가구는 전체 가구의 8.4%이다. 정부의 최저주거기준 가운데 구조·성능·환경여건이 불량한 상태에 있는 가구는 4.5%, 주거면적기준에 미달 가구는 3.2%, 화장실·상하수도 등 최저주거설비가 부족한 가구도 3.2%에 이른다(<표 Ⅳ-2>). 주거용 건축물이 꾸준히 개선되어 주거면적도 넓어지고 최소 설비가 마련된 주택이 증가하였으나, 환기·채광·방음재난·재해·화재·방범 등의 상태가 불량한 주거시설은 이보다 약간 더 높은 비중을 차지한다.

가구유형별로 비교하면, 주거빈곤 가구의 비중은 다인 가구보다는 1인 가구에서 더 높다. 1인 가구 전체의 9.1%는 화장실·상하수도 등 최저주거설비가 부족하고, 7.0%는 구조·성능·환경 등이 불량하며, 6.6%는 주거면적 등의 미달 가구이다. 이러한 최저주거기준을 기초로 할 때, 주거빈곤 가구의 비중은 1인 가구 가운데 15.3%로서 다인 가구(5.5%)보다 훨씬 높다. 최저주거기준 세 가지 항목에서 모두 다인 가구보다 더 높으며, 특히 화장실·상하수도 등 최저주거설비에서 1인 가구와 다인 가구의 차이가 명확히 나타난다.

이들의 주거빈곤 문제는 주거시설 유형과 밀접히 관련된다. 비거주용 건물이나 고시원·판자집 등에 거주하는 1인 가구 가운데 절반은 주거면적 등의 기준에 미달하고, 67%는 주거설비 기준에 미흡하지만, 일반 주택·아파트 거주 1인 가구 가운데 이러한 사례는 각각 2.2%, 3.1%에 불과하다. 또한 (반)지하·옥탑에 거주하는 1인 가구의 24%도 구조·성능·환경상태가 불량하다. 최근 일부 언론들은 쪽방, 고시원 등에 거주하는 1인 가구의 주거생활 실태를 자세히 보도한 바 있는데(이투데이, 2020; 한겨레신문, 2019,

〈표 Ⅳ-2〉 최저주거기준 미달(주거빈곤) 현황: 가구유형 및 주거시설 특징별 비교

(단위: %)

	주거면적 등 미달	최저주거 설비 미달	구조 · 성능 · 환경 불량	주거빈곤 가구 비중
최저주거기준 미달 가구				
- 1인 가구	6.6	9.1	7.0	15.3
- 다인 가구	1.7	0.8	3.5	5.5
- 전체 가구	3.2	3.2	4.5	8.8
1인 가구의 주거 특성				
〈건축물 유형〉				
- 일반 주택 · 아파트	2.2	3.1	5.8	9.5
- 기타(비거주용 건물내 주택, 고시원 · 판자집 등)	49.5	67.7	18.9	72.0
〈주거 위치〉				
- 지상	6.7	3.5	6.5	15.0
- (반)지하 · 옥탑	3.4	9.3	24.8	27.4
전체 가구의 주거 특성				
〈건축물 유형〉				
- 일반 주택 · 아파트	1.7	1.2	4.0	6.3
- 기타(비거주용 건물내 주택, 고시원 · 판자집 등)	39.2	54.2	16.6	60.8
〈주거 위치〉				
- 지상	3.1	3.2	4.3	8.1
- (반)지하 · 옥탑	5.0	2.0	23.2	27.3

주) 표의 수치는 해당 주거 특성별로 최저주거기준 각각에 미달하는 가구의 비중
출처: 국토교통부, 2019년도 주거실태조사(원자료)

2016), 1인 가구의 주거빈곤 상태가 이른바 '지(하방) · 옥(탑방) · 고(시원)'로 지칭되는 취약한 주거시설과 밀접히 관련됨을 확인할 수 있다.

2) 1인 주거빈곤 가구의 특성과 경제적 상태

<표 Ⅳ-3>은 1인 가구 혹은 1인 주거빈곤 가구의 인구학적 구성비와 경제적 상태, 공공 주거지원제도 수혜 경험 등을 나타낸다. 연령과 지역을 기준으로 하면, 1인 가구의 다수는 서울이외에 거주하는 45세 이상의 중장년·노인층이다. 또한 1인 주거빈곤 가구 가운데 청년층보다는 중년층(40~64세), 서울이나 광역시보다는 도 단위 거주자가 더 높은 비중을 차지한다. 많은 언론들의 집중 보도한 결과 서울지역 청년층 1인 가구의 주거빈곤문제를 인식한다는 점은 사회문제 해결에 긍정적인 현상이지만, 1인 가구 혹은 1인 주거빈곤 가구의 다수를 차지하는 집단이 서울이외 지역의 중장년층이나 노인층이라는 점은 주목할 필요가 있다.

또한 한국사회에서 주거빈곤 가구는 경제적으로 취약계층이다. 경제적 자원이 부족한 사람들은 대부분 취약한 시설에서 거주하기 때문에, 경제적 빈곤이 주거빈곤을 재생산한다. 특히 절대적 빈곤층 비중은 전체 가구(3.4%)보다는 1인 가구(7.8%)에서 더 높고 특히 1인 주거빈곤 가구에서 가장 높다(13.3%). 이러한 빈곤 현실은 소득과 자산에서도 확인된다. 1인 가구의 시장소득도 전체 가구 평균의 60% 수준이며, 특히 1인 주거빈곤 가구의 시장소득은 전체 가구 평균의 40% 수준이다. 자산총액도 전체 가구보다는 1인 가구에서 훨씬 더 적고, 특히 1인 주거빈곤 가구의 자산총액은 전체 가구의 20% 수준이다.

1인 가구의 주거빈곤 문제는 주거점유 형태 혹은 주거비용 등에서도 확인할 수 있다. 첫째, 주택을 소유한 가구는 전체 가구의 60% 정도이지만, 1인 가구에서는 37%에 불과하다. 반대로 목돈이 적은 사람들이 선택하는 임대계약으로서 '보증금 없는 연·월·일세' 형태의 거주자 비중은 1인 가구에서 더 높으며, 특히 1인 주거빈곤 가구에서는 36%에 이른다. 따라서 1인 가구는 목돈이 적게 드는 주거시설에 거주하는 경우가 많고 이러한 시설은 면적이나 시설·환경이 열악하기 때문에, 1인 가구 가운데 주거빈곤층이 더 많다.

둘째, 1인 가구는 주거 유지·관리 등에 필요한 비용 부담이 전체 가구보다 더 많다. 일상적 주거관리비 액수 자체는 가구형태별로 큰 차이가 없으나, 총 주거비 비중(주거비 비중2: 제반 주거관리비와 월 임대료를 합한 금액이 경상소득에서 차지하는 비중)은 1인 가구, 특히 1인 주거빈곤 가구에서 높다. 총 생활비에서 월세를 포함한 주거지 비중은 전체 가구에서 23.1%이지만, 1인 가구의 경우에 36.4%, 1인 주거빈곤 가구의 경우에 37.4%에 이른다. 따라서 월세 부담이 높은 1인 주거빈곤 가구에서는 주거유지비용을 제외한 가처분소득이 더욱 낮아져, 경제적 빈곤과 주거빈곤의 악순환이 나타난다.

마지막으로 공공 주거지원제도 수혜가구의 비중을 보면, 공공제도 종류에 따라서 1인 가구와 다인 가구의 수혜 경험이 달라진다. 주거급여 수혜가구 비중은 전체 가구보다는 1인 가구에서 더 높고, 기타 주거지원제도 수혜가구 비중은 1인 가구에서 더 낮다. 주거급여는 자산·소득 등을 고려한 소득인정액이 낮은 가구를 선정하고 무주택자에게는 전월세 비용을 지원하는 제도이다. 이 조사가 실시된 2019년 기준 주거급여 수급자 대상은 "소득인정액 중위소득 43% 이하이면서, 동시에 부양의무자 기준을 충족하는 가구"를 의미하므로(국토교통부, 2019), 소득수준이 낮은 1인 주거빈곤 가구에서 주거급여 수혜율이 가장 높다.

〈표 Ⅳ-3〉 가구형태별 가구주 인구학적 특징과 경제적 상태

(단위: %, 만 원)

	1인 가구		전체 가구	
	전체	주거 빈곤층	전체	주거 빈곤층
1. 인구학적 특성별 구성비				
- 성별 비중				
남성	50.2	62.4	78.1	73.0
여성	49.8	37.6	21.9	27.0
- 연령별 비중				
29세 이하	20.7	20.5	7.4	13.3
30~39세	15.9	13.0	15.9	13.7
40~64세	35.1	39.1	54.1	48.2
65세 이상	28.3	27.4	22.6	24.8
- 거주지역				
• 서울	21.0	29.8	19.2	28.4
• 광역시	25.1	23.0	25.8	21.7
• 도 단위	53.9	47.3	55.0	49.9
2. 주거 점유형태별 구성비				
- 소유	36.8	27.3	61.9	37.1
- 전세	15.8	9.1	15.1	12.8
- 보증금있는 월세	38.0	27.4	19.7	28.7
- 연 · 월 · 일세	9.3	36.2	3.3	21.4
3. 경제적 상황				
- 절대적 빈곤층 비중	7.8	13.3	3.4	9.2
- 월평균 소득(만 원)				
• 경상소득	171.9	144.1	313.3	210.6
• 시장(근로 · 사업 · 재산)소득	144.8	119.0	289.6	187.6
• 사적이전소득	12.4	12.1	5.8	8.0

	1인 가구		전체 가구	
	전체	주거 빈곤층	전체	주거 빈곤층
- 월평균 생활비총액(만 원)	109.4	92.9	204.1	140.4
- 주거관리비 액수	9.6	5.9	15.5	9.6
• 주거비 비중1(%)	8.7	6.3	7.5	6.8
- 주거관리비+월세 액수	39.9	34.8	47.2	39.7
• 주거비 비중2	36.4	37.4	23.1	28.3
가구 자산 · 부채 현황				
- 자산 총액(A)	11,125	5,279	26,854	10,819
- 부채 총액(B)	6,918	6,119	10,340	7,844
4. 주거관련 지원제도				
수혜 경험 비중				
- 주거급여 받음	7.0	11.8	3.0	7.9
- 공공임대주택 거주	6.4	5.8	4.9	3.5
- 기타 주거지원 받음	4.9	8.1	12.6	4.6

주) 주거관리비 액수는 난방비, 전기료, 상하수도료, 취사연료비, 일상적인 주택수선 · 유지비, 일반관리비 등을 포함한 것이다. 또한 주거비 비중1은 '주거관리비가 경상소득에서 차지하는 비중'을, 주거비 비중2는 '월세와 주거관리비 합계가 경상소득에서 차지하는 비중'을 의미.

출처: 국토교통부, 2019년도 주거실태조사(원자료)

5. 주거빈곤 결정요인

주거빈곤 문제와 관련하여 좀 더 구체적으로 설명할 문제는 가구유형별 경제적 상태와 공공지원제도 혜택 등이 주거빈곤 가능성에 미치는 영향이다. 앞에서 경제적 취약성과 공공 주거지원제도가 가구유형별로 상이하다는 점을 확인하였으나, 이러한 두 가지 현상을 나타내는 구체적인 요인들이 주거빈곤에 미치는 효과에 대해서는 좀 더 구체적으로 파악할 필요가 있다. 특히 1인 가구와 전체 가구의 주거빈곤 결정요인을 비교할 필요가 있다. 전체 가구 분석결과가 한국사회의 전반적인 주거빈곤 결정요인 및 가구유형별 주거빈곤 '가능성' 차이를 보여준다면, 1인 가구 분석결과는 1인 가구의 내적 다양성에 따른 주거빈곤 격차를 나타낸다.

<표 Ⅳ-4>는 주거빈곤에 대한 이분형 로지스틱 회귀분석으로서, 인구학적 특성, 경제적 상태, 공공지원제도 수혜 여부가 주거빈곤에 미치는 효과를 나타낸다. 종속변수를 2개 집단(주거빈곤가구와 비빈곤가구)으로 구분하고, 경제적 상태와 공공지원제도 등을 기준으로 하는 각 집단의 '주거빈곤가구 확률/비빈곤가구 확률'을 계산한 결과이다. 분석결과를 종합하면, 한국 사회의 전체적인 주거빈곤 문제는 인적 특성이나 사회경제적 요인, 그리고 공공지원제도 등이 누적된 결과이며, 1인 가구의 주거빈곤 가능성도 1인 가구의 인구학적 특성과 경제적 상태, 공공정책 수혜 등에 따라서 결정된다. 앞에서 설명한대로 가구단위 시장소득이 적을수록, 절대적 빈곤층에 해당하는 집단에서 주거빈곤 가능성이 높다. 또한 전체 가구의 주거빈곤은 젊은 연령층보다는 65세 이상 노인층에서, 자가 소유자보다는 연·월·일세 주거집단 등을 포함한 임대차 형태의 거주집단에서 더 높다.

이러한 결과는 1인 가구만을 분석해도 거의 같다. 연령, 지역 등 다른 조건이 동일한 경우에 절대적 빈곤층의 주거빈곤 가능성은 비빈곤층에 비하여 1.85배 높다(<Model 2> 참고). 더구나 이들이 연·월·세형태의 주거점유형태로 생활할 경우에는 주거빈곤 가능성은 매우 높다. 절대적 빈곤층 1인 가구 가운데 자가를 소유한 집단에 비하여 연·월·세형태의 생활하는 경우에는 주거빈곤 가능성이 10배 이상 높아진다. 인구학적 특성이나 빈곤지위 등이 동일한 경우에도 가구단위 소득을 구성하는 시장소득(근로·사업·재산소득)과 사적 이전소득이 낮을수록 주거빈곤 가능성이 높아진다.

〈표 IV-4〉 주거빈곤에 대한 로짓 회귀분석 결과: B와 exp(B)

	1인 가구		전체 가구	
	Model 1	Model 2	Model 1	Model 2
성(여성)	-.50** (.61)	-.48** (.62)	-.24** (.79)	-.22** (.80)
연령(기본=40~64세)				
- 29세 이하	-.35** (.69)	-.44** (.65)	-.33** (.72)	-.40** (.67)
- 30~39세	-.24** (.79)	-.26** (.77)	-.19** (.83)	-.19** (.83)
- 65세 이상	.03** (1.03)	.03** (1.03)	-.06** (.94)	-.08** (.93)
가구형태(1인 가구)	-	-	.39** (1.48)	.32** (1.97)
지역(기본=광역시)				
- 서울	.76** (2.15)	.75** (2.14)	.68** (1.98)	.66** (1.94)
- 도	-.08** (.93)	-.08** (.92)	.10** (1.10)	.10** (1.10)
주거점유				
- 전세	-.33** (.72)	-.20** (.82)	.28** (.32)	.36** (1.43)
- 보증금있는 월세	-.07** (.93)	.10** (1.11)	.70** (2.00)	.87** (.239)
- 연 · 월 · 일세	2.35**(10.64)	2.36**(10.56)	2.68**(14.63)	2.69**(14.67)
소득구성 요인				
- 시장소득	-.002**(.998)	-.002**(.998)	-.002**(.998)	-.002**(.998)
- 사적 이전소득	-.004**(.996)	-.005**(.995)	-.005**(.995)	-.006**(.994)
절대적 빈곤층	-.05** (.95)	.61** (1.85)	-.09** (.91)	.87** (2.38)
공공 주거지원제도 수혜 경험				
- 주거급여 받음		-.48** (.62)		-.86** (.42)
- 공공임대주택		-1.58** (.21)		-1.03** (.36)
- 기타 주거지원		-.80** (.45)		-.48** (.62)
통계량				
- -2 LL	4,223,578.6	4,167,257.6	9,936,650.1	9,848,253.8
- Cox와Snell R^2	.13	.13	.08	.08
- Nagelkerke R^2	.22	.23	.17	.18

주) 표의 괄호안 수치는 exp(B)를 의미함. 또한 로짓분석에서 소득뿐만 아니라 소득2(시장소득2와 사적이전소득2)를 독립변수로서 사용하였으나, 모든 모형의 결과 변수값이 0.000으로 표에서는 이 결과를 생략함.

* $p<0.05$, ** $p<0.01$

출처: 국토교통부, 2019년도 주거실태조사 (원자료)

분석결과에서 주목할 만한 결과는 서울지역 청년층 1인 가구의 주거빈곤문제이다. 앞에서 주거빈곤층의 연령·거주지역별 구성을 비교하였는데, 이러한 문제가 '청년층'이라는 연령집단의 효과인가 지역의 문제인가를 구분하여 설명할 필요가 있기 때문이다. <Model 1>과 <Model 2>에 의하면, 1인 가구 청년층은 중장년·노인층에 비하여 주거빈곤 가능성이 더 낮다. 1인 가구 가운데 중장년층(40~64세)의 주거빈곤 가능성은 노인(65세 이상)과 거의 비슷하지만, 29세 이하 연령층에 비해서 35%, 30~39세 집단에 비하여 23% 정도 더 높다.

또한 지역별로 구분하면, 서울지역 1인 가구의 빈곤 가능성은 도 단위 1인 가구에 비하여 더 높고, 심지어 기준집단인 광역시 거주자에 비하여 2배 이상을 기록하였다. 전통적으로 서울은 다른 지역보다 인구밀도가 높고 주거비용이 더 높아, 경제적 여건이 동일한 경우에도 다른 지역보다 빈곤 가구가 더 많다. 특히 2010년대 후반기에 주택 매매와 임대비용이 증가하면서 주거빈곤층이나 1인 가구가 서울에서 괜찮은 주거시설에서 거주하는 일은 쉽지 않다(<지역별 주택 가격 변하는 <표 IV-5> 참고). 서울에서 더 저렴한 거주시설로 이주하거나 경기도 등 수도권으로 이전하는 사례도 다수 발생하였다. 분석 결과에서도 '서울지역' 변수의 계수값은 가구 전체보다 1인 가구를 분석한 결과에서 좀 더 커지는데, 이것은 주택가격이 주기적으로 폭등하는 서울거주자와 다른 지역 거주자의 주거생활 격차가 1인 가구에서 좀 더 명확히 나타남을 의미한다.

〈표 Ⅳ-5〉 2019년 12월 주택 매매 및 전세가격 변동률 현황(기준시점 2012년 12월)

(단위: %)

지역	매매가격				전세가격			
	주택 종합	아파트	연립 주택	단독 주택	주택 종합	아파트	연립 주택	단독 주택
전국	8.72	9.08	2.08	12.05	12.22	17.36	7.56	2.90
서울	18.72	26.85	5.58	18.61	22.88	32.93	12.83	6.78
수도권	12.71	16.88	2.45	13.58	20.56	28.80	9.81	5.02
지방	5.26	2.24	1.01	11.58	5.06	7.17	2.29	2.22
광역시	11.35	12.12	1.51	15.93	12.76	17.66	5.15	1.93
도단위	4.46	2.62	-0.19	10.28	8.77	12.87	5.15	2.64

출처: 한국감정원. 주택가격동향조사 DB

따라서 이러한 두 가지 효과(거주지역의 효과와 연령집단의 효과)를 합하면, 1인 가구 가운데 주거빈곤 가능성이 가장 높은 집단은 서울 노인층이며, 가장 낮은 집단은 광역시 청년층(특히 29세 이하)이다. 또한 서울 청년층의 주거빈곤 가능성은 다른 지역 청년층에 비하여 더 높지만, 서울지역 중장년층이나 노인과 비교하여 더 낮다(<그림 Ⅳ-1> 참고). 결국 서울지역의 높은 주거비용 등 주택 문제가 전체 가구 전 연령층의 주거 빈곤문제를 낳으며, 서울지역 청년층의 주거빈곤 문제도 단순한 연령층의 문제가 아니라 지역의 문제임을 알 수 있다.

1인 가구 가운데 청년층보다 중장년·노인층의 주거빈곤 가능성이 높은 이유는 한국사회에서 두 집단의 가구내 역할과 사적 이전소득 등의 차이로 해석할 수 있다. 청년층 1인 가구는 대부분 학업과 취업을 이유로 서울 등 대도시에서 홀로 생활하는 가구형태이다. 일부는 자신의 소득을 통하여 생계를 유지하지만, 학업 및 구직활동 기간에 주거시설을 마련할 경

〈그림 IV-1〉 1인 가구의 연령 · 지역별 주거빈곤 격차

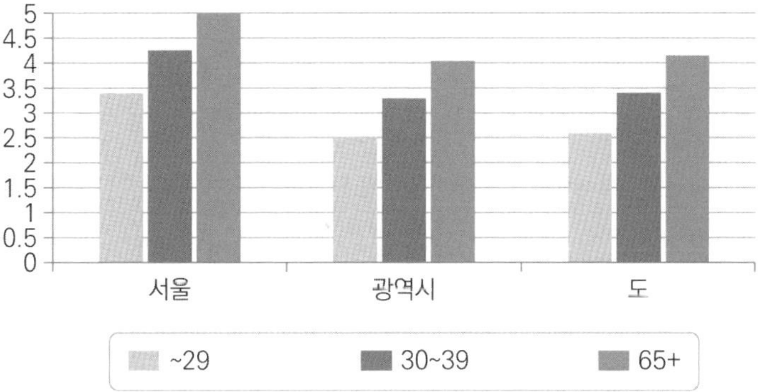

주) '40~54세 광역시에 거주하는 다인 가구'를 기준으로 할 때, 각 집단별 주거빈곤 가능성을 표시함
출처: 국토교통부, 2019년도 주거실태조사(원자료)

우에는 부모 등으로부터 재정지원을 받는 경우도 많다. 반면 중장년이상 고령층 1인 가구는 이혼·사별 후 혼자 생활하거나 결혼상태에서도 직장생활이나 자녀교육 등으로 홀로 생활하는 경우가 대부분이며, 청년기부터 미혼상태로 장기간 1인 주거생활을 지속하는 경우도 있다. 또한 직장생활이나 자녀교육 때문에 가족과 떨어져 생활하는 중장년층 가구주들은 본인과 별거 가족의 이중적 주거비 부담을 갖고 있어, 괜찮은 주거 상태를 유지하기 어렵다.

이 자료에서도 사적 이전소득이 높을수록 주거빈곤 가능성이 낮아지는 경향이 있어, 청년층과 중장년층의 주거빈곤 실태를 짐작할 수 있다. 1인 가구의 시장소득뿐만 아니라 사적 이전소득이 높을수록 주거빈곤 가능성이 낮아지는데, 경제활동상태에 있는 청년층 1인 가구의 시장소득이 높거나 비경제활동상태에서 부모 등으로부터 받는 사적 이전소득이 증가할수록 주거빈곤 가능성은 더 낮다. 물론 이러한 효과는 자녀로부터 용돈을 받거나 경제적으로 지원받는 노인연령층의 경우에도 동일하게 나타난다. 그러나 연령의 주거빈곤화 효과를 비교하면, 1인 가구 가운데 중장년층과 노인이 청

년층보다 더욱 불안정하고 열악한 주거 상태에서 생활한다.

<표 Ⅳ-4>에서 마지막으로 주목할 분석결과는 공공 주거지원제도가 주거빈곤 가능성을 줄이는데 긍정적이라는 사실이다. 전체 가구 혹은 1인 가구의 분석결과 가운데, 가구주의 인구학적 특성과 경제적 상태만을 포함한 <Model 1>에서는 절대적 빈곤층의 주거빈곤 가능성이 비빈곤층에 비하여 약간 낮은 것으로 보인다. 그러나 이러한 변수에 세 가지 공공 주거지원정책의 수혜 여부를 추가한 <Model 2>에서는 '절대적 빈곤층'의 주거빈곤 가능성이 비빈곤층에 비하여 훨씬 높다. 결국 절대적 빈곤층이 이러한 주거지원정책을 받지 못하며 비빈곤층에 비하여 더욱 빈곤한 상태의 주거생활을 지속하지만, 세 가지 주거지원제도의 혜택을 받을 경우에 주거빈곤 가능성이 큰 폭으로 줄어든다.

또한 세 가지 공공제도의 수혜집단은 비수혜집단에 비하여 주거빈곤 가능성이 모두 낮아진다. 예를 들어서 1인 가구 가운데 공공임대주택 거주 혜택을 받은 집단의 주거빈곤 가능성은 이러한 혜택을 받지 못하는 집단에 비하여 매우 큰 폭으로 줄어든다(<Model 2>). 이러한 결과가 전체 가구를 분석한 결과에서도 동일하게 나타난다는 점을 볼 때, 저소득층 주거안정화를 위한 공공주거지원제도는 1인 가구뿐만 아니라 전체 가구의 주거빈곤 문제를 완화하는 경향이 있다고 할 수 있다.

그러나 이러한 제도적 효과에도 불구하고 1인 가구의 주거빈곤율이 높은 이유는 무엇인가? 제도적 요인을 고려하면, 각 제도의 수혜집단이 적어 저소득층 전체 혹은 1인 가구의 주거빈곤율이 높다는 점을 일차적인 요인으로 생각할 수 있다. 한국의 주거관련 공공지원제도는 저소득층을 대상으로 하는 주거급여, 주택 전세자금 대출 지원(버팀목대출, 근로자·서민전세자금대출 등)과 주택 구입자금대출 지원, 임대주택(민간임대주택, 공공임대주택)지원 등 다양하다. 그러나 앞에서 정리한 <표 Ⅳ-3>에서 각 제도의 수혜집단 비중을 보면, 주거급여 수급가구는 전체 가구의 3.0%에 불과하며, 공공임대주택 거주 가구는 4.9%, 주거여건을 개선하려는 저소득층대상 전월세 지원금제도 등 나머지 주거지원제도 수혜자는 12.6%에 이른다. 또한 가구유형별로 비교하면, 주택 전세자금 대출 등 기타 지원제도의 수혜집단 비중은 1인 가구에서 더 낮고, 주거급여 등의 수혜집단 비중은 1인 가구에서 더 높다.

이러한 결과는 각 제도의 운영방식 혹은 선정기준 등에서 기인한다. 예를 들어서 이 조사가 실시되던 시기에는 저소득층 대상 주거급여제도는 학업이나 취업 등을 이유로 하는 30세 미만 1인 가구를 '가구주'로 인정하지 않아 주거급여를 제공하지 않았다(한겨레신문, 2019). 1인 가구 47.3%가 월세 등을 주기적으로 지출해야 하는 상황에서, 당시의 공공 주거지원제도는 1인 가구 혹은 전체 주거빈곤층의 주거비용 부담을 완화하는데 큰 도움이 되지 못하였다.

다행히 2020년대 들어서 다양한 주거지원제도가 시행되어 1인 가구들도 공공제도의 혜택을 받을 가능성이 과거보다 더 높아졌다. 1인 가구를 포함한 청년주거문제가 사회문제로 부각되면서 국토교통부 등을 2020년 이후 청년월세 지원 프로그램, 중소기업 청년 전세대출, 기숙사형 공동주택 등 다양한 청년 주거지원제도를 발표하였다.[8] 이러한 제도들이 1인 가구를 포함한 빈곤층, 더 나아가 상대적 빈곤층에게 제공하는 혜택에 따라서 주거빈곤 가능성이 달라질 것이다.

---

8) 최근 청년주거지원제도에 대해서는 국토교통부 누리집 "마이홈"(hwww.myhome.go.kr)의 '주거복지' 자료 참고.

6. 결론

이 글은 최저주거기준을 중심으로 주거빈곤 실태를 파악하고 1인 가구의 경제적 빈곤과 주거빈곤의 연관성을 설명하였다. 많은 사람들은 안정적인 고용지위와 풍부한 경제력을 기초로 괜찮은 주거시설에 거주하지만, 취업상태 및 재산정도 등에 따라서 최소한의 '주거권'을 실현할 수 없는 상태로 생활하는 가구도 증가하고 있다. 비거주용 건물 주택·고시원·판자집·(반)지하·옥탑방·쪽방 등 다양한 형태로 존재하는 취약한 주거시설일수록 최저주거기준을 충족하지 못하며, 특히 1인 가구에서 이러한 주거시설 거주자가 많아 주거빈곤 가구 비중도 더 높다. 이들의 주거빈곤은 문명화된 현대사회의 '궁핍한 삶'을 상징적으로 보여준다.

한국사회에서 주거빈곤 문제는 경제적 상태, 거주지역, 연령, 공공지원제도 수혜경험 등이 누적된 결과이다. 소득이 낮은 절대적 빈곤층인 경우에 주거빈곤 가능성이 높아지며, 1인 가구에서 이러한 취약계층의 비중이 높아 주거빈곤율도 높다. 개인이나 가구단위 소득에 비하여 주택가격과 임대료가 더 빠른 속도로 증가하면서, 주거비용 인상을 감당하지 못하는 1인 가구는 더욱 취약한 주택시설에서 거주할 수밖에 없다. 더구나 이들이 주거비용이 높은 서울지역에 거주할 경우에는 광역시 등 다른 지역 1인 가구에 비하여 주거빈곤 가능성도 더 높다.

또한 1인 가구의 주거빈곤 문제는 청년층뿐만 아니라 중장년·노년층에서도 심각하다. 서울지역 쪽방이나 고시원 등에 거주하는 '청년층' 1인 가구의 주거빈곤 문제도 심각하지만, 중장년층 혹은 노인층이 주거비용이 높은 서울지역에서 1인 가구로 거주할 경우에는 다른 지역 거주자보다 더욱 취약한 주거시설에서 생활할 수밖에 없다.

반면 저소득층이 공공임대주택, 주거급여, 전월세지원금 등의 혜택을 받을 경우에 주거빈곤 상태를 벗어날 가능성이 있다. 시장을 통하여 주거비용을 마련하기 어려운 사람들이 주거관련 제도의 혜택을 받으면 주거빈곤 가능성이 낮아지며, 이러한 공공제도의 긍정적 효과는 특히 1인 가구에서 명확히 나타났다. 그럼에도 불구하고 주거관련 공공제도 수혜 정도가 낮아 이들의 탈 주거빈곤율이 높은 것은 아니다. 특히 1인 가구는 경상소득이나 가처분소득이 더 낮아 공공지원제도의 혜택을 받아야 하지만, 자격요건, 대출금 상환 부담 등으로 인하여 공공제도의 혜택을 받기 어려운 것아 현실이다.

따라서 1인 가구 등 저소득계층에게 적절한 주거지원제도를 확대해야 한다. 소득과 자산이 부족한 빈곤층이 주거빈곤 상태를 벗어나는 것은 매우 어려운 일이며, 1인 가구는 가족과 떨어져 생활하는데 필요한 주거시설을 별도로 마련하므로 이중적 재정부담을 안고 있다. 2010년대 주거가격 폭등과 부동산자산 불평등이 무주택자의 경제적 부담을 가중시킨다는 점을 고려하여, 공공주거지원제도를 더욱 확대해야 한다. 특히 경제적으로 어려운 상태에서 살아가는 1인 가구가 적은 비용으로 일정한 수준의 주거시설에서 생활하도록 다양한 주거지원제도를 마련해야 한다. 이러한 노력은 1인 가구를 포함한 저소득층의 주거권 및 사회적 권리를 실현하고 상대적 빈곤상태를 벗어나는 데 도움이 될 것이다.

V

지역 불평등과 양질의 일자리

V 지역 불평등과 양질의 일자리

1. 서론

한국의 불평등 문제는 지역차원에서도 발생한다. 산업화는 대부분의 국가에서 도시와 농촌의 격차를 낳았으며, 한국에서도 1970년대 이후 중화학공업 중심의 경제성장 과정에서 서울과 다른 대도시, 수도권과 비수도권, 영남권과 비영남권 등의 격차가 발생하였다. "전 국토의 11.8%에 불과한 수도권에 절반이상의 인구가 몰려 현실에서... 수도권은 치열한 경쟁에 시달리고 비수도권은 지방소멸 위기에 직면한다"는 진단은 현재 한국사회의 지역불평등 현실을 잘 나타낸다(정현수, 2022).

한국의 지역불평등 문제는 21세기 들어서 더욱 심화되고 있다. 2000년대 정보통신산업의 발전은 서울과 경기도 일부 지역을 중심으로 진행되었고, IT 산업이나 문화 산업 등 새로운 산업의 성장도 수도권에 집중되었다. 반면 비수도권지역은 상대적으로 침체되고 있으며, 비수도권 가운데 경제활동이 활발했던 영남권 산업도시들도 2010년대 중반기부터 경제위기를 경험한 바 있다. 조선산업이 집중된 거제, 통영, 군산 등에서 경제위기가 장기화되고, 기계부품 공급기지인 창원, 그리고 IT · 전자 부품을 공급하던 구미지역에서도 경기침체가 본격화되었다(한경비즈니스, 2018; 이성균, 2017). 지역 주력 산업의 위기는 해당지역 도소매 상권의 위기와 경제심리 위축을 낳았다. 한국은행 지역본부가 실시한 2016년 6월 기업경기조사에 의하면,

비제조업 경기지수는 부산(76), 대구경북(75), 광주전남(70), 대전충남(72)에서 매우 낮았고, 주요 조선업체가 소재한 경남(60)의 비제조업 경기지수는 비수도권 평균수치보다 더 낮은 수준이었다(통계청, 2016a).

이러한 지역 간 격차는 지역노동시장의 일자리 문제에도 직접적인 영향을 미치고 있다. 서울, 경기도, 인천에는 일자리가 상대적으로 많지만, 비수도권에서는 일자리 자체가 부족하거나 주력 사업체의 인력채용 기회도 줄어들고 있다. 통계청의 2019년 경제활동인구조사 결과 전국 주요 도시의 고용률은 서울(60.0%)과 인천(62.5%)에서 높지만, 부산(56.6%), 대구(57.9%), 광주(59.3%), 울산(59,1%)은 수도권보다 더 낮았다(KOSIS 참고).

일자리 문제의 지역 격차에서 특히 중요한 것은 일자리의 질적 수준이다. 노동시장에 존재하는 일자리 질은 산업구조 및 경기변동 등에 따라서 지역별로 다양하기 때문에, 모든 구직자들이 거주 지역에서 희망하는 일자리에 취업하는 것은 아니다. 최근에는 시장을 통한 일자리 창출이 어려워지자 정부와 지방자치단체가 주도하는 공공일자리사업이 확대되었으나, 대부분 저임금·한시적·단시간 일자리로서 일자리 질에 대한 비판도 제기되었다(고용노동부, 2021; 서울경제신문, 2021; 한국경제신문, 2021; 중앙일보, 2019). 일자리 질의 문제는 지방에 거주하는 청년층과 같은 적극적 구직자들의 인구유출에도 직접적인 영향을 미침으로써, 지방의 인구문제와 경제 활성화에도 부정적인 영향을 미치고 있다(문영만·류장수. 2020). 따라서 전국 각 지역에서 양질의 일자리를 창출하는 문제가 시급한 해결과제로 부각되고 있다.

일자리의 질적 수준은 임금이나 고용안정성 등에 따라서 결정되기 때문에, 일자리 질의 지역 격차는 노동빈곤 문제 혹은 상대적 빈곤 문제의 지역별 차이를 의미한다. 적절한 임금과 고용안정성을 보장하는 일자리가 많은 지역에서는 저임금계층이 줄어들어 노동빈곤 가능성이 낮지만, 양질의 일자리가 부족한 지역에서는 실업자, 노동빈곤층이 늘어나 상대적 빈곤도 심각해 질 것이다.

이 글은 서울, 부산, 울산, 광주를 사례로 지역노동시장에서 양질의 일자리 문제를 설명하고자 한다. 네 도시에서 양질의 일자리는 어느 정도인가? 지역별로 양질 일자리 비중이 다른 이유는 무엇이며, 양질의 일자리에 영향을 미치는 요인은 네 도시에서 동일한가? 서울과 나머지 세 도시의 비교는 서울과 비수도권 도시의 격차를 보여준다. 또한 비수도권 도시 가운데 부산과 광주는 전통적으로 영·호남을 대표하는 도시, 울산은 한국의 대표적인 제조업 중심 도시이므로, 비수도권 지역의 다양성을 나타낸다. 필자는 과거 울산지역의 일자리 질을 분석한 바 있으며(이성균, 2017), 이 연구는 당시의 문제의식과 연구시각을 기초로 네 지역의 특성이 양질 일자리 규모 및 결정요인에 미치는 효과를 새로 분석하고 더 나아가 한국의 지역불평등 현실을 설명한다.

2. 이론적 시각

많은 사람들은 노동시장에 참여하면서 생계를 유지하고 소비생활을 지속하기 때문에, 가능한 적절한 임금과 고용안정성을 제공하는 일자리를 선택하고자 노력한다. 최저한의 생계유지가 어려운 시기에는 취업 자체가 목표가 되거나 기본생계를 유지할 수 있는 임금이 취업의 일차적인 목표가 될 수 있으나, 생활수준이 높아진 시기에는 최저 생계수준을 넘어 안정적이고 다양한 욕구를 실현할 수 있는 일자리를 희망하는 것이 일반적인 경향이다. 현대의 많은 국가들도 일반 시민들이 '최저생계수준'뿐만 아니라 '적절한' 수준의 생계를 유지하도록 다양한 고용·복지정책을 실시하고 일자리의 질적 수준을 높이려고 노력한다.

또한 일자리 질은 노동빈곤(working poor) 문제와 밀접히 관련된다

(Barker and Christensen, 1998). 많은 전문가들은 임시·일용직 취업자와 영세 자영업자 등의 노동빈곤화 경향을 주목하였고(Regini, 2000; Atkinson, 1984), 일자리의 질적 수준에 대한 관심이 높아졌다. 가이 등의 학자(Guy et al. 2003)는 취약한(precariat) 노동자들의 저임금과 고용불안이 노동빈곤을 낳는다고 설명하면서, 이 문제를 해결하기 위하여 작업장 차원에서 괜찮은 일자리 창출과 이를 위한 고용노동정책의 혁신을 강조하였다.

노동시장에서 일자리의 질적 수준을 높이는 일은 국제적으로도 많은 관심사항이다. 국제연합(UN, 2000)은 밀레니엄 개발 목표(Millennium Development Goals)의 의제로서 '절대빈곤 및 기아 근절,' '양성평등 및 여성능력의 고양' 등 8대 목표를 제시하고, "완전하고 생산적인 고용 및 여성과 청년층을 포함한 모두에게 괜찮은 일자리(decent work)를 제공할 것"을 강조하였다. 국제연합 경제사회위원회도 2006년에 "경제적, 사회적 및 문화적 권리에 관한 국제 규약" 제7조의 '공정하고 바람직한 조건에서의 작업(just and favourable conditions of work)'을 강조하였다(UN Economic and Social Council. 2005. 5쪽). 특히 OECD 국가 가운데 미국이나 일본 등 자유주의 복지국가에서는 서비스업 저임금 부문을 중심으로 일자리가 창출되어, 일자리의 질적 개선이라는 고용정책 목표달성을 위하여 다차원적인 노력이 필요함을 강조하였다(류기락, 2013).

국제기구와 전문가들은 일자리의 질적 측면을 설명하기 위하여 '양질의 일자리' 혹은 '좋은 일자리'라는 개념을 사용하고 있다(Ghai, 2008; Guy et al. 2003). 국제노동기구는 양질의 일자리 기준으로 공정한 임금(fair income), 안정적 고용형태(secure form of employment)와 안전한 근로조건(safe working conditions), 노동자와 가족의 사회적 보호(social protection for the workers and their families) 등을 제시하였다.[9] 또한 슈미트(Schimdt, 2009)는 UN 발표 자료에서 양질의 일자리를 '국제노동기구가 정의한 근로기준을 준수하며, 사회적 보호를 받는 일자리'로 정의하고, 2007~2009년에 전 세계 취업자의

48.9~52.8%가 취약한 일자리에 고용되어 있다고 설명하였다.

실증 연구에 의하면, 양질의 일자리는 노동시장 요인과 인구학적 요인 등과 밀접히 관련된다. 첫째, 직업은 전통적으로 임금과 근로조건 등을 결정하는 매우 중요한 요인이다. 전문지식이나 기술력 등을 기초로 높은 보상을 받는 전문직, 단순기능이나 낮은 인적 자본 때문에 저임금을 받는 단순노무직의 사례는 직업의 효과를 잘 나타낸다. 또한 최근에는 임금근로자의 종사상 지위(정규직 여부)도 일자리 질에 영향을 미치는 것으로 알려져 있다. 노동유연화가 취업자 개인의 인적 특성이나 숙련도 등에 따라서 차별적으로 적용되면서, 정규직 여부가 좋은 일자리와 나쁜 일자리를 구분하는 주요 요인이다(Kalleberg, 2018). 기업은 숙련도와 전문지식, 기술수준 등이 높은 사람들을 정규직으로 채용하고 높은 임금을 제공하지만, 기술 수준 등이 낮은 인력에게는 비정규직 일자리를 제공하기 때문에 일자리의 정규성이 좋은(나쁜) 일자리와 밀접히 관련된다.

둘째, 취업자의 인구학적 요인도 일자리 질과 밀접히 관련된다. 노인 연령층 혹은 저학력층은 직무능력 부족 등으로 인하여 저임금 일자리에 취업할 가능성이 높으며, 실업상태에서 재취업할 경우에도 적절한 임금과 고용안정성이 높은 일자리를 찾기 힘들다(이성균, 2008; 김정한 외, 2007). 여성들도 경력단절경험 등으로 비정규직과 저임금 직종에 집중되거나 구직행위를 포기하는 경향이 있다(곽선화, 2013). 또한 이러한 인구학적 요인은 앞에서 설명한 노동시장요인과 결합하여 양질 일자리에 영향을 미친다. 노동시장이 기존 노동력보다 숙련도가 부족한 신규 노동력 혹은 실무경력이 부족한 경력단절 여성 등에게 주로 저임금 계약제 일자리를 제공한다면, 청

9) ILO가 제시한 또 다른 조건은 고용의 평등, 개인적 발전과 사회통합 전망, 그리고 언론 및 조직활동 자유이다. 이에 대한 자료는 ILO 홈페이지 자료 “Employment and decent work” 참고

년세대와 경력단절 여성 등은 나쁜 일자리에 취업할 가능성이 높아진다(박자경, 2021; 오삼일, 2021; 김유빈 등, 2020; 전기택, 2020).

한편 일부 학자들은 자본주의 공간불평등에 대한 이론적 시각을 정립하여 지역차원에서 일자리의 질적 문제를 이해하는데 많은 시사점을 제공한다. 지역의 관점에서 산업·직업구조와 노동시장 변화를 설명하는 대표적인 시각은 공간과 구상의 분리에 관한 이론이다. 하비(D. Harvey)와 카스텔(M. Castells)은 자본주의 발전과 공간의 분화에 대한 정치경제학적 분석을 통하여 공간적 분화와 불평등 문제를 연구하였고, 마세이(D. Massey, 1995)는 『노동의 공간적 분화 *Spatial Division of Labor*』라는 저서에서 경제 재구조화가 특정 지역의 기업과 노동, 시민의 삶을 어떻게 변화시켰는가 설명하였다. 원래 자본주의는 구상기능과 실행기능을 분리하고 자본 측을 중심으로 구상기능을 유지하며, 자본주의가 더욱 고도화되면서 '구상'기능을 수행하는 지역과 '실행'기능 수행 지역으로 구분된다(이성균, 2020; 강현수, 1993).

이러한 시각은 국내 경제지리학계에서 산업화와 지역불평등 문제를 연구하는데 유용하다. 학자들은 한국의 산업화 과정에서 경제적 기능들이 공간적으로 분화되었다는 점을 강조하면서, 기업의 기획·연구개발·마케팅 활동 등 구상기능은 수도권을 중심으로, 단순 제조 및 부품공급 활동 등 실행기능은 비수도권지역의 산업단지를 중심으로 진행되었다고 설명하였다(이성균, 2017; 장귀연, 2015). 따라서 이러한 시각을 지역노동시장의 일자리 질에 대한 연구에 적용하면, 특정 지역이 다른 지역에 비하여 양질 일자리가 많거나 적은 이유, 동일한 인구학적 특성을 갖는 취업자들의 일자리 질이 지역별로 상이한 원인 등을 설명할 수 있다. 각 지역별 구상·실행기능 비중에 따라서 직업구조가 달라지고, 각 기능의 활성화 정도에 따라서 기업규모 및 직종별 구성비가 상이하게 나타날 것이다. 또한 경제적 기능과 구조, 활성화 정도는 임금수준이나 고용안정성에도 영향을 미침으로써, 일자리 질의 지역별 격차를 낳을 것이다.

3. 연구 방법

이 연구에서 실증분석에 활용하는 자료는 통계청의 2020년 상반기 지역별 고용조사이다. 현재 많은 학자들이 고용동향을 파악하기 위하여 사용하는 경제활동인구조사는 매월·분기별 노동시장 현황을 제시하지만, 총 응답자가 전국 3만 5천여 가구에 불과하여 인구 규모가 작은 지역의 고용 현실을 파악하는 데 한계가 있다. 반면 지역별 고용조사는 전국 11,695개 조사구의 233,900가구에 상주하는 만 15세 이상 가구원의 고용현황을 파악하므로(통계청, 2021), 지역별 표본규모도 상대적으로 크고 소규모 광역자치단체의 고용 현실을 파악하는 데 도움이 된다. 또한 조사항목도 가구원 개인별 인적사항, 취업자, 실업자, 비경제활동인구와 관련된 48개 항목을 포함하므로 지역차원에서 다양한 고용현실을 이해하는데 적절하다.

이 글의 주제인 '양질의 일자리'는 설문조사 항목 가운데 임금과 사회보험 가입, 상용직 여부 등을 기준으로 두 가지 유형(양질 일자리①과 양질 일자리②)으로 구분한다. 첫째, 임금은 '지난 3개월간의 평균 임금'을 기준으로 두 가지(최저임금과 생계비)로 구분한다. 원 자료의 해당 기간인 2020년 최저임금은 시간급 8,590원, 월급 209시간 기준 179만 5,310원이다. 또한 생계비는 최저임금 산정의 기준이 되는 비혼 단신근로자 실태 생계비를 의미한다. 이것은 최저임금산정의 토대가 되는 자료로서 통계청의 가계동향조사 결과를 기초로 월평균지출액을 산정한 결과로, 2020년 최저임금위원회에서 최저임금을 심의할 때 전 연령 2,184,538원을 '생계비'로 간주한다(최저임금위원회. 2020).[10)]

---

10) 생계비 산출은 기본생계와 관련된 소비지출과 조세, 사회보장비 등의 비소비지출을 기초로 하며, 연령별로 구분되는 경우도 있다(29세 이하 2,138,220원. 34세 이하 2,289,974원 등). 그러나 실증분석에 사용하는 지역별 고용조사가 가구단위 소득 총액 혹은 가구원 수 등을 세세히 조사하지 않아 여기에서는 전 연령 평균 생계비를 하나의

'양질 일자리'를 구분하는 또 다른 기준은 사회보험 가입과 종사상 지위이다. 원 자료는 사회보험 가입에 관한 정보를 제공하는데, 양질의 일자리는 이러한 사회보험 모두 가입한 경우를 의미한다. 또한 상용직 여부를 일자리 질을 구분하는 기준으로 추가한다. 설문조사에서는 종사상 지위로서 상용직과 임시·일용직을 구분하는데, 여기에서는 상용직 일자리를 양질의 일자리 기준으로 사용한다. 따라서 연구대상 집단이 지난 3개월간 "최저임금 이상의 급여를 받고 사회보험에 가입한 일자리"를 양질 일자리 ①, "생계비 이상의 급여를 받고 사회보험에 가입한 상용직 일자리"를 양질 일자리②로 정의한다. 첫 번째 의미의 일자리보다는 두 번째 의미의 일자리가 더 높은 임금수준과 장기 고용계약기간을 제공하는 것이므로, 양질 일자리 비중이나 결정요인이 두 가지 유형별로 달라질 것이며 지역별로도 상이할 것이다.

이 연구의 분석대상은 임금근로자이다. 이 연구에서 일자리의 질적 측면을 판단하는 기준 가운데 한 가지가 '임금'인데, 앞에서 설명한대로 지역별 고용조사는 자영업자 등 비임금근로자의 소득 등을 파악하지 않아 분석과정에서 이들을 제외한다.

지표로 사용한다. 생계비에 대한 자세한 정보는 최저임금위원회(2020) 참고.

4. 지역별 임금근로자 구성과 경제구조 특성

서울과 부산, 광주, 울산은 임금 근로자의 인구학적 특성이나 노동시장 지위에서 차이점을 보인다(<표 V-1>). 임금근로자 가운데 40~55세 연령층·남성·고졸 이하 학력층의 비중은 울산에서 가장 높고, 여성·청년층·고학력층(전문대졸 이상) 취업자의 비중은 서울에서 가장 높다. 부산의 성별 비중은 광주·서울과 거의 비슷하며, 56세 이상 연령층과 저학력(중졸 이하) 취업자의 비중은 서울·광주·울산보다 더 높다. 다른 도시보다 더 고령화된 부산에서 저학력층 비중도 높음을 확인할 수 있다.

또한 화이트칼라(관리·행정·전문·사무직)의 비중은 서울에서, 생산관련직·상용직·주당 근로시간 36시간 이상 취업자 비중은 울산에서 가장 높다. 취업자의 현 직장 근속연수가 1년 이하 혹은 비상용직 비중은 서울에서, 5년 이상 경력자 비중은 울산에서 약간 더 높다. 부산과 광주에서는 이러한 집단의 비중이 서울과 울산의 중간 수준이다. 결국 서울은 여성·청년 화이트칼라, 울산은 남성 중년층 생산직 중심이며, 부산과 광주에서는 생산직 중년층 비중이 서울보다는 높지만 울산보다는 낮다.

이러한 결과는 네 지역의 산업구조와 경제적 기능의 활성화 정도를 반영한다. 각 지역의 도시화 과정에서 도시 건설 및 관리에 필요한 공공부문, 시민생활과 직접 관련된 서비스부문 등이 발전하였으나, 경제활동과 관련해서는 상이한 특성을 갖는다. 서울은 경제활동 규모가 타 광역자치단체에 비하여 훨씬 크며, 부산은 과거 경공업 중심 수출산업도시였으나 1990년대 이후 제조업 비중은 하락·정체되고 관광업과 항만 물류산업 등 서비스산업 비중이 높아진 도시이다(한국은행 부산본부, 2021). 또한 광주도 산업화가 진행되면서 완성차업체와 자동차 부품업체, 가전제품 제조업체, 그리고 광산업 관련 사업체 등이 다수 존재하지만 서비스업 비중이 매우 높은 도시이다. 반면 울산은 인구 규모는 서울 등 세 도시보다 훨씬 적지

〈표 V-1〉 지역별 주요 변수: 임금근로자

(단위: 명, %)

	서울	부산	광주	울산
합계(가중치 부여)	4,104,543 (100)	1,196,067 (100)	566,324 (100)	453,106 (100)
성				
- 남성	2,175,076 (53.0)	642,063 (53.7)	304,257 (53.8)	286,970 (63.3)
- 여성	1,929,467 (47.0)	554,004 (46.3)	261,067 (46.2)	166,136 (36.7)
연령				
- 39세 이하	1,774,854 (43.2)	447,920 (37.4)	221,681 (39.2)	166,964 (36.8)
- 40~55세	1,460,857 (35.6)	439,403 (36.8)	229,605 (40.5)	187,661 (41.4)
- 56세 이상	868,832 (21.2)	308,744 (25.8)	115,038 (20.3)	98,481 (21.7)
학력				
- 중졸이하	351,387 (8.6)	148,991 (12.5)	55,938 (9.9)	142,614 (9.6)
- 고졸 이하	1,191,122 (29.0)	418,648 (35.0)	192,079 (34.0)	190,283 (42.0)
- 전문대졸 이상	2,562,034 (62.4)	628,428 (52.5)	318,307 (56.1)	219,136 (48.4)
직업				
- 화이트칼라	2,360,892 (57.5)	520,819 (43.6)	258,809 (46.3)	175,354 (38.7)
- 판매 · 서비스직	754,691 (18.4)	228,961 (19.1)	109,030 (19.3)	70,856 (15.6)
- 생산 관련직	462,701 (11.3)	242,964 (20.3)	114,992 (20.3)	150,583 (33.2)
- 단순노무직	526,259 (12.8)	203,323 (17.0)	82,402 (14.6)	56,313 (12.4)
종사상 지위				
- 상용직	2,908,835 (70.9)	872,655 (73.0)	414,104 (73.3)	341,537 (75.4)
- 임시 · 일용직	1,195,708 (29.1)	323,411 (27.0)	151,221 (26.7)	111,569 (24.6)
주당 근로시간				
- 35시간 이하	1,811,154 (44.1)	570,121 (47.7)	326,507 (57.8)	171,354 (37.8)
- 36시간 이상	2,293,389 (55.9)	635,946 (52.3)	238,817 (42.2)	281,752 (62.2)
현 직장 경력				
- 1년 이하	1,305,504 (31.8)	355,026 (29.7)	169,978 (30.1)	127,390 (28.1)
- 2년 이하	881,831 (21.5)	256,621 (21.5)	116,819 (20.7)	95,353 (21.0)
- 5년 미만	470,606 (11.5)	138,287 (11.6)	62,539 (11.1)	46,567 (10.3)
- 5년 이상	1,446,602 (35.2)	446,133 (37.3)	215,988 (38.2)	183,796 (40.6)
일자리 종류				
- 양질 일자리①	2,146,112 (52.3)	538,456 (45.0)	278,902 (49.3)	247,751 (54.7)
- 양질 일자리②	2,064,565 (50.3)	524,821 (43.9)	270,489 (47.9)	236,084 (52.1)

주) 화이트칼라는 관리 · 행정 · 전문 · 사무직을 의미함.

출처: 통계청, 2020년 상반기 지역별 고용조사 (원자료)

만, 1970년대 이후 자동차, 조선, 석유화학 등 중화학공업화를 통하여 성장한 수출 산업도시이다.

네 도시의 지역경제 특성은 해당 지역의 직업·사업체규모별 구성에서도 확인할 수 있다(<표 V-2>). 생산직 비중은 제조업 및 생산시설 비중이 높은 울산에서 가장 높고, 화이트칼라 직업군 비중은 서비스산업 및 본사 비중이 높은 서울에서 높다. 제조업과 서비스산업이 공존하는 부산과 광주에서 제조업 비중은 울산만큼 높지 않고 서비스산업도 서울보다 높지 않아, 화이트칼라 직업군과 생산직의 비중은 서울과 울산의 중간 수준에 있다.

이러한 결과는 앞의 이론적 시각에서 소개한 '실행기능'이나 '구상기능'의 비중이 네 도시에서 상이함을 의미한다. 한국의 주요 기업들이 전국적 혹은 세계적 차원에서 경영활동을 수행하면서, 구상기능은 주로 본사가 위치한 수도권에 집중되며, 제조업체들의 생산활동은 주요 공업단지가 소재한 비수도권 지역에서 진행된다. 산업활동이 매우 활발한 울산의 주요 대기업들도 이러한 공간적 분화에 따라서 '구상기능'의 본사를 서울에 두고 있으며, 자동차, 조선, 석유화학 등을 생산하는 '실행기능'을 울산지역 미포국가산업단지 등의 대공장에서 담당하고 있다(이성균, 2017).

또한 부산과 광주는 전통적으로 각 권역을 대표하는 도시로서 서비스산업 비중이 높지만, 주요 제조업체들도 지역 내에서는 실행기능을 중심으로 한다. 부산에는 명지·녹산산업단지, 사상공업지역 등에 소재한 기계·항만·운송관련 제조업체 가운데 지역 향토기업이 많지만, 연구개발 등 구상기능을 부산이외 지역에 의존하는 경향이 있다. 또한 광주의 경우에도 자동차와 가전제품 분야 제조업체들이 다수 존재하지만, 이들의 제품개발이나 생산기획 활동은 외부에 소재한 본사에서 결정된다. 이러한 사실은 본사·단독사업체 소속 취업자 비중이 가장 높은 도시가 서울, 공장·지점·영업소속 취업자 비중이 가장 높은 도시는 울산이라는 점, 그리고 부산과 광주는 본사(혹은 공장)의 비중이 울산과 서울의 중간 정도에 있다는 점에서 확인된다(<표 V-2>의 사업체 유형별 취업자 참고). 심지어 화이트칼라 종사자가 대부분인 금융보험업계에서도, 본사 등의 취업자 비중은 서울에서, 지점·영업소 등의 취업자 비중은 부산, 광주, 울산의 순서이다. 결국 네 도시의 경제적 차이는 실행·구상기능 비중의 차이를 반영하며, 한국사회에서는 서울과 기타 도시, 더 나아가 영남권 제조업 중심도시와 기타 지역의 격차를 나타낸다.

지역별 경제기능의 활성화 정도는 기업규모별 구성비에서도 확인할 수 있다. 서울에는 구상기능을 중심으로 하는 본사 비중이 높아 대규모 사업체 비중도 높은 점을 쉽게 이해할 수 있다. 또한 한국의 제조업이 대량생산방식에 기초한다는 점에서, 실행기능이 활발한 울산에서 대규모 사업체가 많다는 점도 예상할 수 있다. <표 V-2>에서도, 대규모 사업체 비중은 서울과 울산에서, 소규모 사업체 비중은 부산과 광주에서 높다.

이러한 지역별 특징은 일자리 질에도 영향을 미친다. <표 V-1>에 의하면, 양질의 일자리 비중은 울산과 서울에서 높고, 부산과 광주에서는 상대적으로 낮다. 최저수준의 임금과 사회보험 혜택을 제공하는 양질 일자리①의 비중은 울산>서울>광주>부산 순서이며, 생계비와 사회보험 혜택을 제공하는 상용직 일자리(양질 일자리②)의 비중도 양질 일자리①과 동일한 순서를 나타낸다. 또한 이러한 도시 간 순위는 1인당 개인소득(<표 V-2>)의 순위와 동일하다. 물론 양질 일자리의 기준을 달리 적용할 경우에 지역 간 차이가 약간 변화할 수 있으나, 지역별 양질 일자리 비중이 각 지역의 실행·구상기능 비중, 총생산량, 기업규모별 구성 등과 밀접히 관련됨을 확인할 수 있다.

〈표 V-2〉 서울, 부산, 광주, 울산의 경제활동 특성 비교: 2019년 기준

(단위: 백억 원, 천 원, 백만 원, 천 명, %)

지역	서울	부산	광주	울산
1. 지역내 명목총생산				
1-1) 전 산업(명목)	43,593 (100)	9,301 (100)	4,152 (100)	7,465 (100)
1-2) 제조업	1,631 (3.8)	1,516 (16.3)	1,006 (24.2)	3,750 (48.0)
1-3) 서비스업	36,767 (84.3)	6,363 (68.4)	12,612 (62.8)	1,923 (25.7)
-금융보험업	4,947 (11.3)	587 (6.5)	231 (5.5)	150 (2.04)
2. 1인당 생산과 소득				
2-1) 1인당 총생산액	45,118	27,577	27,799	65,112
2-2) 1인당 개인소득	23,978	19,723	20,791	22,617
3. 사업체유형 취업자				
3-1) 전 산업	5,226 (100)	1,465 (100)	632 (100)	533 (100)
-본사 · 단독사업체	4,389 (84.0)	1,192 (81.4)	508 (80.4)	394 (73.9)
-공장 · 지점 · 영업소	837 (16.0)	273 (18.6)	124 (19.6)	139 (26.1)
3-2) 제조업	265 (100)	214 (100)	85 (100)	177 (100)
-본사 · 단독사업체	251 (94.7)	188 (88.0)	63 (74.1)	110 (56.8)
-공장 · 지점 · 영업소	14 (5.3)	26 (12.0)	22 (25.9)	76 (43.2)
3-3) 금융보험업	266 (100)	51 (100)	23 (100)	14.2 (100)
-본사 · 단독사업체	161 (60.9)	12.9 (25.2)	4 (17.4)	2.2 (15.6)
-공장 · 지점 · 영업소	104 (39.1)	38.1 (74.8)	19 (82.6)	12.0 (84.4)
4. 사업체규모 취업자				
4-1) 전 산업				
-19인 이하	2,356 (45.1)	799 (54.5)	344 (54.5)	229 (43.1)
-299인 이하	1,654 (31.7)	503 (34.3)	215 (34.0)	185 (34.9)
-300~999인	581 (11.1)	113 (7.8)	37 (5.9)	42 (7.9)
-1000인 이상	634 (12.1)	49 (3.4)	35 (5.6)	75 (14.1)

지역	서울	부산	광주	울산
4-2) 제조업				
-19인 이하	189 (71.3)	107 (50.2)	32 (37.3)	26 (14.7)
-299인 이하	67 (25.3)	88 (41.2)	34 (39.5)	74 (41.5)
-300~999인	4.5 (1.7)	8.8 (4.1)	5 (5.5)	17 (9.5)
-1000인 이상	3.8 (1.5)	9.7 (4.5)	15 (7.7)	60 (34.2)
4-3) 금융보험업				
-19인 이하	80 (22.5)	18 (34.5)	9 (39.7)	5 (34.6)
-299인 이하	103 (38.8)	28 (55.5)	12 (54.1)	7 (51.6)
-300~999인	53 (19.8)	3 (7.8)	1 (4.2)	2 (13.8)
-1000인 이상	50 (18.9)	0 (0)	0 (0)	0 (0)

주) 사업체유형별 취업자는 해당 산업에서 유형별 취업자 규모와 비중을 의미.
출처: 지역내총생산은 "지역소득" 사업체유형별, 규모별 취업자는 "전국사업체조사"(KOSIS)

5. 양질의 일자리 결정요인

지역노동시장의 일자리 질은 성·연령·학력 등 인구학적 요인, 직업·종사상 지위 등 노동시장 요인에 영향을 받는다. 동일한 직업에 종사한 경우에도, 인적 특성이나 종사상 지위 등에 따라서 일자리 질이 달라진다. 또한 동일한 요인이 양질의 일자리에 미치는 효과도 지역별로 상이할 수 있다. 저학력층이 생산직이나 서비스직에 종사하는 경우에도, 해당 지역의 임금수준 등에 따라서 이들의 일자리 질이 달라질 수 있다.

이분형 로지스틱 회귀분석기법을 활용하여 양질 일자리를 분석해 보면(<표 V-3>),[11] 전국의 모든 임금근로자 가운데 남성은 여성에 비하여, 대학 졸업집단은 고졸 학력집단보다, 40~54세 연령층은 56세 이상 장년층

11) 이 분석방법에 대한 간략한 설명은 III~IV장을 참고할 필요가 있으며, 회귀분석에서 종속변수는 두가지 범주(양질의 일자리 여부)로 구분하였다.

보다 양호한 일자리에 종사한다. 또한 상용직 일자리는 임시·일용직보다, 화이트칼라 일자리는 판매·서비스직이나 단순판매직보다 질적으로 좋은 일자리이다. 동일한 직업일 경우에도, 현 직장에서의 경력증가는 임금인상과 고용안정성에 긍정적인 효과를 낳는다. 이러한 경향은 두 가지로 구분한 양질의 일자리 분석 결과에서 동일하게 나타났으며, 과거의 연구결과와 크게 다르지 않다(이성균, 2017; 곽선화, 2013; 김정한 외, 2007).

또한 양질 일자리 비중은 서울과 울산에서 높은 편이고, 광주와 부산에서는 기준 범주인 '전국의 다른 지역'보다 더 낮다. 특히 '서울'이라는 지역변수는 두가지 종류의 양질 일자리에 모두 긍정적인 영향을, '부산'과 '광주'는 모두 부정적인 영향을 미친다. 따라서 취업자 개인의 인적 특성과 노동시장 지위를 고려했을 경우에도, 일자리의 질은 서울과 부산·광주로 명확히 구분되고 있다. 울산은 양질의 일자리 유형(①과 ②)에 따라서 전국 다른 지역과 거의 비슷한 결과를 나타내므로, 이 지역에서의 양질 일자리는 '지역'보다는 취업자 특성이나 산업 특성 등에 따라서 많은 영향을 받는다고 할 수 있다.

〈표 V-3〉 임금근로자의 양질 일자리 결정요인: 전국

(단위: B, Exp(B))

	기본 모형(전국 응답자)	
	양질 일자리①	양질 일자리②
성(=여성)	-1.59** (.20)	-1.49** (.23)
연령(기준=40~55세)		
- 39세 이하	-1.16** (.85)	-.04** (.96)
- 56세 이상	-1.17** (.31)	-1.12** (.33)
학력 · 전공 (기준=중졸이하)		
- 고졸이상	.51** (1.67)	.72** (2.05)
- 전문대 이상	1.21** (3.36)	1.53** (4.60)
직업(기준=관리 · 전문 · 사무직)		
- 판매서비스직	-.86** (.42)	-1.32** (.27)
- 생산관련직	-.14** (.87)	-.40** (.67)
- 단순노무직	-1.28** (.28)	-1.89** (.15)
종사상 지위(=상용직)	2.58** (13.2)	-
주당 근로시간(=36시간이상)	.28** (1.32)	.52** (1.67)
직업 경력(기준=5년이상)		
- 1년 이하	-1.42**(.24)	-2.23** (.11)
- 2~3년	-1.13**(.32)	-1.39** (.25)
- 4~5년	-.76** (.47)	-.87** (.42)
지역 (기준=전국 기타 지역)		
- 서울	.19** (1.21)	.03** (1.03)
- 부산	-.28** (.76)	-.20** (.82)
- 울산	.06** (1.06)	-.01** (.99)
- 광주	-.16** (.85)	-.15** (.87)
통계량		
- 2 로그우도	15,944,722.3	17,691,925.5
- Cox와Snell의 R^2	.44	.39
- Nagelkerke R^2	.59	.52

* p〈0.05, ** p〈0.01

출처: 통계청, 2020년 상반기 지역별 고용조사(원자료)

그렇다면 지역의 어떤 요인이 일자리 질에 영향을 미치는 것인가? 직업이나 종사상 지위, 그리고 구직자의 성이나 연령별로 발생하는 일자리 질의 격차는 지역별로 어떻게 다른가? 이에 대해서는 많은 요인(예를 들어서, 최저임금 수준에 대한 지역사회의 인식, 지역별 임금결정요인 등)을 생각할 수 있으나, 여기에서는 취업자의 인구학적 요인과 노동시장 요인이 양질의 일자리에 미치는 효과를 지역별로 비교함으로써 해답을 찾고자 한다.

<표 V-4>와 <표 V-5>는 양질의 일자리①과 양질의 일자리②를 종속변수로 하여, 각 도시에서의 결정요인을 분석한 결과이다. 네 지역 모두 남성보다 여성, 40~54세 연령층보다 56세 이상, 대학졸업 이상 학력집단보다는 고졸이하 학력집단의 일자리가 질적으로 취약하다. 노동시장 취약계층이라고 할 수 있는 여성, 장년층, 저학력층은 해당 지역노동시장에서 낮은 고용률을 기록하였는데,[12] 이들이 취업에 성공한 경우에도 일자리 질이 취약한 경우가 많다. 이러한 결과는 전국 응답자 전체를 분석한 결과(<표 V-3>)와 동일하므로, 네 도시의 전반적인 경향이 전국적인 경향과 특별히 다른 것은 아니다.

그러나 회귀분석결과에서 각 변수들의 계수값을 비교하면 지역 간 차이점도 발견할 수 있다. 먼저 눈에 띄는 사실은 노동시장 요인이 양질의 일자리에 미치는 효과이다. 화이트칼라 대비 생산관련직의 일자리 질은 울산을 한편으로, 서울 등 나머지 세 도시를 다른 한편으로 구분된다. 서울·부산·광주에서는 화이트칼라 일자리가 생산직보다 질적으로 양호한 편이지만, 울산에서는 생산관련직 일자리 질이 화이트칼라 일자리보다 더 양호하다. 울산은 대공장과 제조업체가 많고 생산직이라고 하더라도 비교적

12) 통계청 자료(KOSIS)에 의하면, 서울의 40대 고용률이 76.9%인 데 반하여 60대 이상의 고용률은 36.9%이며, 울산의 경우에도 각각 75%(40대), 38.2%(60대 이상)를 기록하였다. 자세한 것은 ‘행정구역(시도)/연령별 경제활동인구’ 결과 참고.

높은 임금을 받는 지역이지만, 나머지 세 도시의 제조업체 생산직은 중소 규모 중심으로서 임금수준이나 사회보험 혜택이 지역내 화이트칼라 혹은 울산의 생산직 일자리와 동일한 수준이 아니다. 특히 서울에서는 화이트칼라와 생산직의 차이가 다른 도시보다 더 크다는 점에서, 구상기능 중심도시의 직업별 일자리 격차를 알 수 있다.

둘째, 노동시장에서의 종사상 지위에 따른 일자리 질의 차이도 명확하다. '종사상 지위' 변수의 계수값은 서울에서 가장 크고 울산에서 가장 작다. 서울에서 상용직 일자리가 '최저임금 수준' 등을 보장하는 일자리에 해당할 가능성(양질 일자리①)은 임시·일용직에 비하여 13배 이상 높지만, 울산에서는 8배에 불과하다. 이것은 서울 등 개인서비스업 비중이 높은 도시에서는 단기계약형 저임금 일자리가 많지만, 울산에서는 생산직 내에서 비상용직도 일정한 임금수준을 유지한 결과이다. 따라서 울산의 사례는 "제조업 상용직 비중이 높은 도시에서 이들에게 일정수준 이상의 임금을 지급할 경우에는 비상용직의 임금수준도 동시에 높아져, 상용직과 비상용직 간 격차가 줄어든다"는 사실을 보여준다.

한편 양질 일자리의 성·연령별 격차도 지역 간에 상이하다. 먼저 남성과 여성의 양질 일자리 격차는 서울에서 가장 작고, 서울을 제외한 세 도시 가운데 울산에서 가장 크다. 앞에서 각 지역의 금융보험업 비중에서 확인했듯이(<표 V-2>), 서울은 여성친화적 일자리가 많고 구상기능에 종사하는 여성 취업자도 많아 남성과 여성의 양질 일자리 격차가 비수도권 세 도시보다 더 적다. 반면 부산 등 지방 세 도시에는 여성 고학력층이 취업하려는 양질의 일자리가 부족하며, 특히 대기업 남성 생산직을 중심으로 양질의 일자리가 많은 울산에서도 여성이 선호하는 전문서비스 부문이나 화이트칼라 일자리가 부족하다.

또한 양질 일자리의 연령집단별 차이도 서울과 지방 도시에서 상이하다. 전체적으로 볼 때, 중년층(40~55세) 일자리가 장년층(56세 이상)이나 청년층(39세 이하) 일자리에 비하여 질적으로 양호한 상황이라는 점은 공통적이지만, 중년층과 장년층의 일자리 질적 격차는 서울에서, 중년층과 청년층의 격차는 울산에서 가장 크다. 광주와 부산은 두 도시의 중간 수준의 격차를 보인다. 예를 들어서, 장년층 일자리가 양질 일자리①일 가능성은 서울에서 기준집단(중년층) 대비 27%에 불과하며, 부산과 광주에서는 30%, 울산에서는 34%에 이른다. 반면, 청년층 일자리가 양질 일자리①일 가능성은 서울에서 중년층 대비 87% 수준이지만, 비수도권 세 도시에서는 이보다 더 낮으며, 특히 울산에서 68%에 불과하다. 양질 일자리②를 기준으로 해도 서울에서는 두 집단 간에 거의 차이가 없으나(98%), 울산에서는 18% 격차가 발생한다. 다시 말하면, 학력이나 종사상 지위 등이 동일한 경우에도 20~30대 청년층 일자리의 질은 서울보다는 지방 세 도시에서 더욱 취약하고, 특히 울산에서 가장 낮은 수준이다.

〈표 V-4〉 임금근로자의 양질 일자리① 결정요인: 지역별 분석결과

(단위: 계수값 B, Exp(B))

	서울	부산	광주	울산
성(=여성)	-1.28**(.28)	-1.75**(.17)	-1.67**(.19)	-1.76**(.17)
연령(기준=40~55세)				
- 39세 이하	-.14**(.87)	-.24**(.78)	-.21**(.81)	-.39**(.68)
- 56세 이상	-1.31**(.27)	-1.21**(.30)	-1.18**(.31)	-1.08**(.34)
학력(기준=중졸이하)				
- 고졸 이상	.04** (1.04)	.34**(1.40)	.85**(2.33)	1.15**(3.15)
- 전문대 이상	.90**(2.46)	.95**(2.58)	1.65**(5.19)	1.88**(6.55)
직업(기준=화이트칼라)				
- 판매서비스직	-.97**(.38)	-.89**(.41)	-.76**(.47)	-.78**(.46)
- 생산관련직	-.55**(.58)	-.37**(.69)	-.03*(.97)	.62**(1.87)
- 단순노무직	-1.60**(.20)	-1.44**(.24)	-1.24**(.29)	-.82**(.44)
종사상 지위(=상용직)	2.60**(13.5)	2.53**(12.5)	2.35**(10.4)	2.09**(8.06)
근로시간(=36시간이상)	.29**(1.33)	.13**(1.14)	.18**(1.19)	.42**(1.52)
경력(기준=5년이상)				
- 1년 이하	-1.26**(.28)	-1.49**(.23)	-1.63**(.20)	-1.47**(.23)
- 2~3년	-1.07**(.34)	-1.05**(.35)	-1.24**(.29)	-1.18**(.31)
- 4~5년	-.56**(.57)	-.71**(.49)	-1.08**(.34)	-.91**(.40)
통계량				
-2 로그우도	3,234,406.3	985,328.5	452,110.4	356,124.7
-Cox와Snell의 R^2	.45	.43	.44	.45
-Nagelkerke R^2	.59	.57	.59	.60

* p<0.05, ** p<0.01

출처: 통계청, 「2020년 상반기 지역별 고용조사」(원자료)

〈표 V-5〉 임금근로자의 양질 일자리② 결정요인: 지역별 분석결과

(단위: 계수값 B, Exp(B))

	서울	부산	광주	울산
성(=여성)	-1.21**(.30)	-1.69**(.18)	-1.63**(.20)	-1.69**(.18)
연령(기준=40~55세)				
- 39세 이하	-.03**(.98)	-.13**(.88)	-.17**(.84)	-.21**(.82)
- 56세 이상	-1.23**(.29)	-1.20**(.30)	-1.19**(.31)	-.98**(.38)
학력(기준=중졸이하)				
- 고졸 이상	.62** (1.86)	.49**(1.63)	1.08**(2.96)	1.16**(3.19)
- 전문대 이상	1.60**(4.97)	1.30**(3.66)	2.03**(7.62)	1.90**(6.09)
직업(기준=화이트칼라)				
- 판매서비스직	-1.34**(.26)	-1.27**(.28)	-1.29**(.28)	-1.17**(.31)
- 생산관련직	-.93**(.90)	-.51**(.60)	-.28**(.76)	.25**(1.21)
- 단순노무직	-2.31**(.10)	-1.98**(.14)	-1.75**(.18)	-1.31**(.27)
근로시간(=36시간이상)	.51**(1.67)	.42**(1.53)	.52**(1.67)	.57**(1.76)
경력(기준=5년이상)				
- 1년 이하	-.10**(.12)	2.16**(.12)	2.32**(.10)	-2.27**(.09)
- 2~3년	-1.36**(.26)	-1.32**(.27)	-1.45**(.24)	-1.44**(.34)
- 4~5년	-.73**(.48)	-.84**(.43)	-1.22**(.30)	-.91**(.40)
통계량				
-2 로그우도	3,657,413.1	1,057,546.2	483,977.0	389,002.7
-Cox와Snell의 R^2	.39	.39	.41	.41
-Nagelkerke R^2	.52	.52	.55	.55

* p〈0.05, ** p〈0.01

출처: 통계청, 2020년 상반기 지역별 고용조사(원자료)

이러한 결과도 구상·실행기능의 비중이 상이한 네 지역의 특성으로 해석된다. 구상기능 비중이 높은 서울에서 다수를 차지하는 화이트칼라 취업자는 50대에 일자리를 잃을 경우 실직 전 임금 등을 대체할 수 있는 동

일 직종 일자리를 찾기 어렵다. 화이트칼라 취업자를 대상으로 하는 명예퇴직 사례가 빈번하게 발생하는 상황에서, 화이트칼라로 일하던 중년층이 동일한 질적 수준의 일자리를 찾는 일은 쉽지 않다. 실제로 통계청의 "2020년 5월 경제활동인구조사"에 의하면, 55~64세 연령층의 주된 일자리 평균이직 연령은 49.4세이며, 이들이 이직 후 재취업한 직업 가운데 화이트칼라(전문·관리·사무직)는 18.4%에 불과하고, 80% 이상은 생산, 판매, 서비스관련 직종이다(KOSIS 참고). 중장년층은 재취업 시 과거보다 열악한 일자리에 취업할 수밖에 없는 상황이며, 이러한 경향은 화이트칼라 종사자가 많은 서울에서 좀 더 명확히 나타난다.

또한 고학력화된 청년층도 전통적 제조업 생산직보다는 다양한 서비스산업의 화이트칼라 일자리를 희망하는데, 이러한 일자리가 울산·부산·광주보다 서울에 더 많은 것이 현실이다. 이 연구에서 청년층의 일자리 질이 서울보다 세 도시에서 더 취약한 것은 비수도권 노동시장의 현실을 반영하며, 특히 실행기능 중심 도시인 울산에서 가장 낮은 것은 생산직 중심 일자리 공급과 화이트칼라 중심 일자리 수요의 괴리를 명확히 보여준다(이성균, 2020).

이러한 괴리는 적극적 구직자들의 지방 유출을 낳는다. 고용위기가 서울보다 지방 도시에서 더욱 심각한 상황에서 지방 도시 구직자들의 서울 유입도 동시에 나타나고 있다. 통계청의 '국내인구이동통계'에 의하면, 2020년에 지방에서 서울로 유입된 인구 총 51만여 명이며, 부산에서 20,990명, 광주에서 11,232명, 울산에서 7,062명이 서울로 이동하였다.[13] 한국사회에서 서울과 다른 지방 도시의 불평등이 지속되고 양질 일자리 격차도 해결되지 않는다면, 지방 도시의 구직자들이 희망하는 일자리를 찾아 서울 등으로 이주하는 흐름은 당분간 지속될 것이다.

---

13) 이에 대한 자세한 정보는 국가통계포탈(KOSIS)의 '전출지/전입지(시도)별 이동자수' 참고.

6. 결론

이 연구는 양질의 일자리를 두 가지로 구분하고, 서울, 부산, 광주, 울산 노동시장에서의 비중과 지역별 결정요인을 비교하였다. 네 도시에서 최저임금보다 높은 임금 등을 제공하는 일자리는 절반 정도를 차지하며, 생계비와 사회보험을 제공하는 상용직 일자리 비중은 이보다 더 낮다. 또한 모든 지역에서 여성이나 56세 이상 연령층, 저학력층 등 노동시장 취약계층의 일자리 질이 낮았으며, 일자리의 질적 수준을 높게 고려할수록 이들의 일자리 취약성이 좀 더 명확하다. 본문에서 사용한 양질 일자리는 최저임금이나 생계비 등을 기준으로 구분한 것이므로, 일자리의 질적 취약성은 노동빈곤 혹은 상대적 빈곤 문제의 주요한 원인이 된다.

네 도시에서의 양질 일자리 구성비와 결정요인은 지역경제구조의 특성 등을 반영한다. 임금근로자 가운데 양질 일자리 비중은 서울과 울산보다는 부산과 광주에서 더 낮았으며, 취업자의 인구학적 요인과 노동시장 요인을 통제한 경우에도 부산과 광주에서 일자리의 질적 수준이 서울과 울산보다 더 취약하였다. 서울과 울산은 각각 구상기능과 실행기능 중심 도시로서 한국을 대표하는 대규모 사업체들이 밀집되어 있어 양질의 일자리 비중이 높다. 반면 부산과 광주는 전통적으로 영남권과 호남권을 대표하는 도시임에도 불구하고 대규모 사업체 비중도 낮고 구상기능이나 실행기능이 두 도시만큼 발전하지 않아 양질의 일자리 비중도 상대적으로 낮다.

한편 일자리 질적 수준은 직업 간에 혹은 취업자 인적 특성 간에 차이를 나타내며, 이러한 격차 정도는 지역별로 동일한 것이 아니다. 서울과 부산, 광주에서는 생산직 일자리의 질적 수준이 화이트칼라 일자리보다는 훨씬 낮지만, 울산에서는 생산직 일자리가 화이트칼라보다 나쁜 일자리라고 단정하기 어렵다. 또한 장년층 일자리의 질적 취약성은 서울에서, 청년층 혹은 여성 일자리의 취약성은 울산에서 좀 더 명확히 나타났다. 서울은 전문서비스산업 화이트칼라 중심의 특성을 보이며 여성과 청년들에게 많은 취업기회를 제공하지만, 울산은 제조업 생산직 비중이 높고 중장년 남성 중심의 고용 특성을 강하게 나타낸다. 부산과 광주도 서울만큼 전문서비스산업이 활성화된 것은 아니며, 울산처럼 제조업 실행기능이 발전된 것도 아니다. 따라서 고학력화되는 청년층은 구상기능이 적은 비수도권 지역보다는 다양한 구상기능 일자리가 많은 서울에서 일자리를 찾을 가능성이 높다.

양질의 일자리 부족은 청년층 인구 유출, 산업활동 침체 등과 같은 악순환을 낳는다. 고학력 청년층이 서울로 이주하면, 지방에는 건강하고 우수한 노동력이 줄어들며, 더 나아가 해당 지역의 산업활동에도 부정적인 영향을 미친다. 이러한 악순환이 장기화되면, 경제 활성화를 통한 소득창출이나 빈곤완화도 점점 더 어려워 질 것이다. 따라서 소득불평등과 빈곤 문제를 해결하기 위해서는 전국적인 차원의 노력도 필요하지만, 지방 경제의 활성화 및 일자리의 질적 개선이 시급히 요청된다. 우리는 지역불평등과 경제적 불평등을 완화하기 위하여 지역의 관점을 적용한 다양한 방법을 고민해야 하며, 이 저서의 결론에서 이를 좀 더 구체적으로 거론하고자 한다.

VI

노동시장 불평등과 업무 스트레스

Ⅵ 노동시장 불평등과 업무 스트레스

1. 서론

최근 들어서 스트레스와 우울증 등으로 고통 받는 직장인이 늘어나면서 직장인의 정신건강 문제에 대한 관심이 확대되고 있다. 소득과 주거 등 경제적 안정성이 약화되고 고용불안이 증가함에 따라서, 많은 사람들이 정신건강 문제를 경험하고 있다. 한 정신건강 전문기관의 조사에 의하면, "스트레스를 느끼는 한국 직장인의 비율은 87%이며, 이 수치는 미국, 일본뿐만 아니라 OECD 평균수치(78%)보다 높은 수준이다"(삼성경제연구소, 2011). 또한 통계청의 사회조사(2014)에 의하면, 작장생활에서 스트레스를 '매우 느끼거나' 혹은 '느끼는 편'이라고 응답한 직장인이 사무·관리·전문직 77.5%, 판매서비스직 75.7%, 기능노무직 73.0%이다(KOSIS). 산업화를 먼저 경험한 주요 선진자본주의 국가들에서 오래 전에 나타났던 직장인의 정신건강 문제가 한국사회에서도 새롭게 부각되고 있다.

일반적으로 스트레스와 같은 정신건강 문제는 생활환경과 삶의 조건 등에 따라서 상이한 요인에 의하여 발생하기 때문에, 우리는 앞에서 연구한 불평등과 빈곤현실이 정신건강에 미친 효과를 파악할 필요가 있다. 소득 격차 혹은 일자리 질에 대한 분석에서 공통적인 결과는 노동시장 불평등이 경제적 불평등을 낳고 노동시장의 저임금문제가 노동빈곤 및 상대적 빈곤을 낳는다는 점이다. 따라서 직장인들의 정신건강 상태에 영향을 미치는 다양한 요인을 파악한다면, 노동시장 불평등과 노동빈곤 문제가 직장인의 정신건강 문제에 미치는 효과를 좀 더 구체적으로 설명할 수 있다.

학자들은 교육수준, 직업지위, 지역, 소득수준 등 사회경제적 지위에 따라서 정신건강 상태가 달라지며(김진영 등, 2013; 우해봉, 2012; 이상문, 2008; 이미숙, 2005), 직장인의 경우에도 직업지위 등에 따라서 스트레스도 상이하다고 설명한다(김은정, 2015; 김진강, 2010; 고상백 등, 2004). 또한 직장 생활의 다양한 요인이 스트레스와 우울증 등 다양한 정신건강 문제를 낳는다. 직장인들은 전통적으로 직장 내 인간관계, 불규칙하거나 장시간 근로시간 등으로 스트레스를 받는 것으로 알려져 있으며, 실적 부담으로 인한 스트레스가 증가하여 직장을 옮기거나 알코올 중독 및 우울증 등이 발생하기도 한다(김보은, 2015; 김은정, 2015; 김기웅 등, 2012; 김민영 등, 2011). 노동시장 지위 불안정성도 정신건강 상태에 많은 영향을 미친다(송이은 · 김진영, 2012; 김창엽 · 신영전, 2009). 실업, 비정규직 등의 고용상태 변화가 우울증 및 스트레스와 같은 정신건강 상태의 차이를 낳으며(박세홍 등, 2009), 비정규직의 스트레스가 조직몰입과 이직의도를 높이는 매개요인이라는 연구 결과도 발표되었다(전인 등, 2015).

그러나 직장인의 직업이나 고용형태, 업무 내용 등이 스트레스에 미치는 영향에 대해서는 좀 더 구체적인 설명이 필요하다. 직업 지위가 높은 사람들은 적은 사람에 비하여 스트레스를 적게 받는가, 직장내 지위가 같은 경우에도 스트레스가 달라지는 업무 관련 요인은 무엇인가 등 많은 의문이 제기된다. 또한 고용형태는 노동시간, 근로계약기간, 고용의 직(간)접성 등에 따라서 다양하게 구분되는데, 비정규직 내부 유형별 차이는 무엇인가 설명할 필요가 있다.

이 글은 임금근로자를 대상으로 업무관련 요인을 구체적으로 파악하고 스트레스 발생요인을 설명한다. 기존 연구에서 많이 설명되었던 사회경제적 지위뿐만 아니라, 업무시간 및 의사결정권한 등 업무관련 요인의 스트레스 효과를 분석하고, 고용형태를 다양한 기준으로 세분하여 정규직과 비정규직의 스트레스 격차를 설명한다. 이러한 연구는 고용형태 등이 직장인의 정신건강에 미치는 효과를 설명함으로써, 노동유연화에 따른 노동시장 불평등의 사회적 효과를 파악하는 데 도움이 된다.

2. 직장인의 업무스트레스에 대한 이해

직장인의 스트레스를 직장내 업무 관련 요인으로 설명하는 대표적인 이론은 업무긴장이론(Job Strain Theory)이다. 캐러섹은 "업무량이나 근무시간 등 업무요구도가 높을수록 정신건강 상태가 나빠지며, 업무 자율성 혹은 의사결정권 등 업무통제 권한이 증가할수록 스트레스와 우울증 발생 가능성이 줄어든다"고 설명하며 업무요구·통제 모형(job Demand and Control Model)을 제시하였다(Karasek, 1979, 285쪽). 이러한 주장은 보건사회학계의 정신건강 문제에 대한 실증연구의 토대가 되었으며, "업무요구도가 증가하면 스트레스가 증가하지만, 동시에 직장 동료 및 상사 등 조직구성원의 지지요인이 업무스트레스를 줄인다"는 업무요구·통제·지지 모형(job Demand Control Support Model)으로 발전하기도 하였다(Hauser et al. 2010; Karasek and Theorell, 1990, 69쪽).

이러한 연구들은 사회계층적 지위를 중심으로 정신건강 문제를 설명해왔던 일반적 시각에서 탈피한다. 서론에서 소개한 바와 같이, 소득, 직업 등 사회계층 관련 변수들이 스트레스 발생과 관련될 것이라는 점은 인정할 수 있으나, 직장인의 스트레스를 유발하는 업무관련 요인이 무엇인가에 대해서는 명확한 설명이 필요한 상황이었다. 업무긴장이론에서 제시하는 업무 요구도와 통제권 개념은 업무특성 요인을 집중적으로 설명하고 더 나아가 스트레스 완화를 위한 직장내 해결방안을 제시한다는 점에서 많은 시사점을 제공한다.

이 이론은 노동시간 등으로 파악되는 '업무 요구도'의 스트레스 효과를 명확히 설명한다. 노동 윤리를 강조하는 사회에서는 장시간 근무하며 많은 업무를 처리하는 것이 '이상적 노동자(ideal workers)'의 전형으로 해석되는 경우가 많다(Watts, 2009). 이러한 정체성을 갖는 직장인들은 직업의 종류에 상관없이 장시간 근무를 당연시 하므로, 업무요구도의 증가로 인하여 더 많은 스트레스를 받을 것으로 예상할 수 있다. 특히 최근에는 기업경영의 불확실성과 경쟁 강화로 인하여, 사회계층 지위가 상대적으로 높은 직장인들도 스트레스로 인한 육체·정신적 건강 악화를 호소하는 경우가 많아졌다(Hewlett and Luce, 2006; 김민정, 2015). 직업이나 사회계층지위가 동일한 상황에서도, 업무요구도가 증가하면 스트레스가 더욱 증가할 것이다.

그러나 업무긴장이론에서 제시하는 '업무통제권'이 스트레스에 미치는 효과에 대해서는 상반된 결론이 존재한다. 일부 연구는 업무요구도가 스트레스에 미치는 부정적 영향은 업무통제권에 의하여 완화된다(buffering)고 설명하였으나(Der Doef and Maes, 1999), 다른 연구는 업무통제 권한이 스트레스를 증가시키고 정신건강 상태를 더욱 악화시킬 수 있음을 주장한다. 일례로 호주의 직장인에 대한 연구에서는, 업무통제권 혹은 의사결정권한이 많은 사람들은 심장질환관련 사망률과 알코올중독 관련 질환 가능성이 높다(Joensuu et al., 2015). 따라서 직장인의 업무통제권이 스트레스에 미치는 효과는 업무처리 방식, 직장 문화, 사회적 환경 등에 따라서 국가·직업별로 상이할 수 있다.

한편 학계에서는 업무긴장이론을 기초로 비정규직 임금근로자의 스트레스를 분석하려는 노력도 진행되고 있다. 학자들은 업무긴장이론을 적용하여 고용형태별 스트레스 격차를 분석하고, 비정규직은 육체적으로 고통

스럽고 피곤한 업무강도, 단순반복적 업무성격, 작업과정에 대한 자율적 결정권 부족 등으로 스트레스가 높다고 설명한다(Employment Conditions Knowledge Network, 2007). 한국의 경우에도 일부 학자들은 "실직이나 이직의 경험, 비정규직 고용형태, 그리고 직무요구가 높을수록 스트레스가 높다"는 연구결과도 존재한다(고상백 외, 2004; 111쪽).

그러나 비정규직 고용형태의 다양성을 고려할 때, 정규직과 비정규직이라는 이분법적 구분이 적절한가에 대해서는 의문이 제기된다. 또한 '특정한 비정규직 고용형태'가 스트레스에 미치는 영향을 인정하더라도, '이들의 어떤 업무관련 요인'이 스트레스에 영향을 미치는가 좀 더 구체적으로 설명할 필요가 있다.

3. 연구방법 및 자료

이 글은 한국사회 직장인의 스트레스를 설명하기 위하여 패널자료 분석방법론을 활용한다. 일반적으로 패널자료는 동일한 응답자를 반복하여 조사하기 때문에 표본크기를 확대하고 분석 결과의 신뢰도를 높인다(Cameron and Trivedi, 2005; 민인식 · 최필선, 2013; 전승훈 외, 2004). 횡단면 자료를 토대로 특정 시기에 국한된 스트레스를 설명하기보다는 동일한 응답자의 누적된 스트레스 경험을 토대로 스트레스의 경험과 발생요인을 설명한다면, 분석의 설명력이 높아질 것이다. 패널조사방법에 대해서는 본문에서 좀 더 자세히 설명한다.

이 글에서 사용하는 자료는 한국의료패널이다. 한국보건사회연구원과 국민건강보험공단은 2008년부터 매년 반복해서 경제활동상태와 건강수준 등을 조사한 자료를 패널자료로 구축하고, 전국 약 8,000가구를 대상으로 건강상태 · 인적 특성 · 사회경제활동 등을 조사하였다(한국보건사회연구원 · 국민건강보험공단, 2015). 이 연구에서는 한국의료패널의 연간 데이터 가운데 스트레스와 관련한 문항을 다수 포함한 2011~2012년 자료를 활용한다. 이전 시기에는 스트레스와 관련하여 1개의 문항(본인이나 가족의 질병·자녀교육·가족갈등·예상치 못한 사건으로 인한 스트레스)을 사용하였으나, 2011년부터 과도한 업무에 따른 스트레스 등 복수의 항목을 사용하였다. 따라서 임금근로자의 직장생활과 스트레스를 파악하기 위해서는 2011~2012년 자료를 활용하며, 응답자 가운데 결측값이 없고 자료기간이 동일한 균형(balanced) 데이터를 구축한다.

직장인의 스트레스는 다음과 같은 방식으로 파악한다. 먼저 스트레스 경험의 '범위'와 '정도'를 파악한다. 원 자료는 3개 항목(과도한 업무에 따른 스트레스, 정신적·신체적 스트레스, 미래에 대한 불확실과 불안)을 리커트 5점 척도로 조사하였는데,[14] 이를 기초로 스트레스 경험 관련 두 가지 변수를 완성한다. 스트레스 경험의 '범위'는 각 항목에 대하여 리커트 척도값 1을 응답한 경우(무경험 집단)와 척도값 2~5를 응답한 경우(경험 집단)로 양분하고 이를 합한 수치이다. 0값은 스트레스 경험 항목이 없는 집단이며, 3값은 3개 항목 모두 경험한 집단이다. 또한 스트레스의 '정도'는 위 문항의 5점 척도값을 모두 합한 것으로서, 변수값의 범위는 3~15점이다. 스트레스 경험 '범위'가 경험 항목의 범위를 의미한다면, 스트레스 '정도'는 스트레스의 심화 정도를 점수로 표현한 것이다.

업무스트레스에 영향을 미치는 요인을 파악하기 위하여 응답자의 인구학적 특성, 직업과 고용형태 변수, 그리고 업무관련 요인을 변수로 활용한다. 먼저 전통적으로 스트레스를 설명해 왔던 사회경제적 요인(교육, 직업)을 포함하며, 개인의 경제적 상태를 파악하기 위하여 개인의 1년 소득과

---

14) 5점 척도는 다음과 같이 구성된다. 1='전혀 없었다' 2='간혹 있었다,' 3='종종 여러번 있었다,' 4='거의 언제나 있었다,' 5='항상 있었다.'

가구 총소득을 변수로 사용한다. 또한 고용형태가 스트레스에 미치는 효과를 분석하기 위하여 종사상지위(상용직과 임시·일용직), 근무시간(전일제와 시간제), 고용관계(직접고용과 간접고용－용역·파견·특수고용)를 구분한다.

이 연구에서 주목하는 업무관련 요인은 업무긴장이론의 '업무요구도'와 '업무통제권'이다. 업무요구도는 업무처리에 요구되는 양적 개념을 의미하므로, 설문지 가운데 '직장에서의 잔업과 야근을 포함한 주당 평균 근로시간'을 변수로 사용한다. 또한 업무통제권은 업무에 대한 관리감독권한 혹은 의사결정권한을 의미하므로, "귀하는 다른 사람의 일을 감독하거나 지시하는가," "(감독·지시할 경우에) 귀하의 감독이나 지시를 받는 사람들이 다른 근로자를 다시 감독하거나 지시하는가"라는 문항을 기초로 '관리감독역할집단'이라는 변수를 만들고 3개 집단(관리감독집단, 중간관리감독집단, 일반집단)으로 구분한다. 또한 작업수행방식·작업결과 평가 등 업무상 의사결정권한에 대한 5개 문항을 기초로 '의사결정권'이라는 변수를 만든다.[15] 응답자는 각 문항에 대하여 예(＝1)/아니오＝0)로 응답하기 때문에 '의사결정권' 변수값은 0~5점을 갖는다.

응답자는 조사기간에 임금근로자로 재직한 직장인으로서 주요 설문항목에 대하여 결측값이 없는 3,390명이다. 응답자의 잔업과 야근을 포함한 주당 평균 근로시간은 46.1시간, 업무통제정도는 평균 0.78점이다. 또한 직업별로는 생산·기능관련 종사자(43.2%), 사무·관리·전문직 종사자(40.3%), 판매·서비스직업 종사 경험자(16.5%)로, '관리감독역할'과 관련하여 관리감독집단(13.7%), 중간관리감독집단(12.2%), 일반집단(74.1%)으로 구성되어 있다.

---

15) 5개 문항은 "업무의 종류나 작업의 마감시간을 배정하고 지시한다", "업무의 작업을 수행하는 방식과 절차를 지시한다", "업무나 작업의 결과를 점검하고 평가한다", "감독받는 사람들의 봉급이나 승진에 영향력을 행사한다", "회사의 매출과 이윤 등과 관련된 목표를 정하거나 주요 경영 방침을 정하는데 참여한다"이다.

4. 직장인의 업무스트레스 현실

한국 임금근로자 가운데 스트레스를 경험한 사람들이 매우 많다. 스트레스 경험이 전혀 없는 경우는 19.7%에 불과하며, 적어도 스트레스 항목 1가지 이상 경험한 경우는 80%를 약간 상회한다.16) 특히 응답자의 31%가 2가지 항목의 스트레스를, 26.0%가 3가지 스트레스 항목을 모두 경험하였다는 점에서 스트레스 범위가 폭넓음을 알 수 있다. 스트레스 항목별로는 '정신적 · 신체적 스트레스' 경험자가 61.0%이며, '과도한 업무에 따른 스트레스' 경험자는 43.3%이다.

또한 스트레스 경험 유무를 기준으로 1년 후 스트레스 경험확률(조건부 전이확률, conditional transition probability)을 계산하면, 1년 전에 '스트레스 경험이 전혀 없는 응답자' 가운데 39.9%는 1년이 지난 후에도 스트레스를

〈표 VI-1〉 스트레스 경험 유무: 응답자 기준

(단위: 명, %)

2011년 \ 2012년	무경험자	유경험자	합계
무경험자	259 (39.85)	391 (60.15)	650 (100)
유경험자	424 (15.47)	2,316 (84.53)	2,740 (100)
합계	683 (20.15)	2,707 (79.85)	3,390 (100)

주) 무경험자는 3개 스트레스관련 문항에 대하여 "전혀 경험이 없는" 응답자를, 유경험자는 적어도 "1개 이상의 문항에 대하여 경험이 있는" 응답자를 의미함.
출처: 한국보건사회연구원 · 국민건강보험공단, 한국의료패널(원자료)

16) 패널자료분석기법은 종합(overall) 분포와 경험(between) 분포 등의 기초통계량을 제시하는데, 본문에서는 자료소개라는 취지에 따라서 종합분포만을 서술한다.

받지 않았으나, 60.2%는 일정수준 이상의 스트레스를 경험하였다(<표 VI-1>). 이것은 직장인의 스트레스 경험이 일시적인 현상이 아니며, 상당 기간 지속됨을 의미한다.

한국사회 임금근로자의 스트레스 변화는 시기별 스트레스 '정도'를 통해서도 확인할 수 있다. 직장인의 3개 항목(과도한 업무에 따른 스트레스, 정신적 신체적 스트레스, 미래에 대한 불확실과 불안) 평균 점수는 1년 만에 5.43점에서 5.54점으로 증가하였다.[17] 또한 스트레스 점수의 연도별 차이는 스트레스 경험 항목이 가장 많은 집단에서 더욱 크다. 1~2개 항목의 스트레스를 경험한 직장인보다는 3개 항목 경험집단의 스트레스 정도가 더욱 심화되고 있어(<표 VI-2>), 다양한 범위에서 스트레스를 경험하는 직장인일수록 스트레스 정도가 좀 더 심각해진다고 할 수 있다.

〈표 VI-2〉 스트레스 정도의 연도별 변화

(단위: 점)

스트레스 경험집단별	2011	2012	2년(overall) 평균
- 1개 항목 경험 집단 (Overall N=1,529)	4.26 (.02)	4.29 (.02)	4.28 (.61)
- 2개 항목 경험 집단 (Overall N=2,113)	5.87 (.04)	5.92 (.04)	5.89 (1.31)
- 3개 항목 경험 집단 (Overall N=1,805)	7.67 (.06)	8.07 (.07)	7.87 (2.08)
합계 (Overall N=6,780)	5.43 (.04)	5.54 (.04)	5.49 (2.21)

주) 괄호 속의 수치는 표준편차이며, 합계의 수치는 무경험 집단 규모(1,333사례)와 이들의 스트레스 정도(점수)를 합하여 계산한 결과

출처: 한국보건사회연구원 · 국민건강보험공단, 한국의료패널(원자료)

17) 표의 스트레스 정도(점수)의 연도별 차이에 대한 '평균비교' 분석결과, t값은 1.71, $P>|t|=.079$이다.

직업 및 고용지위별로 비교하면(<표 VI-3>), 스트레스 경험 범위와 정도가 가장 높은 직업집단은 판매서비스직이다. 사무·관리·전문직 등 이른바 화이트칼라 취업자의 스트레스 정도가 가장 낮고, 생산기능직도 판매서비스직만큼 스트레스가 높은 것은 아니다. 또한 고용형태별로는 임시·일용직 혹은 간접고용 취업자가 가장 많은 스트레스를 받는다. 시간제 취업자는 전일제에 비하여 스트레스 정도는 높지만, 스트레스 범위는 많다고 하기 어렵다.

직업 및 고용지위별 비교에서 흥미로운 것은 주당 근로시간 혹은 의사결정권한이 클수록 스트레스 경험 범위와 정도가 높아지는 것은 아니라는 사실이다. 임시일용직 혹은 간접고용 취업자는 상용직 혹은 직접고용에 비하여 더 적은 시간 근무하고 의사결정권한도 낮지만, 이들의 스트레스 경험 범위 및 정도는 더 높다. 따라서 전자의 집단이 스트레스가 많은 것이 단순히 고용형태의 효과인지, 다른 업무 요인의 효과인지 명확히 판단하기 힘들다. 이러한 점은 업무통제권의 정도별 스트레스에서도 확인되는데, 관리감독집단의 주당 근로시간은 중간관리감독집단에 비하여 더 길지만 스트레스 경험(범위와 정도)은 더 많다. 따라서 한국 직장인의 스트레스를 결정하는 요인으로서 노동시장 지위, 업무긴장이론 등과 관련된 변수들의 순효과를 분석할 필요가 있다.

〈표 VI-3〉 주요 집단별 주당 근로시간, 업무관리감독 점수, 스트레스 기술통계

(단위: 시간, 점)

집단	주당 근로시간	의사결정권 점수	스트레스 경험	
			범위	정도
직업군				
- 사무 · 관리 · 전문직	44.43 (.20)	1.29 (.03)	1.63 (.02)	5.34 (.04)
- 판매서비스직	45.58 (.47)	.43 (.03)	1.70 (.03)	5.61 (.07)
- 생산기능직	47.81 (.28)	.42 (.02)	1.64 (.02)	5.57 (.04)
종사상지위				
- 상용직	47.59 (.18)	1.18 (.03)	1.60 (.02)	5.32 (.03)
- 임시 · 일용직	44.20 (.29)	.27 (.02)	1.70 (.02)	5.69 (.04)
근로시간				
- 전일제	47.05 (.16)	.81 (.02)	1.65 (.01)	5.48 (.03)
- 시간제	28.45 (.85)	.15 (.04)	1.60 (.06)	5.52 (.13)
고용형태				
- 직접고용	46.15 (.17)	.84 (.02)	1.64 (.01)	5.44 (.02)
- 간접고용	45.48 (.69)	.17 (.03)	1.76 (.04)	5.89 (.09)
관리 · 감독 역할				
- 관리감독집단	48.39 (.37)	3.35 (.04)	1.75 (.04)	5.60 (.07)
- 중간관리감독집단	48.45 (.39)	2.61 (.04)	1.67 (.03)	5.40 (.07)
- 일반 집단	45.27 (.20)	0 (0)	1.63 (.02)	5.48 (.03)

주) 괄호 속의 수치는 표준편차

출처: 한국보건사회연구원 · 국민건강보험공단, 한국의료패널(원자료)

5. 직장인의 업무스트레스에 영향을 미치는 요인

이 글은 직장인의 업무스트레스에 영향을 미치는 요인을 파악하기 위하여 순서형 프로빗모형(ordered probit model)과 구간자료 회귀모형(interval data regression model)을 활용한다.[18] 이 연구의 스트레스 '범위'의 값은 3가지 항목의 스트레스 경험 폭을 순서형태로 정리한 것이며, 스트레스 '정도'의 값도 3개 문항의 5점 척도값 합계로서 최소값과 최대값이 제한되어 있다. 따라서 전자의 경우에 순서형 프로빗모형을, 후자의 경우에는 구간자료 회귀모형을 사용하는 것이 적절하다.

<표 VI－4>와 <표 VI－5>는 주요 독립변수들이 스트레스 경험의 범위와 정도 각각에 미치는 효과를 분석한 결과이다. 각 모형의 독립변수들의 계수값 등을 종합적으로 고려하면, 한국사회 직장인의 스트레스는 개인적 특성, 교육수준, 고용형태 및 업무관련 요인별로 달라진다.

먼저 직장인의 스트레스는 사회경제적 지위를 나타내는 전통적인 변수인 교육과 직업 등과는 무관하다. 교육은 스트레스 범위에 영향을 미치지 않고, 3개 직업집단(사무·관리·전문직, 생산기능직, 판매서비스직)의 스트레스 범위도 차이가 없다. 또한 스트레스 정도를 종속변수로 한 구간자료 회귀분석에서도 이러한 변수들이 스트레스에 미치는 순 효과는 없다(<표 VI－5>). 이러한 결과는 "직업적 지위가 높을수록 업무관련 스트레스가 낮을 것"이라는 일반적 예상과 다르지만 한국 직장인의 의식에 관한 사회조사 결과를 고려하면 수긍할 만하다. 일례로 한국고용정보원의 조사(2013)에서 스트레스를 많이 받는 직업 20개는 경찰관, 사회복지사, 간호사, 금융관련 사무원, 고객상담원 등 직장생활에서 대인업무가 많은 직업이다. 사무·관리·전문직 종사자들도 생산직이나 판매서비스직만큼 스트레스 정도

18) 두 가지 연구모형에 대한 자세한 설명은 Abrevay and Shen(2013)을 참고

가 높아 '직업지위가 높을수록 스트레스가 더 낮다'고 단정하기 어렵다.

반면 직장인의 스트레스는 개인 임금보다는 가구 총소득에 따라서 상이하다. 개인의 월평균 소득이 스트레스 범위에 미치는 효과는 없으며, 스트레스 정도에 미치는 영향도 모델에 따라서 달라진다. 업무긴장이론 관련 변수를 제외한 <표 VI-5>의 모델 2에서는 개인 임금이 스트레스에 미치는 긍정적 효과가 있는 것으로 보이지만, 업무관련 요인들을 추가한 모델 3에서는 개인 임금의 스트레스 효과가 사라진다. 그러나 가구 총소득이 스트레스에 미치는 영향은 명확하고 일관된다. 임금근로자 개인의 직업이나 교육수준, 월평균 임금 등이 동일한 경우에도 가구 총소득이 높을수록 임금근로자의 스트레스 경험 범위와 정도가 줄어든다. 가구 총소득은 가구원들이 공동으로 사용하는 재정자원(financial resources)을 의미하므로, 개인이 적은 임금을 받는 경우에도 이러한 재정자원이 많을수록 경제적 여유가 증가하여 직장업무 등에 따른 정신·육체적, 그리고 미래의 불확실성에 따른 스트레스가 줄어드는 경향이 있다. 우리는 소득불평등이나 상대적 빈곤을 분석하는데 개인이 아니라 가구단위 소득을 사용하였는데, 가구 총소득으로 대표되는 재정 자원의 크기가 스트레스에도 많은 영향을 미친다고 할 수 있다.

〈표 VI-4〉 스트레스 경험(범위)에 대한 확률효과 순서형 프로빗모형 분석 결과

	모델 1	모델 2	모델 3
기본변수 (사회경제지위 포함)			
- 여성	-.013(.05)	-.026(.05)	.028(.05)
- 연령	.017(.01)	.018(.01)	.016(.01)
- 연령^2	-.0002(.0001)*	-.0002(.0001)*	-.0002(.0001)*
- 교육수준(대학재학 이상)	.032(.05)	.040(.05)	.049(.05)
- 본인 평균 임금	.00003(.0001)	.00004(.0001)	.00002(.0001)
- 가구 총소득	-.048(.009)**	-.045(.01)**	-.046(.009)**
- 직업(기준=사무 · 관리 · 전문)			
• 생산기능직	.029(.06)	-.003(.05)	-.008(.05)
• 판매서비스직	.086(.06)	.051(.06)	.032(.06)
고용지위관련 변수			
- 임시일용직(기준범주=상용직)		.153(.04)**	.159(.04)**
- 시간제(기준범주=전일제)		-.038(.08)	.048(.08)
- 간접고용(기준범주=직접고용)		.170(.06)**	.175(.04)**
업무긴장이론관련 변수			
- 주당 근로시간			.006(.001)**
-관리감독역할(기준범주=일반집단)			
• 관리감독집단			-.497(.22)*
• 중간관리감독집단			-.808(.22)**
- 의사결정권 점수			.107(.02)**
- 주당 근로시간*관리감독집단			.007(.004)+
- 주당근로시간*중간관리감독집단			.013(.004)**
절삭점 (cutoff point)			
- 절삭점1	-.99(.29)**	-.90(.29)**	-.59(.29)*
- 절삭점2	-.17(.29)	-.08(.29)	.23(.30)
- 절삭점3	.85(.29)**	.95(.29)**	1.25(.29)**
통계량			
- Log likelihood	-9102.9*	-9090.8**	-9053.5**
- σ^2 (ui)	.54**	.54**	.52**
- LR test vs. oprobit(chibar^2)	327.09**	321.86**	304.93**

+ p〈0.10, * p〈0.05, ** p〈0.01

출처: 한국보건사회연구원 · 국민건강보험공단, 한국의료패널(원자료)

또한 고용형태별 스트레스 격차도 분류기준에 따라서 상이하다. 취업자의 종사상 지위(상용직과 임시·일용직) 혹은 고용의 직접성(직접고용과 간접고용)에 따른 구분은 스트레스 경험의 범위와 정도에 명확한 영향을 미치며, 스트레스 효과도 다른 변수에 비하여 더 크다. 임시·일용직 취업자의 스트레스는 상용직보다 더 높고, 간접고용형태 임금근로자도 직접고용형태 취업자에 비하여 더 많은 스트레스를 경험한다. 반면, 시간제 취업자의 스트레스는 전일제 스트레스와 큰 차이가 없다.[19] 따라서 비정규직과 정규직의 이분법보다는 특정한 비정규직 고용형태를 중심으로 우리사회의 스트레스 발생요인을 설명할 필요가 있다.

먼저 임시·일용직이라는 종사상 지위의 특성은 고용 불안정성, 업무강도, 직장 내 인간관계 등에 영향을 미침으로써 스트레스를 증가시킨다. 이들은 상용직과 달리 1년 미만의 제한된 계약기간 동안 취업상태에 있어 1년 이상의 고용을 장담할 수 없다. 고용계약기간 만료 직전에 비정규직을 해고하거나 단기계약을 반복한다면, 많은 임시·일용직은 계약기간 이후에도 계속 근무한다는 보장이 없으며, 계약 연장이나 정규직 전환을 위하여 업무처리와 인간관계 등에도 소홀할 수 없다. 또한 기업이 불황을 경험하거나 적자를 기록하면 인력감축의 우선 대상자가 되기 때문에, 미래에 대한 불안정성도 높은 수준이다. 따라서 이들은 상용직 전환을 위하여 관리자들과 원만한 인간관계를 유지해야 하며, 계약기간에 힘든 일 혹은 과도한 업무량을 요구받을 경우에도 이를 수용할 수밖에 없다. 동일한 직업에 종사하더라도 임시·일용직이 상용직보다 더 많은 스트레스를 받는다는 분

19) 이것은 두 집단의 총 근로시간 차이와 밀접히 관련된 것으로 해석할 수 있다. 이 자료에서 시간제 취업자의 주당 근로시간은 28.45시간으로 전일제(47.05시간)에 비하여 훨씬 낮다. 따라서 두 집단 구분이 스트레스에 미치는 효과는 '총 근로시간'의 스트레스 효과에 의하여 상쇄된다. 총 근로시간의 차이가 종사상지위별 구분 혹은 직접고용형태 구분에서는 크지 않는다는 점을 고려하면, 이러한 해석이 적절하다.

석결과는 계약기간의 제한성이 갖는 문제점을 잘 나타낸다.

또한 간접고용의 이중적 관리감독 상황도 스트레스 발생의 주요 요인

〈표 VI-5〉 스트레스 경험(정도)에 대한 확률효과 구간자료 회귀모형 분석 결과

	모델 1	모델 2	모델 3
기본변수 (사회경제지위 포함)			
- 여성	.094(.08)	.074(.08)	.164(.08)*
- 연령	.009(.02)	.010(.02)	.006(.02)
- 연령^2	-.0001(.0002)	-.0002(.0001)	-.0001(.001)
- 교육수준(대학재학 이상)	.008(.08)	.021(.08)	.030(.08)
- 본인 평균 임금	.00002(.0002)	.00004(.00002)*	.0002(.00002)
- 가구 총소득	-.089(.01)**	-.086(.01)**	-.087(0.1)**
- 직업(기준=사무 · 관리 · 전문)			
• 생산기능직	.144(.08)+	.097(.09)	.097(.09)
• 판매서비스직	.153(.09)	.099(.09)	.077(.10)
고용지위관련 변수			
- 임시일용직(기준=상용직)		.234(.07)**	.246(.07)**
- 시간제(기준=전일제)		-.072(.13)	.050(.13)
- 간접고용(기준=직접고용)		.286(.09)**	.298(.01)**
업무긴장이론관련 변수			
- 주당 근로시간			.008(.002)**
- 관리감독역할(기준=일반집단)			
• 관리감독집단			-.032(.34)
• 중간관리감독집단			-1.29(.35)**
- 의사결정권 점수			.127(.04)**
- 주당 근로시간*관리감독			.006(.007)
- 주당 근로시간*중간관리감독			.023(.007)*
통계량			
- Log likelihood	-14711.1**	-14699.8**	-14666.9**
- σ (u_i)	1.27**	1.25**	1.24**
- σ (e_i)	1.79**	1.79**	1.79**
- rho	.332	.328	.323

+ $p<0.10$, * $p<0.05$, ** $p<0.01$

출처: 한국보건사회연구원 · 국민건강보험공단, 한국의료패널 (원자료)

이다. 일반적으로 간접고용은 “기업의 필요에 따라 타인의 노무를 이용하면서, 노무제공자와 직접적인 근로계약을 체결하지 않고 타인에게 고용되어 있는 근로자를 이용하는 고용형태”를 말하며(조경배, 2001; 3쪽), 업무지시·감독의 이중성 등을 특징으로 한다. 직접고용형태에서는 근로계약 체결자와 근로사용 사업주가 동일하지만, 간접고용형태에서는 근로계약 체결자와 근로사용 사업주가 별도로 존재하여 이중적 관리감독구조에 있다. 실제로 간접고용문제에 대한 연구에 의하면, 이들의 근로계약 체결업체와 근로사용 업체들이 채용, 임금지급, 승진, 징계 등에 일정하게 관여하며, 작업량과 작업방법, 작업순서 등을 결정하고 지휘감독권을 행사하는 사례가 자주 발견된다(조돈문 등, 2013; 강성태, 2010). 따라서 간접고용 임금근로자는 비교적 단일한 관리감독체계에 있는 직접고용 취업자에 비하여 더욱 복잡한 관리감독관계에 있어, 더 많은 업무 스트레스를 받을 것이다.

업무관련 요인이 스트레스에 미치는 영향도 두 가지 분석결과에서 일관되게 나타난다. 먼저 총 근로시간이 많을수록(업무요구도가 높을수록) 스트레스가 많아진다. 이러한 결과는 장시간 근로가 건강에 미치는 부정적 효과에 관한 기존 연구 결과와 동일하다. 일례로 보건의료계 학자들은 야간근무 및 늦은 퇴근 등으로 업무시간이 증가하여 수면시간이 줄어들 경우에는 정신적 긴장상태가 확대되고 스트레스도 증가한다고 설명하였다(정혜선 등, 2009). 또한 직장인의 근로시간이 증가할수록 자살충동도 증가한다. 근로시간별로 주 40~51시간 근로하는 사람들의 자살 충동이 9.5%로 가장 낮았으며 주 52~59시간 근무자는 14.8%, 주 60시간 이상 근무자는 15.7%이다(김기웅 등, 2012, 339쪽). 따라서 장시간 근로는 스트레스뿐만 아니라 자살충동 등의 전반적인 정신건강 문제를 낳는 가장 기본적인 요인이다.

업무통제권 관련 변수들의 스트레스 효과도 명확하다. 업무를 관리·감독하는 두 집단(관리감독집단과 중간관리감독집단)의 스트레스 범위는 일반 직원보다 더 적으며(<표 Ⅵ-4>), 중간관리감독집단의 스트레스 정도는 일반집단에 비하여 훨씬 낮다(<표 VI-5>). 또한 업무상 의사결정권이 스트레스에 미치는 효과도 일관되게 나타난다. 직업이나 관리감독권 등이 동일한 임금근로자의 경우에도, 작업 절차·성과 등 업무상 의사결정권한이 많을수록 스트레스 경험의 범위 혹은 정도가 증가한다. 일반적으로 관리감독 역할을 수행하는 집단은 의사결정권도 많을 것으로 예상할 수 있는데, 분석결과에 의하면 관리감독역할과 의사결정권이 스트레스에 각각 미치는 효과가 상반된다. 직장에서 관리감독역할 자체는 장시간 근로 등에 따른 스트레스 증가를 완화(buffering)하는 경향이 있으나, 업무상 실제로 행사하는 의사결정권이 확대될수록 스트레스는 오히려 증가한다.

이러한 상반된 결과는 한국의 직장생활 현실을 반영한 것으로 해석할 수 있다. 관리감독 역할을 기준을 할 때, 일반 직원들은 상급 관리감독자의 업무지시와 인간관계 등으로 스트레스를 받으며, 심지어 퇴근이후 혹은 공휴일에도 상급자의 업무지시와 비공식적 인간관계 등으로부터 자유롭지 못한 경우가 많다. 실제로 한 사회조사기관의 설문조사 결과, "응답자의 58.7%가 대인관계에서 가장 많은 스트레스를 주는 사람으로 직장상사를 지적하였다"(마이크로엠브레인, 2014). 많은 언론에서 소개하는 '상사들의 직장내 갑질'이 하급 직원 혹은 평사원들의 스트레스를 증가시키고 있음을 이 자료의 분석결과에서 확인할 수 있다.

반면 의사결정권을 기준으로 하면, 의사결정의 권한과 성과를 강조하는 기업문화가 스트레스를 증가시킨다. 많은 사업체들은 부서 및 팀 단위 업무책임자들에게 의사결정권한을 부여하고 업무과정이나 성과에 대한 책임을 동시에 요구하고 있으며, 시장경쟁이 치열해지는 최근에는 이러한 성과를 당사자의 임금 및 고용·승진 등과 연계하는 성과주의 인사정책을 더욱 확대하고 있다(엄동욱, 2007; 신영수, 2003). 따라서 관리감독 역할수준이 동일한 경우에는, 의사결정권한이 많을수록 스트레스의 경험 범위와 정도가 증가한다.

또한 직장인의 관리감독역할과 업무요구도는 상호 연관되어 직장인의 업무스트레스에 영향을 미친다. 이러한 점은 일반 직원보다는 관리감독집단과 중간관리감독집단에서 명확히 나타나는데, (중간)관리감독의 역할 자체는 일반 직원에 비하여 스트레스를 큰 폭으로 줄이지만, 이들이 실제로 담당하는 업무요구도(주당 근로시간)가 높아질수록 스트레스가 모두 증가하는 경향이 있다. 특히 중간관리감독집단에서 이러한 경향이 매우 명확히 나타나고 있다. 중간관리감독집단은 "직장에서 다른 사람의 일을 감독하며 동시에 다른 사람으로부터 자신의 일을 감독받는 사람"으로 정의되므로, 역할의 관점에서는 상급자(관리감독집단)와 하급자(일반집단) 사이에서 이중적 혹은 모순적 역할을 수행한다. 따라서 이들은 이중적 역할을 수행하는 스트레스를 갖고 있으며, 장시간 근무할 경우 스트레스 경험 범위와 정도가 매우 빠르게 증가한다(<그림 Ⅵ-1>).

〈그림 Ⅵ-1〉 근로시간에 따른 스트레스 경험범위 변화: 관리감독집단별 비교

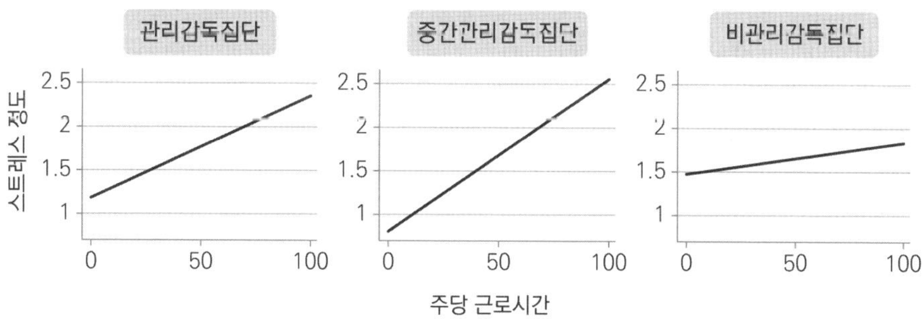

6. 결론

한국의 직장인 가운데 스트레스를 경험한 사람들이 늘어나고 있으며 스트레스 수준도 매년 높아지고 있다. 이들의 스트레스 경험 범위와 정도는 교육, 직업 등과 같은 요인보다는 고용형태 등에 직접적인 영향을 받는다. 일반적으로 개인 임금이나 직업 지위가 낮은 계층이 스트레스를 더 받는 경향이 있을 것으로 생각하지만, 이러한 요인보다는 비정규직의 고용불안정성 및 업무관리감독의 이중성 등이 스트레스를 더욱 증가시킨다. '고용형태'가 최근 노동시장 변화를 반영하여 사회경제적 지위 격차를 나타내는 새로운 요인이라면, 현재 한국사회 임금근로자의 스트레스 격차는 새로운 노동시장 지위에 따라서 직접적인 영향을 받는다. 이를 좀 더 넓게 해석하면, 노동시장 불평등이나 지위 격차가 직장인의 스트레스 격차를 낳는다고 할 수 있다.

또한 이론적으로 볼 때, 업무긴장이론과 관련한 변수들은 매우 복합적인 방식으로 직장인의 스트레스에 영향을 미친다. 총 근로시간이 많을수록 스트레스 범위와 정도는 더욱 증가하며, 업무상 관리감독 역할 자체는 스트레스를 완화한다. 그러나 업무상 의사결정권한이 많을수록 스트레스 경험의 범위와 정도가 지속적으로 증가한다. 이것은 업무책임자들에게 의사결정권한을 부여하고 업무과정이나 성과에 대한 책임을 동시에 요구하는 사업체들이 늘어나는 한국사회의 직장생활 현실을 반영한 결과이다. 최근 직장내 위계적 질서와 스트레스가 사회 문제로 부각되는데, 이러한 문제도 직장에서 관리감독역할의 부정적 효과와 의사결정권한의 압박감이 동시에 작용한 결과이다.

한국사회에서 대부분의 직장인이 다양한 업무 요인 때문에 스트레스를 받는다는 점은 정신건강문제 해결을 위한 다양한 접근 방식이 필요함을 시사한다. 일할 수 있는 기간이 제한된 비정규직들은 고용불안정성 때문에,

안정적인 고용상태의 정규직은 업무 성과의 압박 때문에 스트레스를 받으며, 심지어 관리감독권이 많은 관리직들도 성과를 낳아야 하는 부담으로부터 자유롭지 않다. 따라서 직장인의 업무스트레스를 줄이기 위하여 직위, 직급, 고용형태, 관리감독·의사결정권한 등에 따라서 차별적이고 다양한 대책이 필요하다. 스트레스를 유발하는 요인을 점검하고 관리하는 사전적 대책, 스트레스 발생자에 대한 사후적 건강지원 프로그램 등 다양한 지원제도를 확대할 필요가 있다. 이러한 방법은 업무 만족도를 높이고 산업재해발생 가능성을 줄이며 더 나아가 육체적 질병과 정신적 질환을 예방하는데 도움이 될 것이다.

그러나 이러한 결론은 좀 더 최근 자료를 통하여 보완될 필요가 있다. 이 연구에서 분석한 자료가 2010년대 초반 자료이므로, 최근의 정신건강이나 스트레스를 조사한 자료를 활용하여 직장내 스트레스에 영향을 미치는 업무관련 요인을 좀 더 새롭게 규명할 필요가 있다. 직장내 업무관련 요인들은 업무량, 근로시간의 규칙성, 직장내 인간관계 등으로 구성되며, 이러한 요인들은 기업경영 환경이나 조직문화의 변화에 따라서 변화한다. 특히 2020년대 코로나19 상황의 비대면 근무, 플랫폼 기업에서의 경쟁 격화, 그리고 코로나 블루(Corona Blue) 현상을 고려하면, 최근 변화하는 노동환경에서 스트레스와 같은 정신건강문제의 현실을 좀 더 구체적으로 설명하는 작업이 요청된다.

VII

청소년의 기회불평등 의식

VII 청소년의 기회불평등 의식

1. 서론

한국사회의 불평등과 빈곤 현실을 상징적으로 나타내는 용어는 '흙수저와 금수저'로 표현되는 수저계급론이다. 많은 사람들은 가정 배경에 따라서 사회경제적 성취가 달라지며, 빈곤한 가정배경을 갖는 사람들이 장래 사회경제적 지위가 상승할 가능성도 점점 사라진다고 생각한다. 일부 언론들도 사회 전체적으로 불평등이 지속되고 빈곤층의 경제적 궁핍함이 심화되어, 중산층의 정체성을 갖는 사람들이 줄어들고 계층상승에 회의적인 사람들도 증가한다는 점을 자주 보도하고 있다(한국일보, 2020; 한겨레신문, 2016).

이러한 수저계급론에 가장 민감한 집단 가운데 하나는 청소년들이다. 많은 청소년들은 자신의 꿈을 실현할 수 있는 기회가 사회적으로 불평등하며 부모의 사회경제적 지위나 경제적 능력이 개인적 노력보다 더 많은 영향을 미친다고 믿고 있다. 사회지도층의 자녀 교육 행태와 취업과정의 편법 사례, 부의 대물림 현실 등을 보면서, 청소년들이 가정배경에 따라서 교육과 취업 성과가 달라지는 현실을 비판적으로 인식하고 있음을 알 수 있다.

따라서 청소년의 불평등의식에 대해서 구체적으로 설명할 필요가 있다. 청소년의 불평등과 관련된 연구는 대부분 학업성취도, 사교육격차 등 교육불평등 '현실'을 중심으로 하기 때문에(변수용·이성균, 2021; 김은정, 2007; 김경근, 2005; 강영혜 등, 2004), 이들의 사회적 불평등 '의식'을 집중적으로 연구한 결과는 많지 않다. 또한 불평등의식에 대한 사회적 관심이나 학계의 연구도 대부분 전 연령층을 대상으로 하거나 청년 및 여성 등 특정 집단에 집중되어 있으며(황선재 · 계봉오, 2018; 이왕원 · 김문조, 2015; 곽삼근 등, 2008), 청소년의 사회의식에 대한 연구 주제도 법, 인권, 성평등, 다문화 등 다양한 사회적 쟁점을 대상으로 하는 경우가 많다(최윤정 등, 2021; 정회옥 · 정승회. 2018; 김문수. 2014; 김자영, 2011). 최근에는 청소년의 불평등의식에 관한 관심이 높아지고 관련 연구결과도 발표되고 있으나, 대부분의 연구주제가 계층의식 등에 집중되어 있다(백병부 · 심재휘. 2021; 김경모, 2001). 계층의식이 불평등 의식과 밀접히 관련된다는 점은 인정하지만, 계층의식과 불평등의식을 동일시할 수 없어 청소년들의 불평등의식 현황과 특성 등을 좀 더 구체적으로 설명하는 연구가 필요하다.

이러한 문제점은 자료의 한계와 관련된다. 한국에서 사회의식 조사는 대부분 성인연령층을 대상으로 하기 때문에, 10대 청소년들의 불평등의식을 구체적으로 조사한 결과는 많지 않다. 예를 들어서, 불평등 관련 의식을 매년 조사하는 사회통합조사는 전국의 19세 이상 가구원을 대상으로 하며, 통계청의 사회조사는 13세 이상 상주 가구원을 대상으로 하지만 불평등 의식을 직접 파악하는 '소득분배의 공정성' 조사결과도 2009년 이후에는 공개되지 않았다(자세한 내용은 KOSIS 참고). 또한 통계청의 '사회조사'에서 계층이동 가능성에 대한 조사결과를 파악할 수 있으나,[20] 주로 30세 미만 청년에 국한되어 10대 청소년의 불평등의식 현황이나 시계열 변화를 구체적으로 파악하는 일은 쉽지 않다.

'흙수저와 금수저'라는 비판적 담론이 청소년들 사이에서 확산된다는

20) '사회조사'에서 계층이동 가능성을 긍정적으로 생각하는 청년은 53%(2012년)에서 38%(2017년)로 하락하였고, 가정배경 요인 가운데 가구소득의 영향력은 2017년에 더욱 높아졌다(통계청, KOSIS).

점을 고려하면, 이들의 불평등 의식을 파악하는 일이 필요하다. 다행히 2009년의 사회조사 결과는 청소년의 불평등 의식이 성인 못지않게 비판적임을 보여주는데, '소득분배가 불공평하다'는 응답자 비율이 전체 연령층에서는 70.1%지만, 15~19세 연령층에서는 71.5%에 이른다(KOSIS). 이러한 의식은 부모의 경제상황, 공·사교육 경험, 거주지역의 생활환경, 학교 졸업 후 취업 여건, 언론매체의 보도 등을 직·간접적으로 반영한 것이므로, 청소년들의 불평등의식을 연구한다면 우리사회의 전반적인 불평등 현실과 의식의 연관성을 설명할 수 있다. 청소년들의 학교교육 및 생활환경 등에 대한 평가는 가정배경에 따라서 달라지는가? 청소년의 불평등의식에 영향을 미치는 주·객관적 요인은 무엇인가?

이 글은 기회불평등을 중심으로 청소년들의 불평등의식을 분석한다. 일반적으로 (불)평등과 관련한 기회는 진학·취업준비, 사회적 교류관계, 건강유지, 문화활동 등 다양한 영역에서 존재하지만, 이 연구는 청소년들이 일상적으로 경험하고 많은 관심을 갖는 교육과 취업 등의 기회불평등의식을 중심으로 설명한다. 먼저, 전반적인 사회적 기회불평등을 개괄적으로 정리하고, 3개 하위영역의 기회불평등을 좀 더 구체적으로 파악한다. 또한 일상적으로 경험하는 기회불평등의식 관련 응답결과를 기초로 '기회불평등의식 지수'를 개발하고, 기회불평등의식 지수에 영향을 미치는 주관적 요인과 객관적 요인을 찾아본다.

2. 이론적 배경

사회과학자들은 인간의 사회의식을 경제사회적 요인과 관련하여 해석해 왔다. 불평등에 대한 고전적 시각을 제공한 마르크스에 의하면, 사회는 토대와 상부구조로 구분되며, 상부구조는 문화, 이데올로기, 가치관, 교육,

종교 등과 관련된 사회제도와 정치체제를 포함한다. 그는 "인간의 사회적 존재가 그들의 의식을 규정한다"고 주장하면서(Marx, 1962, 263쪽) 사회의식이 계급관계를 반영한다고 설명하였다. 또 다른 고전 사회학자인 베버는 한 사회의 가치체계 등의 자율성과 경제적 파급효과를 강조한다. 그는 『프로테스탄트 윤리와 자본주의 정신 *The Protestant Ethic and the Spirit of Capitalism*』에서 기독교 윤리가 노동의 긍정적 기능을 강조함으로써 서구 사회에서 자본주의 경제발전에 기여하였음을 설명하였다.

또한 계급의식을 공통의 경험과 문화적 요인 등의 연관성에서 설명하려는 이론적 시각도 있다. 톰슨(E. P. Thompson)은 『영국 노동계급의 형성 *The Making of the English Working Class*』에서 계급이 구조적으로 결정되는 집단적 범주라는 주장을 비판하고, 실제적 인간관계 혹은 역사적 맥락에서 발생한다고 설명하였다. "어떤 사람들이 역사적으로 계승되거나 공유된 경험을 기초로 자신들의 이해관계와 타인들의 상반된 이해관계를 인식하고 명확히 표현할 때, 계급은 발생한다 class happens" (Thompson, 1968, 8쪽). 그는 영국의 노동자들이 일련의 사회적 경험을 통하여 계급의식을 갖게 되는 역사적 과정을 분석함으로써 노동사 연구의 새로운 방법을 제시하였으며, 이론적으로는 사회적 경험과 역사문화적 요인, 계급의식의 연관성을 설명하는 구성주의(class construction) 시각을 제시하였다(Crompton, 1993).[21]

마르크스, 베버, 톰슨 등의 고전적 시각은 계급 형성에서 생활경험 및 의식의 중요성을 강조한다는 점에서, 불평등의식 연구에도 많은 도움이 된다. 그러나 이들의 시각에서는 불평등 현실과 사회구조, 주관적 의식 등의 상호 연관성 등에 대해서는 논쟁이 많으며(Crompton, 1993), 이에 대해서는

21) 이러한 시각은 계급구조와 의식의 이분법적 구분을 벗어나는 새로운 주장으로써, 한국의 한국노동계급의 형성에 관한 연구에서 주요 분석틀로 활용된 바 있다(구해근. 2001).

좀 더 구체적인 실증 연구가 필요하다.

불평등의 관점에서 사회의식에 대한 설명은 계층의식 연구에서 많이 발표되었다. 일부 학자들은 '계층의식'을 위계적 지위에 대한 개인·사회적 의식으로 정의하고(Jackman and Jackman, 1973), 사회계층의식의 현황과 특성을 파악하였다. 또한 불평등에 대한 의식(consciousness), 정체성(identity), 지위변동 인식(perception) 등을 실증적으로 분석하고 집단 및 국가별 현실을 설명하는 연구 성과도 많다(Grusky, 1994). 국내의 연구자들도 교육수준, 가족배경, 소득·자산, 주택소유, 직업, 종사상 지위, 지역 등에 따라서 계층의식이 달라진다는 점을 분석하였다(신광영, 2013; 이병훈·신재열. 2011; 이병훈·윤정향, 2006; 조동기, 2006). 이러한 연구에서 공통적인 결론은 저학력층, 저소득층, 주택미소유자, 자영업자 가운데 하류층, 그리고 불안정 취업계층일수록 계층소속감이나 계층상승의식이 낮아진다는 사실이다. 청년층의 계층의식과 관련한 연구에서도 가구소득이 높을수록, 부모의 학력이 높고 관리전문직일수록 주관적 계층의식이 높다는 점이 공통적인 결론이다(이용관, 2018). 또한 이왕원 등(2016)은 계층의식과 연령의 의미를 세분화하고, 계층귀속감과 상향이동의식의 분포 양상은 매우 상이하며 "중상층의식과 세대 내 상향이동의식에서는 연령효과가, 세대 간 상향이동의시에서는 코호트효과가 매우 크다는 점"(247쪽)을 설명하였다.

한편 일부 학자들은 사회경제적 지위를 나타내는 객관적 요인뿐만 아니라, 삶의 현실에 대한 인식과 해석 방식, 만족감 등 주관적 요인이 사회계층의식에 미치는 효과를 강조한다(이왕원·김문조, 2015; 이웅·임란, 2014; 남은영, 2012; 조동기, 2006). 황선재·계봉오(2018)는 경제적 불평등에 대한 사회적 인식은 객관적인 조건보다 또 다른 주관적 요인에 더 많은 영향을 받으며, 인식의 대상이 사회적 측면일 경우 개인상황에 대한 인식보다 사회전반에 대한 인식이 더 중요한 설명 요인이라고 주장하였다.

불평등의식이 이처럼 다양한 요인을 반영한다는 점은 기본적으로 사회의식의 복합성에서 기인한다. 계층론의 시각으로 불평등과 행복감 등을 연구한 이스털린(Easterlin)은 사회의식이 일상생활과 경제활동 등 다양한 삶의 현실에 대한 주관적 감정으로서, 객관적 상황과 반대의 의식을 갖는 패러독스(paradox)도 발생한다고 설명한다(Easterlin, 2001). 한국사회의 불평등의식을 분석한 글에서도 "저소득층의 불평등 의식수준이 중산층보다 더 높은 것은 아니며", 학력·소득·계급에 따른 불평등의식 차이도 일관되지 않는다(한겨레, 2018). 또한 박경숙(2008)에 의하면, "빈곤층의 의식과 태도에서도 한편으로 빈곤에서 벗어나려는 강한 의지"가 있으나, 이들의 생활세계에 존재하는 복합적 박탈상황으로 인하여 "허구에 저항하는 인식"이 일어나기도 한다(96쪽).

따라서 불평등의식을 파악하기 위해서는 의식의 복합적 성격 혹은 인과적 요인들을 분석할 필요가 있다. 톰슨(Thompson)이 계급구성주의 시각에서 새롭게 강조한 바와 같이, 사회의 불평등구조와 생활경험, 의식이 매우 복합적으로 연관되어 있다면, 개인의 사회적 지위를 나타내는 객관적 요인, 생활세계에서의 경험, 전체 사회에 대한 현실 인식 등을 동시에 고려할 필요가 있다. 특히 청소년들의 경우에는 가족배경 등의 현실, 학교생활이나 주거지 환경에 대한 '평가' 등 일상생활에서 느끼는 다양한 주관적 요인이 불평등 의식에 미치는 효과를 구체적으로 파악할 필요가 있다.

3. 자료 소개

이 연구는 2016년 기준 고등학생 연령층에 대한 설문조사자료에 기초하여 청소년들의 사회불평등의식을 파악하고, 이들의 교육관련 경험과 가족배경, 지역생활환경 등에 대한 평가가 기회불평등의식에 미치는 영향을 구체적으로 설명한다. 실증분석에 활용된 자료는 동그라미재단이 2016년

3월 15일~4월 5일에 실시한 '기회불평등에 대한 조사' 자료이다.22) 이 조사는 한국리서치 MS패널을 활용하여 성 · 연령 · 지역별 비례할당방식에 따라서 만16세 이상 남녀 3,500명을 대상으로 한 것이며(동그라미재단, 2016), 이 연구에서는 고등학생 연령층 500명의 조사결과를 활용한다. 성별로는 남성 52.1%, 여성 47.9%이며, 학년별로는 1~3학년이 골고루 분포되어 있다.

이 논문의 주제인 '기회불평등의식'을 파악하기 위하여 다음의 방법을 사용한다. 기회불평등의식을 전반적인 기회불평등과 하위영역의 기회불평등으로 구분하여 정리하고, 이를 기초로 '기회불평등의식지수'를 개발한다. 먼저 "우리 사회에서 개인이 사회경제적 성취를 이루는데 기회가 공평하게 보장되어 있는가?"라는 문항을 기초로 전반적인 기회불평등의식을 파악하며, "우리 사회에서 성별, 소득, 집안 등 사회적 배경에 따라 교육 · 인맥형성 · 노동시장(취업 및 승진)의 기회불평등 정도가 얼마나 심각하다고 생각하십니까?"라는 질문을 이용하여 3개 하위영역별 기회불평등의식을 파악한다.

또한 위 문항에 대한 응답 결과를 기초로 요인분석을 실시하고 '기회불평등지수'를 개발한다. 개인의 사회의식은 매우 다차원적이고 복합적인 성격을 갖기 때문에, 가능한 많은 설문 문항을 종합적으로 정리하고 의식의 일관성 혹은 내적 분화 등을 파악할 필요가 있다. 요인분석기법은 이러한 목적의 통계기법으로서, 여러 가지 변수들의 관계와 상호 연관된 묶음을 규명하고 궁극적으로 적은 수의 가설적 변수(요인, factor)로 재정리하는 방법이다(홍두승 · 설동훈, 2012). 따라서 요인분석 결과는 다양한 응답 결과의 일관성을 통계적으로 제시함으로써, 사회의식 조사결과의 신뢰도를 확인하는데 유용하다. 실제로 위 문항들에 대한 신뢰도 측정결과, Cronbach α 값은 0.76이므로 '기회불평등의식지수'라는 변수를 생성하고 분석에 활용하는 데 문제가 없다.

22) 설문조사 내용 등은 동그라미재단 홈페이지(http://www.thecircle.or.kr)를 참고.

한편, 청소년들의 기회불평등 의식에 영향을 미치는 요인을 파악하기 위하여 객관적 요인과 주관적 요인을 구분한다. 먼저 가족배경으로서 부모

〈표 Ⅶ-1〉 주요 변수의 기술통계

주요 변수	평균값 (표준편차)	척도
계층지위점수	4.87 (11.8)	10점 척도
지역 교육생활 환경 평가 (3개 문항 합계)	9.31 (2.41)	
우리 동네에는 다니고 싶은 학교가 많다	3.05 (1.04)	5점 척도:
우리 동네에는 좋은 학원이 많다	2.67 (.99)	①전혀 그렇지 않다~
우리 동네는 교통이 편리하다	3.58 (1.05)	⑤매우 그렇다
* Cronbach α	.69	
학교교육 평가 (6개 문항 합계)	20.54 (4.69)	
우리 학교는		
① 기초학력 부족학생을 위해 특별교육 실시함	3.15 (1.11)	
② 학교 교육시설이 좋음	3.29 (1.06)	5점 척도:
③ 다양한 예술 · 체육 활동기회를 제공함	3.19 (1.07)	①전혀 그렇지 않다~
④ 교사와 학생의 관계가 좋음	3.66 (.94)	⑤매우 그렇다
⑤ 학생의 고민 상담을 함	3.63 (.97)	
⑥ 학생의 진로선택에 도움을 줌	3.61 (.98)	
* Cronbach α	.86	
기회불평등의식		
		5점 척도:
① 전반적인 기회불평등의식	3.70 (.82)	①전혀 그렇지 않다~
② 하위영역별 기회불평등의식		⑤매우 그렇다
- 교육기회불평등	4.45 (1.27)	7점 척도:
- 노동시장기회불평등	5.06 (1.26)	①전혀 심각하지 않다~
- 인맥형성기회불평등	4.78 (1.23)	⑦매우 심각하다
* Cronbach α	.76	

출처: 동그라미재단, 기회불평등에 대한 조사(원자료)

의 학력과 직업을 활용한다.[23] 응답자 규모가 크지 않다는 점을 고려하여, 부모의 학력은 고졸이하와 (전문)대학재학이상 집단으로, 직업은 화이트칼라(전문 · 행정 · 사무직 등)와 기타집단으로 구분한다. 또한 서울과 지방 등 지역구분이 청소년의 불평등의식에 미치는 효과를 파악하기 위하여 서울, 경기 · 인천, 비수도권 3개 지역으로 구분한다. 응답자 아버지의 직업을 기준으로 자료를 소개하면, 화이트칼라 38.1%, 기타 직업집단 61.9%이며, 학력별로는 고졸이하 집단 51.7%, (전문)대학재학 이상 48.3%, 행정구역별로는 서울 17.8%, 인천 · 경기도 31.0%, 비수도권 51.2%이다.

또한 불평등의식에 영향을 미칠 것으로 생각하는 주관적 요인은 다음과 같다. 첫 번째 요인은 주관적 계층지위(계층소속감)로서, '한국사회의 최하층을 1로 하고 최상층을 10으로 할 경우에 응답자 본인이 현재 판단한 계층지위 점수'를 이용한다. 본문에서는 서술상의 필요에 따라서 3개 집단(상류층, 중간층, 하류층)으로 계층소속집단을 구분하며, 인과관계를 설명하는 회귀분석에서는 계층지위점수(1~10)를 변수로 사용한다. 상류층은 계층지위점수 8~10점, 중간층은 4~7점, 하류층은 1~3점으로 응답한 사례이다.

둘째, 교육경험과 지역생활 환경에 대한 '평가'를 주요 변수로 활용한다. 이 연구는 설문조사 자료를 기초로 하기 때문에, 고등학생들의 학교교육과 지역 교육생활 환경에 대해서는 객관적 사실보다는 학생들의 평가에 기초한다. 학교교육에 관한 평가는 "우리 학교는 기초학력이 부족한 학생을 위해 특별 교육을 실시한다" 등 6개 항목의 평가점수를 종합한 것이다(<표 Ⅶ-1> 참고). 거주지의 교육생활 환경에 대한 평가도 관련 설문결과를 기초로 하는데, "우리 동네에는 다니고 싶은 학교가 많다" 등 3개 문항

23) 일반적으로 청소년의 불평등에 영향을 미치는 가족배경 요인으로서 가구소득이 중요하지만, 응답자인 고등학생이 가구소득을 파악한다고 단정할 수 없다. 이러한 설문조사에서도 가구소득에 대한 결측값이 많아, 이 연구에서는 가구소득을 변수에서 제외한다.

에 대한 5점 척도 결과를 사용한다.

이러한 응답의 신뢰도를 확인하기 위하여 요인분석 결과를 정리하면, 한국 고등학생들의 '학교교육 평가'와 '지역 교육생활 환경 평가'는 일관된 의식을 나타낸다(<표 Ⅶ-1>). 학교교육 평가와 관련한 문항들에 대한 신뢰도 분석 결과 Cronbach α 값은 0.86, 6개 문항의 요인분석 결과 모든 항목이 0.5이상의 성분행렬 값을 갖는다. 또한 거주지 교육생활 환경과 관련한 문항들에 대한 Cronbach α 값은 0.69이며, 3개 문항이 모두 0.7이상의 성분행렬 값을 갖는다.

4. 청소년의 불평등의식 현황

고등학생들의 사회불평등 의식은 사회적 경험에 대한 평가와 전반적인 사회불평등 의식 등으로 구분될 것이다. 전자는 일상생활에서의 경험에 대한 판단이며, 후자는 사회적 불평등 현실이나 기회 불평등에 대한 주관적 의식이다. 넓은 의미에서 볼 때 이러한 사회의식 모두 불평등 관련 의식이라고 할 수 있으므로, 이러한 의식을 개괄적으로 정리하고 응답 학생들의 집단별 차이를 파악한다.

1) 학교교육과 지역 교육생활 환경에 대한 평가

중학교 졸업생들이 대부분 고등학교에 진학하는 한국사회에서 교육경험을 파악하는 일차적 작업은 학교교육 프로그램과 지역 교육생활 환경에 대한 평가이다. 상급학교 진학률이 낮은 나라의 경우에는 고등학교 진학 여부가 교육기회를 나타내지만, 진학률이 높은 한국에서는 학교가 학생들에게 제공하는 교육내용 및 시설 등이 교육경험 현실을 보여준다. 또한 사교육이 일반화된 사회에서는 학교교육뿐만 아니라 거주지역의 교육생활

환경도 교육기회를 판단하는 데 중요한 기준이 된다.

설문조사 결과에 의하면, 한국의 고등학생들은 학교가 제공하는 교육에 대하여 긍정적으로 생각하며, 특히 학생의 고민을 상담하고 진로선택에 도움을 준다는 점에 대해서 좀 더 긍정적으로 평가한다. 그러나 교사와 학생의 관계, 기초학력 부족학생에 대한 보충교육에 대한 평가는 상대적으로 낮다(학교교육에 대한 6개 항목의 평균점수에 대해서는 <표 Ⅶ-1>을 참고).

이러한 학교교육 평가는 고등학생들의 가족배경과 주관적 계층의식에 따라서 상이하다. 부모의 학력이 고학력일수록, 또는 부모가 화이트칼라 종사자일수록 학교 교육에 대하여 긍정적으로 평가한다(<표 Ⅶ-2>). 특히 통계적 유의미성을 고려하면 부모의 학력보다는 직업에 따라서 학교교육에 대한 평가가 명확히 구분된다. 또한 주관적 계층의식이 높을수록 보충교육기회와 예체능활동기회 등에 대하여 좀 더 긍정적으로 평가하는데, 집단별로는 상류층 소속감을 갖는 고등학생을 한편으로 중간·하류층 소속감을 갖는 학생을 다른 한편으로 구분된다(<그림 Ⅶ-1>).

학교교육 평가 결과를 행정구역별로 비교하면, 보충교육 실시, 교사와 학생의 관계, 진로선택 도움 등에 대한 평가결과가 서울에서 더 긍정적이지만, 3개 행정구역 간에 차이난다고 주장하기 어렵다. 행정지역 구분에 대해서는 좀 더 세분화할 경우에 결과가 달라질 가능성이 있으나, 적어도 고등학생들의 학교교육 평가는 한국의 지역불평등을 상징하는 3개 지역에서는 유의미한 차이가 없다.

〈표 Ⅶ-2〉 학교교육과 지역 교육생활 환경에 대한 평가

(단위: 점)

구분	학교교육평가	지역 교육생활 환경 평가
전체	20.54 (4.69)	9.31 (2.41)
부의 학력		
- 고졸이하	20.21 (4.94)	8.87 (2.29)
- 대학재학이상	20.90 (4.41)	9.78 (2.45)
t값	1.65+	4.26**
부의 직업		
- 화이트칼라	21.46 (4.69)	9.73 (2.28)
- 기타 직업	19.98 (4.61)	9.06 (2.45)
t값	3.47**	3.09**
모의 학력		
- 고졸이하	20.37 (4.79)	9.12 (2.35)
- 대학재학이상	20.78 (4.56)	9.57 (2.47)
t값	.99	2.05*
모의 직업		
- 화이트칼라	21.28 (4.54)	9.19 (2.28)
- 기타 직업	20.31 (4.72)	9.36 (2.44)
t값	1.98*	-.68
주관적 계층지위		
- 상류층	22.48 (5.67)	10.53 (2.57)
- 중간층	20.60 (4.25)	9.37 (2.20)
- 하류층	19.85 (4.79)	8.86 (2.49)
F값	7.23**	11.35**
지역		
- 서울	21.52 (4.91)	9.91 (2.41)
- 인천 · 경기	20.41 (4.74)	9.47 (2.28)
- 비수도권	20.29 (4.57)	9.03 (2.44)
F값	2.32	4.86**

주) 표의 수치는 5점 척도의 평균값이며, '수치아래 줄'은 통계적으로 유의미한 수준에서 평균값의 차이가 나타나는 집단을 구분한 것임.

+ $p<0.10$, * $p<0.05$, ** $p<0.01$

출처: 동그라미재단, 기회불평등에 대한 조사(원자료)

〈그림 Ⅶ-1〉 학교교육 항목별 평가 평균점수: 계층소속감별 비교

(단위: 점)

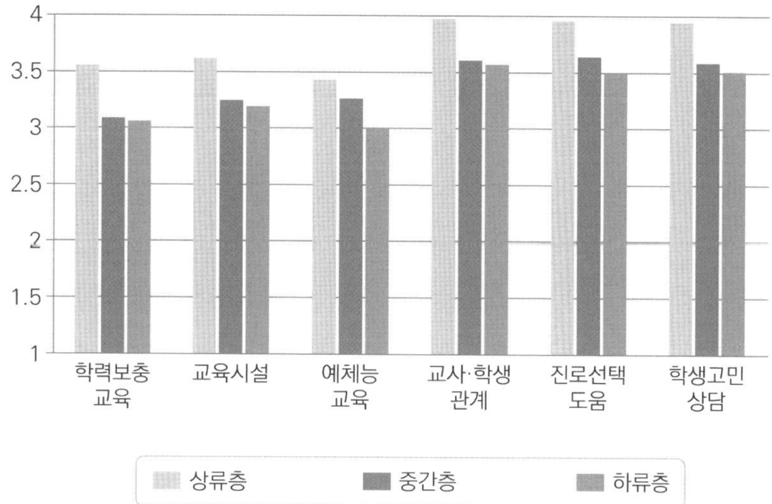

출처: 동그라미재단, 기회불평등에 대한 조사(원자료)

거주지 교육생활 환경에 대한 평가도 가정배경 요인에 따라서 많은 차이를 보인다. 수관적 계층의식을 기준으로 하면, 거주지역의 학교 혹은 학원에 대한 긍정적인 평가는 중간·하류층보다는 상류층 고등학생들에서 더 높으며, 지역의 교통여건도 동일한 집단 간 차이를 나타낸다. 또한 지역의 교육생활 환경 평가는 아버지의 학력과 직업, 그리고 어머니의 학력 등 객관적 부모요인에 따라서 구분되며, 특히 아버지의 학력이 대학재학 이상인 경우와 고졸 이하의 경우에 크게 달라진다(<표 Ⅶ-2>). 많은 부모들이 자녀교육이 양호한 지역에서 생활하기 희망하며 지역별 교육여건에 따라서 주택 가격 등이 결정되는 경향을 보인다는 사실을 고려하면, 거주지 교육생활 환경이 계층별로 혹은 부모의 학력 등에 따라서 달라진다는 점을 쉽게 알 수 있다.

행정구역별로 비교해도 서울 등 세 지역의 교육생활 환경 평가가 명확

히 차이난다. 학교·학원·교통여건에 대한 평가가 가장 높은 지역은 서울이며, 가장 낮은 지역은 비수도권이다. 또한 항목별로 비교하면, '다니고 싶은 학교' 혹은 '좋은 학원'에 대한 평가보다는 '교통의 편리함'에 대한 평가에서 서울지역(3.89점)이 가장 긍정적인 평가를 받는다.[24] 이러한 결과는 학교교육에 대한 평가에서 (광역)행정구역간 차이가 없다는 점과 대조적이며, 3개 행정구역 내에도 다양한 교육생활 환경이 공존함을 시사한다. 서울 가운데 교육생활 환경이 높은 지역과 나쁜 지역이, 비수도권에서도 생활여건이 다양한 지역들이 공존하기 때문에, 교육생활 환경 평가는 행정지역 간 구분보다는 '내가 사는 동네'와 다른 동네 간 차이를 반영한다.

2) 사회적 현실과 기회불평등에 대한 인식

고등학생들의 사회현실에 대한 인식은 매우 부정적이다. 응답자 가운데 60%는 "한국사회는 개인이 열심히 노력하면 성공할 수 있는 사회"라는 주장에 대하여 부정적('별로 그렇지 않다' 혹은 '전혀 그렇지 않다')으로 인식하며, "한국 고위층의 성취 혹은 본인의 사회경제적 상황이 당사자의 노력에 의한 결과이다"라는 주장에 대해서 동의하는 의견도 적다. "한국 고위층의 성취는 당사자들의 노력에 의한 결과이다"라는 질문에 대하여 부정적인 의견은 59.9%이며, "본인의 사회경제적 상황이 당사자의 노력에 의한 결과이다"라는 주장에 대해서 부정적인 의견은 59.0%이다. 중립적인 의견('보통이다')을 제외하면, 위 의견에 동의하는 응답자 비중은 매우 낮다.

청소년들의 불평등의식은 사회적 성공요인에 대한 응답에서도 확인된다. 응답자 가운데 65%는 "개인의 성공에서 사회경제적 요인이 개인적인

---

24) '교통의 편리함'에 대한 평가점수는 인천·경기(3.04점), 비수도권(3.47점)으로 서울과 큰 차이를 보이며 이 항목의 지역 간 차이에 대한 F값은 5.66(유의확률 0.00)이다.

노력보다 더 중요하다"는 의견에 동의하며, 9.8%만이 이 의견에 동의하지 않는다. 또한 사회적 성공요인을 5점 척도로 질문한 결과, 응답자들은 사회적 인맥(평점 4.21점)과 본인의 학력(평점 4.18)을 가장 중요한 요인으로 생각하며, 부모 요인 가운데 학력(평점 3.20점)보다는 경제적 수준(평점 3.87)을 더욱 중요한 요인으로 인식하고 있다.[25] 또한 이들은 사회적 성공을 위한 기회도 공평하지 않다고 평가한다. "우리 사회에서 개인이 사회경제적 성취를 이루는데 기회가 공평하게 보장되어 있는가?"에 대해서 '공평하지 않다'는 응답은 61.7%에 이른다. 또한 기회불평등 관련 3개 하위항목에 대하여 '기회불평등 정도'가 심각한 편이라 생각하며, 특히 노동시장(취업, 승진) 기회불평등에 대하여 가장 심각하게 생각한다(<표 Ⅶ-3>).

이러한 결과는 최근 언론보도와 비슷하다. 많은 언론들이 청소년과 관련하여 기회, 불공정, 흙수저, 비정규직 등의 용어를 사용하며 사회불평등 현실을 보도하고 있다. 예를 들어서, "청소년 10명 중 8명, 79.4% 사회 불평등하다고 생각"(세계일보 2016년 1월 16일), "똑같은 기회, 공정한 분배"(서울신문 2017년 7월 3일), "'흙수저'는 기회박탈 절망"(한겨레신문 2016년 10월 17일) "[90년대생 불평등 보고서]환승 어려워진 '계층 순환버스'"(경향신문, 2019년 9월 30일) 등 다수의 불평등 관련 기사들이 발표된 바 있다. 따라서 많은 청소년들이 기회, 공정, 계층이동의 어려움을 인식하며, 교육·취업·승진·자산 형성 등 다양한 영역에서 존재해 오던 불공정 관행이나 기회구조에 대하여 비판적일 가능성이 높다.

한편, 고등학생들의 기회불평등의식은 주관적 계층의식에 따라 상이하다. 부모의 직업이나 학력 등 가정배경을 나타내는 객관적 요인에 따라서

---

25) 사회적 성공요인의 중요성에 대한 고등학생들의 의식도 계층별로 구분된다. 각 항목별 평균값을 기준으로 하면, 고등학생 스스로 하류층으로 인식하는 집단은 부모의 경제수준 및 학력, 사회적 인맥의 중요성을 다른 집단보다 더욱 강조한다.

기회불평등 의식이 차이나지는 않지만, 주관적 계층별로는 통계적으로 유의미한 수준에서 차이난다(<표 Ⅶ-3>). 전반적인 기회불평등 혹은 3개 하위영역의 기회불평등이 심각하다는 의식이 가장 높은 집단은 하류층 소속감을 갖는 학생들이며, 특히 취업·승진기회 불평등에서 하류층 고등학생이 가장 부정적으로 인식한다. 또한 3개 하위영역의 조사결과를 기초로 한 '기회불평등의식지수'도 주관적 계층에 따라서 큰 차이를 보이며, 하류층 소속감을 갖는 고등학생들의 기회불평등의식지수가 가장 높다. 앞에서 고등학생들의 학교교육이나 지역 교육생활 환경에 대한 평가가 상류층과 중·하류층 간에 큰 차이를 보인다는 점을 확인하였는데, 불평등의식에서는 하류층 가정과 중·상류층 집단 간에 명확한 차이가 나타났다.

이러한 기회불평등의식은 고등학생 본인의 미래 계층의식에도 영향을 미친다. 한국사회의 최하층을 1로 하고 최상층을 10으로 할 경우, 응답자들은 미래세대(자신의 자녀가 응답자의 연령이 될 경우)가 평균 5.87의 계층지위를 차지할 것으로 기대하며, 하위영역(교육·인맥형성·노동시장기회)의 불평등이 '심각하다'고 인식하는 고등학생이 기대하는 자녀세대 계층지위도 '심각하지 않다'는 고등학생의 경우에 비하여 더 낮을 것으로 예상한다(<그림 Ⅶ-2>). 현재의 가정배경에 대한 주관적 판단이 기회불평등의식에도 영향을 미치고 현재의 기회불평등의식이 향후 계층의식에 영향을 미친다는 점에서, 고등학생들의 불평등의식이 장기간 지속될 것임을 알 수 있다.

〈표 Ⅶ-3〉 사회적 기회불평등의 심각성에 대한 의식 (단위: 점)

구분	①전반적 기회 불평등	②하위영역 불평등			③ 기회 불평등 의식 지수
		교육 기회	사회인맥 형성 기회	노동시장 기회	
전체	3.70	4.45	4.78	5.06	0
부의 학력					
- 고졸이하	3.73	4.50	4.79	5.11	.04
- 대학재학이상	3.67	4.40	4.78	5.00	-.04
t값	-.83	-.87	-.12	-.94	-.83
부의 직업					
- 화이트칼라	3.66	4.32	4.70	5.00	-.08
- 기타	3.72	4.53	4.83	5.09	.05
t값	-.88	-1.84+	-1.11	-.80	-1.41
모의 학력					
- 고졸이하	3.71	4.40	4.73	4.97	-.04
- 대학재학이상	3.68	4.51	4.85	5.17	.05
t값	-.47	.95	1.05	1.73+	1.04
모의 직업					
- 화이트칼라	3.71	4.58	4.86	5.16	.08
- 기타	3.69	4.41	4.76	5.02	-.03
t값	.25	.80	.80	1.03	1.05
계층소속감					
- 상류층	3.27	4.12	4.45	4.76	-.42
- 중간층	3.57	4.32	4.64	4.90	-.14
- 하류층	3.98	4.61	5.12	5.40	.33
F값	24.57**	4.69**	11.19**	12.20**	19.50**
행정구역					
- 서울	3.65	4.32	4.75	5.01	-.06
- 인천 · 경기	3.64	4.45	4.68	5.10	-.03
- 비수도권	3.74	4.49	4.35	5.05	.41
F값	.87	.59	.81	.16	.49

주) 표의 수치는 5/7점 척도 평균값이며, '수치아래 줄'에 대해서는 〈표 Ⅶ-2〉의 주 내용 참고.

+ p〈0.10, * p〈0.05, ** p〈0.01

출처: 동그라미재단, 기회불평등에 대한 조사(원자료)

〈그림 Ⅶ-2〉 하위영역의 기회불평등의식(심각성)과 미래 계층지위점수

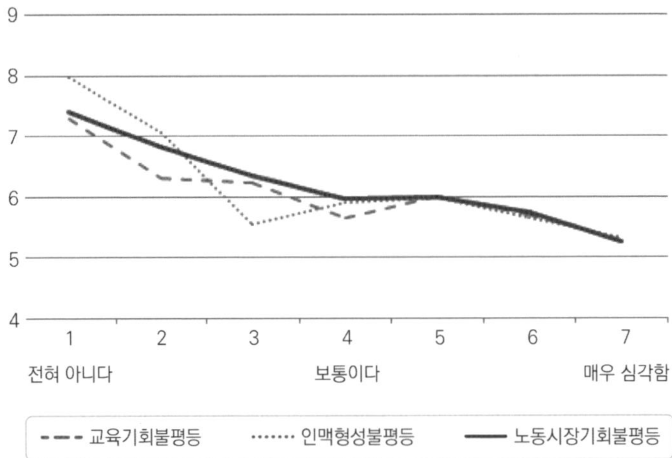

출처: 동그라미재단, 기회불평등에 대한 조사(원자료)

5. 기회불평등의식에 영향을 미치는 요인

가정배경 등을 나타내는 주·객관적 요인에 따라서 학교교육이나 교육생활 환경에 대한 평가가 달라진다는 결과는 고등학생의 불평등의식도 매우 다양한 요인에 의하여 결정될 것임을 시사한다. 그러나 고등학생의 가정배경을 나타내는 부모의 직업이나 교육수준, 주관적 계층지위가 상호 밀접히 관련되고 이러한 가정배경 요인들이 현실적으로는 거주지 교육생활 환경과 밀접히 관련된다는 점을 고려할 때, 이러한 요인들이 각 각 기회불평등의식에 미치는 영향을 파악하기 위해서는 인과성에 대한 분석이 필요하다.

이 연구는 종속변수의 성격에 따라서 두가지 회귀분석을 실시하고 기회불평등 결정요인을 분석한다. 일반적으로 종속변수 값이 척도와 같은 일정한 순서를 나타낼 경우에는 순서형 로짓모형(Ordered logit)을, 지수와 같은 수치를 변수값으로 할 경우에는 일반 회귀분석을 활용한다. 이 연구에서는 전반적인 기회불평등의식이나 3개 하위영역의 불평등의식에 대한 조

사가 척도점수를 사용하기 때문에 순서형 로짓모형을, 기회불평등의식지수는 전반적인 기회불평등의식이나 하위영역의 불평등의식을 기초로 수치화한 것이므로 일반 회귀분석을 활용한다.

본격적인 분석에 앞서 고등학생들의 의식조사 결과의 '신뢰성'을 확인할 필요가 있는데, 요인분석결과는 비교적 신뢰할 만한 수준이며 응답결과가 상호 밀접히 연관되며 하나의 일관된 흐름을 보임을 나타낸다. 기회불평등 관련 4개 문항 응답에 대한 요인분석 결과에 의하면, 모든 항목이 0.70 이상의 성분행렬 값을 가지며(전반적인 기회불평등 .76, 교육기회불평등 .77, 인맥형성기회불평등 .86, 노동시장에서의 취업·승진기회불평등 .87), 4개 문항의 응답결과도 모두 높은 수준의 상관관계를 나타낸다. 따라서 회귀분석은 이러한 종속변수를 활용하여 진행된다.

<표 Ⅶ-4>와 <표 Ⅶ-5>는 가정배경, 학교교육, 거주지 교육생활 환경 등이 기회불평등의식에 미치는 효과를 보여준다. 전반적으로 볼 때, 기회불평등의식은 계층지위에 대한 주관적 판단에 따라서 결정되는데, 계층지위가 낮다고 인식할수록 기회불평등이 더욱 심각하다고 의식한다. 또한 객관적 요인 가운데 아버지의 직업이 화이트칼라인 경우에 다른 직업집단의 경우에 비하여 기회불평등의식지수가 더 낮다. 반면 부모의 학력과 어머니의 직업은 통계적으로 유의미한 수준에서 기회불평등지수에 영향을 미치지는 않는다. 일반적으로 가정의 경제적 상황은 부의 직업에 따라서 결정되므로, 고등학생들의 계층의식도 부모의 학력보다는 직업에 많은 영향을 받으며, 부의 직업지위가 낮은 청소년일수록 기회불평등의식에 대하여 부정적으로 인식한다.

이러한 결과는 사회조사결과와 거의 같다. 통계청의 '2014 사회조사'에서 13~29세 연령층의 교육기회 충족도를 조사한 결과, 교육기회가 충족되지 않은 가장 큰 이유는 '학비마련이 어려운 현실'(45.3%)이다.[26] 이 연구의

26) '2014 사회조사'에 대한 자세한 통계결과는 통계청(KOSIS) 참고.

〈표 Ⅶ-4〉 기회불평등의식지수에 대한 일반 회귀분석 결과

구분	기회불평등 의식지수	
	비표준화계수	표준화계수
기본변수		
성(여성)	.13 (.08)	.07
학년(1~3학년)	.02 (.05)	.01
가정배경		
· 부 학력(전문대학이상)	-.06 (.07)	-.08
· 부 직업(화이트칼라)	-.87 (.32)**	-.43
· 모 학력(전문대학이상)	.16 (.10)	.08
· 모 직업(화이트칼라)	.54 (.36)	.23
· 계층소속감	-.20 (.04)**	-.30
· 부 직업*계층소속감	.17 (.06)**	.47
지역 · 행정구역(기준=비수도권)		
- 서울	.03 (.12)	.01
- 경기 · 인천	-.01 (.09)	-.001
지역 교육생활 환경 평가	-.07 (.02)**	-.16
학교교육 평가	-.04 (.01)**	-.17
통계량(R^2)	.17	

* p〈0.05, ** p〈0.01

출처: 동그라미재단, 기회불평등에 대한 조사(원자료)

회귀분석결과도 아버지의 직업과 주관적 계층의식 등 가정의 경제적 상황을 나타내는 주·객관적 요인이 기회불평등의식에 직접적인 영향을 미친다는 점을 설명한다.

또한 '아버지 직업'과 '계층소속감'이라는 두 가지 가정배경 요인은 상호작용을 통하여 고등학생의 기회불평등의식에 영향을 미친다. 실증분석의 변수화 과정에서 아버지의 직업을 0(기타직업))/1(화이트칼라)의 더미변수로 처리하였기 때문에, 상호작용 변수(아버지 직업*계층소속감)는 "아버지가

〈표 Ⅶ-5〉 기회불평등의식(하위영역)에 대한 순서형 로짓(Ordered Logit) 분석 결과

(B추정값, 표준오차)

구분	①교육 기회불평등	②인맥형성 기회불평등	③노동시장 기회불평등
기본변수			
성 (여성)	.23 (.16)	.23 (.16)	.15 (.16)
학년 (1~3학년)	-.17 (.10)	.16 (.10)	.10 (.10)
가정배경			
· 부 학력(전문대학이상)	-.24 (.21)	-.01 (.21)	-.29 (.21)
· 부 직업(화이트칼라)	-1.59 (.61)*	-1.49 (.61)*	-1.20 (.61)*
· 모 학력(전문대학이상)	.29 (.20)	.32 (.20)	.51 (.20)*
· 모 직업(화이트칼라)	.38 (.20)	.22 (.20)	.22 (.20)
· 계층소속감	-.28 (.07)**	-.32 (.08)**	-.36 (.08)**
· 부 직업*계층소속감	.28 (.12)*	.30 (.12)**	.25 (.12)*
지역 · 행정구역(기준=비수도권)			
- 서울	-.05 (.23)	.03 (.23)	.10 (.23)
- 경기 · 인천	.02 (.19)	-.13 (.19)	.21 (.19)
지역 교육생활 환경 평가	-.09 (.04)*	-.07 (.04)+	-.07 (.04)+
학교교육 평가	-.05 (.02)*	-.07 (.02)**	-.05 (.02)*
통계량			
- 2 Loglikelihood	1574.34**	1536.08**	1496.52**
- Cox & Snell	.10	.11	.11
- Nagelkerke	.11	.12	.12

* $p<0.05$, ** $p<0.01$

출처: 동그라미재단, 기회불평등에 대한 조사(원자료)

화이트칼라 직업인 고등학생의 경우에, 계층지위가 높다고 인식할수록 기회불평등의식 지수가 높아지는 정도"를 나타낸다. '계층소속감'의 순 효과만을 고려하면 주관적 계층지위가 낮은 학생은 높은 학생에 비하여 기회불평등에 대하여 비판적이지만, 계층소속감·아버지직업의 상호작용 효과를 고려하면 화이트칼라 가정배경 학생 가운데 계층의식이 높을수록 기회불

평등이 더 심각하다고 생각한다. 한국사회에서 화이트칼라 취업자도 봉급생활자로서 다양한 직업과 고용형태로 구성되어 있으며, 일부는 명예퇴직이나 조기 은퇴 등으로 불안정한 경제적 상태에 있다. 따라서 이러한 가정배경의 고등학생들도 다양한 불평등의식을 갖고 있으며, 주관적으로 계층지위가 높다고 생각하는 청소년들도 상당히 비판적인 기회불평등의식을 나타낸다.

이러한 결과는 3가지 하위영역의 기회불평등의식을 종속변수로 분석해도 동일하다. 계층지위가 낮다고 인식할수록 교육기회·인맥형성·노동시장의 기회불평등이 더욱 심각하다고 의식하며, 부모관련 요인 가운데 아버지의 직업이 화이트칼라인 경우에 다른 직업의 경우보다 기회불평등이 덜 심각하다고 인식한다(<표 Ⅶ-5>). 아버지의 직업 혹은 주관적 계층소속감을 기준으로 할 때, 경제적 지위가 낮다는 인식은 부모로부터 제공되는 경제적 자원이나 성취에 필요한 정보 등이 다른 계층에 비하여 부족하다는 점을 의미하므로 고등학생들의 기회불평등의식은 이러한 가족배경 요인의 격차를 반영한 것이다.

실제로 고등학생들의 인맥형성 기회도 계층별로 차이가 있다. 이 조사에서도, 상류층 고등학생 가운데 10.2%가 '가족, 친지, 선후배 등을 통하여' 아는 고위직 공무원이 있으나, 하류층 학생 가운데 이러한 경우는 1.6%이다. 많은 청소년들은 혈연이나 학연 등 사회적 연줄망이 개인의 성공에 많은 영향을 미친다고 생각하며, 특히 주관적 계층의식이 낮은 고등학생들은 '인맥형성기회불평등'에 대해서도 부정적으로 인식하고 있다. 또한 앞에서 상호작용 변수(아버지 직업*계층소속감)의 효과를 설명한 바와 같이, 일부 중산층 가정의 청소년들은 부모의 취업 상황, 일상생활 경험, 언론보도 등을 통하여 우리 사회의 인맥형성 기회불평등에 대하여 비판적인 의식을 형성하고 있으며, 이러한 하위영역의 기회불평등 현실에 대한 이들의 비판적 의식도 하위계층 정체성을 갖는 청소년들보다 높은 경향을 나타내기도 한다.

한편 기회불평등의식은 학교교육이나 교육생활 환경 등에 대한 평가에 따라서 많은 영향을 받는다. 첫째, 지역 관련 변수 가운데 단순한 행정구분이 아니라 거주지 교육생활 환경에 대한 평가가 의식에 중요한 의미를 갖는다. 불평등의식의 평균 비교에서 예상하였듯이, 서울, 인천·경기, 비수도권의 행정구분 자체는 기회불평등의식에 유의미한 수준에서 영향을 미치는 것은 아니다. 그러나 동일한 행정구역 혹은 동일한 가정배경이라고 하더라도 거주지 교육생활 환경 평가에 따라서 기회불평등의식이 달라진다. 해당 거주지에 다니고 싶은 학교 혹은 좋은 학원이 많은 경우, 그리고 교통이 편리한 경우에 기회불평등이 덜 심각하다고 의식하는 경향이 있다. 이러한 결론은 서울과 지방(비수도권) 등의 격차보다는 행정지역 내부에서 발생하는 교육생활 환경 평가가 기회불평등의식에 직접적인 영향을 미치고 있음을 의미한다.

둘째, 고등학생들의 학교교육 평가도 기회불평등의식에 직접적인 영향을 미친다. 부모의 직업이나 계층지위, 지역의 교육생활 환경이 동일한 경우에도, 학교의 교육시설 및 교육과정, 교사와 학생의 관계, 진로선택에 대한 도움 등에 대하여 긍정적으로 평가할수록 기회불평등은 덜 심각하다고 생각한다. 이것은 학교의 역할에 따라서 학생들의 불평등의식이 변화할 가능성을 나타낸다. 비록 일부 학교에서의 교육과정이나 교사－학생 관계가 학생의 가정배경 등과 밀접히 관련되어 불평등의식을 확대하고 재생산하는 경우가 존재하지만, 한국 사회 전체적으로 볼 때에는 “학교가 좋은 교육프로그램을 제공하고 긍정적인 교사－학생의 관계를 유지하려고 노력한다”고 평가받을수록, 고등학생들의 기회불평등의식도 변화할 여지가 있다.

6. 결론

우리는 청소년의 불평등의식이 교육불평등, 경제적 불평등, 주거불평등, 지역불평등 등 다양한 사회현실과 관련된다는 점을 확인하였다. 고등학생들은 현재의 학교교육이나 가정생활, 성공의 기회, 사회적 상승이동 가능성에 대하여 비판적이며, 가정배경이 사회경제적 성공을 결정하는 주요 요인이라고 생각한다. 이들의 학교교육 혹은 거주지 교육생활 환경에 대한 평가도 아버지의 직업과 같은 객관적 요인 혹은 계층소속감 등 주관적 요인에 따라서 많은 차이를 보인다. 많은 고등학생들이 사교육을 통하여 성적을 향상시키고 논술이나 자기소개서, 입시정보 등을 파악하는 상황에서, 청소년들의 가정배경과 주관적 계층의식이 사교육기회를 포함한 지역교육환경 평가에도 영향을 미치고 있다.

또한 청소년들의 기회불평등의식도 청소년들의 가정배경이나 교육·주거생활 여건, 그리고 이러한 현실에 대한 주관적 평가를 반영한다. 교육·인맥형성·노동시장에서의 기회불평등의식은 주관적 계층의식, 부의 직업 등 가정배경 요인에 따라서 상이하며, 학교교육 및 교육생활 환경을 긍정적으로 평가할수록 기회불평등이 덜 심각하다고 의식한다. 결국 '금수저와 흙수저' 담론으로 표현되는 청소년의 불평등의식은 개인의 불평등 현실 경험과 이에 대한 주관적 평가를 반영한다.

이러한 결과는 향후 청소년의 사회의식과 행위 등에도 많은 영향을 미칠 것이다. 가정배경 등에 따라서 학교교육 경험과 교육생활 환경, 더 나아가 계층상승 가능성에 대해서도 부정적으로 판단한다면, 미래의 꿈을 위하여 노력하는 청소년이 줄어들고 사회적 불만과 좌절감은 높아질 것이다. 불평등에 대한 청소년들의 의식 현황을 분석하는 작업도 중요하지만, 이러한 의식에 영향을 미치는 사회적 여건을 개선하는 사회정책을 고민할 필요가 있다. 학교, 가정, 지역사회 등에서 청소년들에게 비교적 평등한 기회를 제공하고 사회경제적 불평등 여건을 개선하는 정책들을 확대해야 한다. 특히 학교차원에서의 기회 평등을 위한 노력, 부모의 경제력과 생활수준의 격차를 해소하는 정책, 교육·환경·교통·주거 등 지역별 생활환경 개선 정책 등을 통하여 불평등 현실을 개선할 때, 청소년들의 사회적 불만과 좌절감이 줄어들 것이다.

Ⅷ

코로나19 팬데믹 상황의 불평등과 빈곤

Ⅷ 코로나19 팬데믹 상황의 불평등과 빈곤

1. 팬데믹의 충격

코로나19 팬데믹은 최근 불평등과 빈곤문제를 설명하는데 매우 중요한 사건이다. 전 세계적으로 코로나 바이러스 확진자가 발생하면서, 국내에서도 확진자가 늘어났고 이후 오미크론 등 변이바이러스 감염자도 급격히 증가하였다. 월드 오미터 코로나 확진 통계에 의하면, 2022년 5월 30일 기준, 코로나 누적 확진자는 5억 3,152만명에 이르며, 미국 8천 5백만 여명, 독일 2천 6백만 여명, 프랑스 2천 9백만 여명, 브라질 3천만 여명에 이른다(시사포커스, 2022). 또한 한국에서도 2022년 5월 말 기준 누적 확진자가 1천 8백만 여명에 이를 정도로 많은 사람들이 코로나 감염증을 경험하였다(중앙방역대책본부, 2022).

이러한 사태는 전 세계적으로 불평등과 빈곤문제에 직접적인 영향을 미치고 있다. 일부 빈곤국가에서는 저소득층과 빈곤층이 보건의료시설을 이용할 수 없거나 백신을 맞기도 어려운 형편에 있으며, 대부분의 국가에서는 사회적 거리두기가 장기화되고 경제활동이 멈추면서 일자리를 잃는 사람들도 증가하였다. ILO의 보고서 *WESO Trends 2021* 에 의하면, 코로나19 위기가 장기화되어 2021년 실업자 규모는 전 세계적으로 2억여 명에 이를 것이며, 실업 증가와 근로시간 감소에 따라서 근로소득도 감소하고 빈곤층 규모도 1억 명 이상 증가할 것으로 전망하였다(ILO, 2021). 반면, 비대면 경제활동을 주도하면서 과거보다 더 많은 소득을 얻는 IT업계 전문직 종사자들도 많아졌고, 경기부양정책으로 확대된 재정자원을 활용하여 자산을 증식하는 사람들도 증가하였다. 코로나19 팬데믹은 단순히 바이러스의 세계적 확산이 아니라, 경제·사회, 보건·복지 등 전 사회적인 차원에서 고착화된 빈부격차 현실을 그대로 드러내고 있다. 2019 노벨경제학상 수상자 에스테르 뒤플로 교수가 국내 한 언론사와의 인터뷰에서 말했던 바와 같이, 코로나19 팬데믹은 "사회의 불평등 문제가 얼마나 심각한지를 더 고민하게 하는 경종"으로 인식되어야 할 상황이다(최원석, 2020).

한국에서도 코로나19 팬데믹은 과거와 다른 불평등과 빈곤 문제를 낳기도 하지만, 기본적으로는 2010년대 지속된 불평등과 빈곤의 민낯을 명확히 보여주는 사건이다. 현재 팬데믹 상황의 불평등과 빈곤 현실을 일관되게 파악할 수 있는 자료는 많지 않다. 아직도 확진자가 다수 발생하고 있으며 새로운 변종 바이러스가 등장하면 팬데믹 상황이 지속될 가능성이 있어, 불평등과 빈곤 현실을 세부적으로 평가할 만한 자료를 확보하는 일은 여전히 진행 중이다. 그럼에도 불구하고 팬데믹의 파급효과가 매우 크기 때문에, 현재 활용 가능한 자료들을 재정리하여 현실을 파악할 필요가 있다. 이 글은 앞에서 실증적으로 분석한 주제, 예를 들어서 소득과 자산 격차, 주거문제, 상대적 빈곤, 불평등의식, 정신건강 등을 중심으로 2020년대 현실을 잠정적으로 정리한다. 2010년대 실증분석에서 확인된 내용을 간략히 재정리하고, 이러한 특징이 2020년 이후에 어떻게 나타났는가 설명한다.

정적으로 비대면 교육활동을 할 수 있는 학생과 그렇지 못한 학생, 소규모 사교육 기회를 제공받을 수 있는 학생과 이러한 기회가 없는 학생 등 가정배경에 따라서 학생들의 교육격차가 발생하고 있다. 한국교육학술정보원이 전국 초·중·고 교사와 학생, 학부모를 대상으로 실시한 'COVID-19(코로나19)에 따른 초·중등학교 원격교육 경험 및 인식 분석'에 의하면, 교사의 79%는 "원격수업으로 인해 학습격차가 커졌으며," 주요 원인은 학부모의 학습 보조 여부, 학생·교사 간 소통 한계, 학생의 사교육 수강 여부, 학습 환경 변화에 대한 적응력 차이 등이었다(이투데이, 2020, 기사 인용).

교육격차 현실은 교육부와 통계청의 사교육 관련 조사에서도 확인된다(<표 Ⅷ-8>). 사교육을 받는 학생의 비중이나 사교육비용은 서울에서 가장 높고, 지방의 구·군 지역에서 가장 낮았다. 고소득 가구일수록 사교육 참여 비중이 높고 월평균 사교육비용도 더 많다. 더구나 가구소득집단 간 사교육 격차는 팬데믹 이전 시기인 2019년보다 더 확대되었다. 지역이나 가정배경에 따른 사교육 격차가 지속되는 상황에서, 청소년들이 우리사회의 전반적인 불평등 현실에 대한 비관적 의식도 더욱 높아질 것이다.

마지막으로 코로나 팬데믹은 코로나 블루(Corona Blue)라는 신조어가 등장할 정도로 새로운 정신건강 문제를 낳았다. 보건복지부 등이 실시한 '코로나19 국민정신건강실태조사(2020년 하반기)'에 따르면, 2020년의 우울증 수준은 팬데믹 이전에 비하여 2.4배 증가하였고, 심지어 '자살을 생각한' 경험자 비율도 4.7%(2018년)에서 13.4%(2020년 12월)로 급격히 증가하였다.[29)]

29) 우울증상 척도는 '흥미와 즐거움이 없음', '희망이 없다고 느낌' 등 총 9문항으로 구성되어 있으며, 각 문항에 대하여 4점 척도(0점=전혀 없다...3점=거의 매일)로 응답하도록 되어 있음. 자세한 내용은 보건복지부정신건강정책관·대구대학교산합협력단(2020) 참고

2. 팬데믹 직전의 불평등과 빈곤

우리가 앞에서 설명한 2010년대 불평등과 빈곤 문제는 시기적으로 볼 때 팬데믹 직전의 상황을 잘 나타낸다. 한국의 가구단위 가처분소득 불평등은 완화되는 추이를 보였으나 하위 20% 집단과 같은 저소득집단의 경제적 궁핍화는 2010년대에 계속되었다. 또한 자산불평등은 소득불평등보다 더욱 심각한 상황이었다. 부동산이 대다수 한국인의 가계자산에서 높은 비중을 차지하기 때문에, 가계자산 격차는 부동산가격 변화와 밀접히 관련되었다. 2010년대 후반기 들어서 아파트와 주택 가격이 급격히 증가하면서 부동산자산 격차도 심화되고 있다.

한국사회에서 불평등 문제의 핵심은 상대적 빈곤이다. 2010년대 상대적 빈곤층은 가구주가 취업자인 경우보다는 실업자인 경우에, 안정적 취업자보다는 영세자영업자 혹은 단순노무자와 같은 노동시장 취약계층을 가구주로 둔 경우에 집중되었다. 근로소득이나 사업소득이 가구총소득의 대부분을 차지하는 상황에서, 상대적 빈곤은 노동시장 취약계층의 노동빈곤 문제와 밀접히 관련된다. 학력이나 직업 등이 동일한 경우에도 비상용직의 빈곤가능성은 상용직에 비하여 매우 높았고, 영세사업자들의 매출이나 소득도 코로나 이전에 이미 하락한 바 있다. 이러한 현실은 노동시장의 일자리 질과 밀접히 관련된다. 임금근로자 가운데 여성, 고졸이하 학력집단, 청년이나 노년층의 일자리 질이 상대적으로 취약했으며, 임시·일용직, 단순노무직이나 판매직 일자리는 '괜찮은' 일자리라고 말하기 어렵다. 불안정 취업자들은 대부분 저임금계층으로서 노동빈곤 가능성이 높으며, 동시에 사회보험가입률도 낮아 사회복지혜택으로부터 '배제'되었다.

경제적 불평등과 빈곤문제는 지역불평등과도 밀접히 관련된다. 2010년대의 상대적 빈곤율이나 일자리 질적 취약성은 서울보다는 지방 대도시, 수도권보다는 비수도권에서 좀 더 심각하였고, 여성·저학력층·노인·자영업자·불안정한 취업자 등의 빈곤율도 비수도권에서 더 높았다. 또한 일자리의 질적 수준도 서울과 지방 대도시 간에 차이가 있다. 비수도권 가운데 경제활동이 활발하고 대기업이 다수를 차지하는 영남권 제조업 중심도시를 제외하면, 부산과 광주의 일자리 질은 서울보다 더 낮았다. 지방 거주 청년 등 구직자들은 '희망하는' 일자리를 찾지 못하고 서울과 수도권으로 거주지를 옮기고 있어, 일자리 질의 차이가 비수도권 청년들의 인구유출을 낳는 악순환이 계속되었다. 동시에 서울 집중화는 주거불평등과 주거빈곤 문제를 심화시켜, 서울지역에서의 삶의 질을 더욱 악화시킨다.

한편 경제적 차원의 불평등과 빈곤 문제는 주거·교육·불평등의식·정신건강 등 다양한 사회문제와도 밀접히 관련된다. 주거문제는 한국사회 빈부격차를 상징적으로 나타낸다. 부유층은 넓고 쾌적한 주거시설에 거주하고 많은 주택을 소유하며 임대소득으로 부를 축적하지만, 빈곤층은 좁은 공간, 열악한 주거시설 및 환경에서 생활하며 이른바 지옥고(지하·옥탑방·고시원)로 불리는 취약한 주거시설에서 살아간다. 특히 최저주거기준을 충족하지 못하고 살아가는 사람들이 다인 가구보다는 1인 가구에서 더 높은 비중을 차지한다는 점을 볼 때, 1인 가구의 주거 빈곤문제는 매우 심각하다.

경제사회적 불안정성은 스트레스와 같은 정신건강문제를 낳는다. 많은 사람들이 불안정한 현실에서 정신건강상의 어려움을 경험하고 있으며, 직장인의 경우에 장시간 노동과 업무량 증가 등에 따라서 업무스트레스도 늘어났다. 비상용직이나 간접고용직 등 일부 비정규직에서 업무스트레스가 많으며 의사결정권한이 많은 관리직들도 성과에 대한 책임을 요구하는 상황에서 많은 스트레스를 경험하고 있다. 이러한 스트레스는 우울증, 불안감, 자살충동 등 다양한 정신건강문제를 낳기 때문에 새로운 사회문제로 부각되고 있다.

마지막으로 경제적 불평등과 빈곤 문제는 불평등 의식에도 많은 영향을 미친다. 많은 국민들은 임금과 자산의 격차, 교육, 취업, 결혼, 주거 등에서 나타난 불평등 현실에 대하여 비판적으로 인식한다. 이러한 의식은 비경제활동인구에 해당하는 청소년의 의식에서도 확인된다. 청소년들의 불평등한 생활경험과 비판적 인식은 전반적인 불평등이나 공정성 의식에도 직접적인 영향을 미친다. 하류층에 속한다고 생각하는 학생일수록 우리 사회의 교육·인맥형성·노동시장에서의 기회가 불평등하며, 앞으로의 지위향상 가능성에 대해서도 비판적으로 인식한다. 우리사회에서 유행하는 '수저계급'이라는 용어는 이러한 청소년들의 불평등 현실 경험과 평가를 반영한 것이다.

3. 팬데믹 상황의 불평등과 빈곤

코로나19 팬데믹 상황에서 가장 먼저 나타난 충격은 노동시장에서의 고용위기이다. 확진자 증가 및 사회적 거리두기로 인하여 주요 사업체들의 경제활동이 위축되었고, 조업단축과 폐업 등이 증가하면서 실업자도 대폭 증가하였다. 통계청 경제활동인구조사 결과에 의하면, 2020년 7월 113만 명이었던 실업자 규모는 2021년 1월 157만 명으로 증가하였고, 실업률도 동 시기에 4.0%에서 5.7%로 증가하였다(KOSIS 참고). 비록 최근에 실업자 규모가 감소하지만, 실업과 취업, 경제활동과 비경제활동의 경계에 있는 사람들은 팬데믹 이전보다 더 많다.

이러한 고용위기는 통계청이 최근 발표한 고용보조지표에서 좀 더 명확히 나타난다. 이 지표는 고용위기 현실을 파악하기 위하여 통계청이 추가적으로 공개한 것이다.[27)]

27) 고용보조지표는 불완전 취업 혹은 실망실업자 등의 규모를 나타낸다. 이에 대한 자세한 내용은 통계청 사회통계국 고용통계과의 "이용자용 통계정보보고서_경제활동인구조사_2022"를 참고.

〈표 Ⅷ-1〉 코로나 팬데믹 전 · 후 고용보조지표 변화

(단위: %, 천 명)

고용보조지표별	2019	2020	2021
고용보조지표①	6.4	7.8	7.4
시간관련 추가취업가능자	750	1,088	1,070
고용보조지표②	9.3	10.0	9.7
잠재경제활동인구	1,703	1,873	1,898
- 잠재취업가능자	60	65	77
- 잠재구직자	1,643	1,808	1,821
고용보조지표③	11.8	13.6	13.3
실업자	1,063	1,108	1,037
경제활동인구	28,186	28,012	28,310
확장경제활동인구	29,889	29,885	30,208

주) 고용보조지표①=(시간관련추가취업가능자+실업자)÷경제활동인구×100,
고용보조지표②=(실업자+잠재경제활동인구)÷확장경제활동인구×100,
고용보조지표③=(시간관련추가취업가능자+실업자+잠재경제활동인구)÷확장경제활동인구×100.
출처: 통계청, 사회통계국 고용통계과(2022).

시간관련 추가취업가능자(실제 취업시간이 36시간 미만이면서 추가 취업을 희망하고, 추가 취업이 가능한 자)와 잠재구직자(지난 4주간 구직활동을 하지 않았지만 조사대상주간에 취업을 희망하고 취업이 가능한 자) 등 일자리를 희망하는 사람들은 팬데믹 이후 급격히 증가하였다. 예를 들어서, 실업자와 시간관련 추가 취업가능자를 합한 고용보조지표①은 2019년 6.4%에서 2021년 7.4%로, 잠재경제활동인구를 추가한 고용보조지표③은 동 시기에 11.8%에서 13.3%로 증가하였다(<표 Ⅷ-1>).

팬데믹 상황의 노동시장에서는 고용형태별로 많은 변화가 진행되고 있

다. 고용원이 없는 자영업자 혹은 상용직 종사자 규모는 2018~2021년에 계속 증가하였으나, 고용원이 있는 자영업자와 일용직 취업자는 큰 폭으로 감소하였다(<표 Ⅷ-2>). 소규모 상점들의 영업시간이 제한되고 매출액이 하락하면서, 종업원을 줄이거나 고용하지 않는 경우도 증가하였고, 자영업 부문 등에 취업한 일용직 종사자들도 큰 폭으로 감소하였다.

〈표 Ⅷ-2〉 팬데믹 전·후 종사상 지위별 취업자 규모 변동 (2018=100)

종사상 지위	2019	2020	2021
고용원이 있는 자영업자	93.2	83.1	79.2
고용원이 없는 자영업자	102.0	104.3	105.5
상용근로자	103.2	105.4	108.1
임시근로자	98.8	92.4	95.5
일용근로자	97.9	91.0	84.3

출처: 통계청, 경제활동인구조사(KOSIS)

반면 동일한 위기상황에서도 일부 집단은 상대적으로 적은 피해를 경험하거나 새로운 소득활동을 통하여 소득이 대폭 늘어났다. 노동시장에서는 비대면 활동을 가능케 하는 정보통신산업이 발전하고 디지털 경제활동이 확대되면서, 전문인력 수요는 증가하고 다양한 플랫폼 일자리도 늘어났다(장지연, 2020). 비대면 활동이 가능한 사업체 직원들은 고용상태를 유지하였고 특히 인력수요가 많은 정보통신 사업체 등의 신규채용도 늘어나면서 상용직 종사자 규모는 더욱 확대되었다. 한편으로는 주식시장 활성화, 코인과 같은 새로운 투자 상품의 등장으로 소득과 자산이 늘어난 사람이 증가하였고, 다른 한편으로는 전통적 취약계층의 빈곤문제도 지속되고 있다.

이러한 경향은 팬데믹 전·후 가구소득 총액 혹은 소득구성항목(원천)별 변화를 통하여 확인할 수 있다. 먼저 「가계금융·복지 조사」의 소득 증감율을 보면, 팬데믹 발생 후 가구소득 총액은 5% 정도 증가하였으나, 이러한 증가분은 근로소득이나 사업소득보다는 공적이전소득에서 나타났다. 도·소매, 음식·숙박, 관광업 등의 경제활동 위기가 지속되면서 자영업자들의 사업소득이 4% 정도 하락하였고, 노동시장 불안정성으로 근로소득은 예년과 거의 같은 수준이었다(KOSIS 참고). 반면 공적 연금·실업급여·기타 소득지원제도 등을 통한 공적 이전소득은 전체 소득집단에서 증가하였고, 특히 5분위(고소득층)에서 크게 증가하였다. 팬데믹 상황에서는 시장에서의 경제활동보다는 공공소득지원제도를 통한 소득변화가 뚜렷하였다.

또한 2020년의 소득격차는 2년 전과 거의 비슷하였다. 2018년 5분위의 8%에 불과하던 1분위 가구소득은 2020년에 9%를 기록하였고, 2~4분위도 5분위와 거의 비슷한 격차를 나타냈다. 팬데믹 이후 빈곤문제도 지속되고 있다. 상대적 빈곤층에 해당하는 1분위(하위 20%)의 경우, 근로소득과 사업소득은 5분위의 3~4%에 불과하였으며, 재산소득은 8%에 머물러 있다. 공공 이전소득의 5분위와 1분위 간 격차는 줄어들었으나, 상대적 빈곤층은 고소득집단에 비하여 더 많은 공적 이전소득을 받고 있다(<표 Ⅷ-3>).

소득집단 간 자산격차는 팬데믹 이후에 약간 더 확대되었다. 2020년 전체 가구의 자산총액이 2018년에 비하여 증가하는 상황에서, 상위 20% 소득집단의 순자산총액이 나머지 80% 집단에 비하여 더 많아졌고, 순 자산액 증가율도 고소득집단에서 더 높았다(<표 Ⅷ-3>). 이 시기에는 부동산 가격 상승 추세가 지속되어 부동산자산격차에 따른 가구자산격차도 2010년대 후반기와 크게 다르지 않았고, 서울 강남권 등 일부 지역과 지방 낙후지역의 부동산자산격차는 오히려 확대되었다. 따라서 저소득집단의 자산 점유율은 팬데믹 이후에 더 하락한 반면, 고소득집단의 점유율은 더 높아져 자산 격차는 이전보다 더 커졌다.

〈표 Ⅷ-3〉 코로나 팬데믹과 5분위 소득 · 자산 불평등

	1분위 (하위 20%)	2분위	3분위	4분위	5분위 (상위 20%)
소득불평등					
2018년 소득총액	8.03	19.81	65.60	50.73	100
• 근로소득	3.13	15.22	58.90	48.83	100
• 사업소득	3.73	19.15	71.45	56.48	100
• 재산소득	7.86	15.73	68.45	31.08	100
• 공적 이전소득	141.29	136.45	116.19	113.55	100
2020년 소득총액	9.11	20.76	34.09	51.56	100
• 근로소득	3.14	14.76	29.10	50.07	100
• 사업소득	3.90	19.67	38.08	55.12	100
• 재산소득	8.02	15.32	20.93	29.03	100
• 공적 이전소득	116.41	123.85	125.38	109.16	100
자산불평등					
2018년 • 총자산 점유율	6.4	11.2	16.6	22.2	43.5
• 순자산 점유율	6.9	11.5	16.4	21.9	43.3
2020년 • 총자산 점유율	6.1	11.5	16.2	22.1	43.0
• 순자산 점유율	6.5	11.8	16.1	21.7	43.8

주) 소득불평등 관련 수치는 5분위 대비 상대값(5분위=100), 자산불평등 관련 수치는 각 분위별 점유율(%)을 의미함. 소득원천 가운데 사적 이전소득은 생략함

출처: 통계청, 가계금융 · 복지조사(KOSIS)

우리는 팬데믹의 경제위기가 누적된 2021년 이후의 상황을 파악할 수 없으나, 장기적 고용위기는 영세자영업자, 서비스부문 일용직 종사자 등 노동시장 취약계층의 상대적 빈곤문제를 좀 더 악화시킬 것으로 예상할 수 있다. 실업자뿐만 아니라 시간관련 추가 취업가능자, 잠재 구직자, 그리고 잠재 취업가능자 등이 증가하면서, 과거보다 소득이 감소한 집단이 많아지고, 2021년 이후 변이 바이러스 확진자가 증가하면서 자영업자와 저임금 노동자들의 경제적 궁핍화가 심화될 것으로 예상한다. 실제로 "한국신용데이터포털이 전국 80만 곳의 사업장을 분석한 결과 대표적인 자영업종으로 꼽히는 음식점 중 호프·맥줏집의 7월 마지막 주 매출이 코로나19 이전인 2019년 같은 기간 대비 50%로 감소하였다"(이데일리, 2021. 8월 21일). 심지어 비대면 일자리 수요가 증가하면서 배달업무 등에 종사하는 플랫폼 노동자들도 대부분 장시간 근무에도 불구하고 상대적 빈곤을 벗어나기 어렵다. 음식배달 플랫폼 종사자의 경우에 "월평균 수입은 355.7만 원이지만, 유류비와 보험료 등 매달 발생하는 비용을 제외하면 실 수령액이 160만 원에 그친다"는 조사결과가 발표될 정도로 저임금계층으로 생활하는 사람들이 많다(헤럴드경제, 2022년 4월 22일). 팬데믹 발생 1년 후의 경제적 불평등이 과거에 존재하던 소득불평등을 재현한 것이라면, 2년이상 누적된 장기적인 고용위기는 취약계층의 삶을 더욱 어렵게 할 것이다.

이러한 점은 팬데믹 상황의 불평등과 빈곤문제에 대한 신문기사에서도 알 수 있다. 빅데이터 분석방법을 활용하여 2015~2019, 2020~2021년에 언론·방송 기사를 분석한 결과,[28] 팬데믹 전 시기(2015~2019)에는 '불평

---

28) 분석은 뉴스빅데이터 분석서비스 '빅카인즈(BIGKinds)'를 이용하였다. 빅카인즈는 종합일간지와 방송사 등을 포함한 국내 최대의 기사DB에 빅데이터 분석 기술을 접목한 새로운 뉴스 분석 서비스 사이트이며, 해당 도표는 단어들의 빈도 및 가중치의 결과를 반영한 것이다. 자세한 설명은 빅카인즈 홈페이지(https://www.bigkinds.or.kr/v2/intro/index.do) 참고.

등'이나 '빈곤'이라는 용어가 등장한 기사에서 양극화, 지니계수 등 불평등에 대한 일반적 용어가 자주 거론되었으나, 팬데믹 시기(2020~2021)에는 불평등과 빈곤 문제를 코로나19 팬데믹과의 연관성에서 설명하는 경향이 지배적이었다(<그림 Ⅷ-1>과 <그림 Ⅷ-2> 참고). '불평등'과 '빈곤' 용어가 등장한 신문기사에는 '코로나19'라는 용어가 가장 많이 등장하였으며, 일자리 문제, (저)소득, 비정규직, 빈부격차 문제 등이 동시에 거론되었다. 또한 '억만장자들', '부동산'이라는 단어가 '불평등'이나 '빈곤'과 함께 거론된다는 점을 볼 때, 빈부격차와 주거격차 문제가 여전히 주요 관심 사항임

〈그림 Ⅷ-1〉 팬데믹 이전의 '불평등'과 '빈곤'관련 기사 분석 (2015~2019)

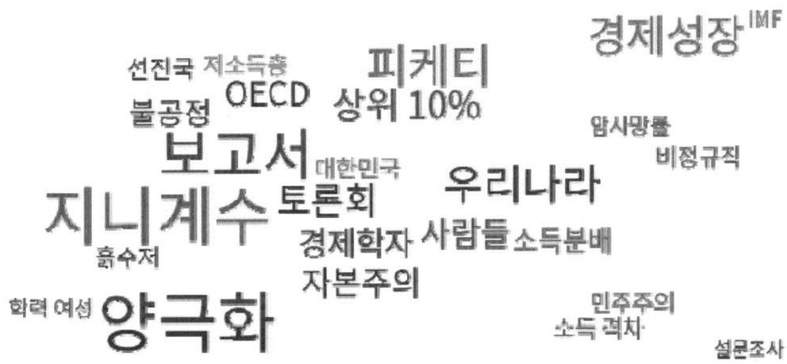

〈그림 Ⅷ-2〉 팬데믹 상황의 '불평등'과 '빈곤'관련 기사 분석 (2020~2021)

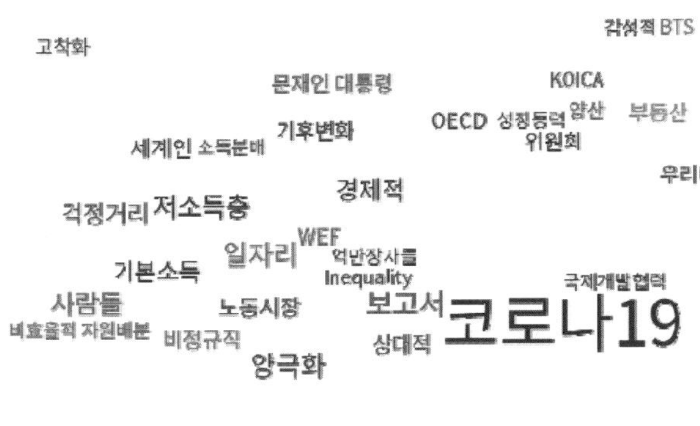

을 알 수 있다.

한편 코로나 팬데믹은 지역불균형에도 영향을 미치고 있다. 전국의 모든 지역이 팬데믹 상황에서 위기를 경험하고 있으나, 위기의 결과는 서울과 지방 도시, 수도권과 비수도권에서 서로 다르게 나타났다. 비수도권 가운데 지역경제활동이 활발했던 영남권 실행기능 중심도시에서는 부품 공급, 완성품 생산 및 수출 등이 위축되었고, 일부 제조업체에서는 생산활동이 중단된 바 있다(이성균, 2020). 또한 사회적 거리두기는 영세 도소매업, 관광산업 등을 위축시켜, 이러한 산업이 높은 비중을 차지하는 지방 도시들에서 매출 부진을 이겨내지 못한 사업체들의 폐업도 증가하였다(동남지방통계청, 2020a, 매일경제. 2020년 7월 15일. 최혜림. 2020, 한국경제 2020년 7월 20일).

이러한 현실은 코로나 팬데믹 전·후 시기의 지역별 고용률 등에서 확인된다(<표 Ⅷ-4>). 전국 주요 도시 가운데 고용률이 가장 높은 도시는 서울이며, 수도권의 또 다른 대도시 인천의 고용률도 다른 광역시보다 더 높

〈표 Ⅷ-4〉 전국 주요도시의 코로나 팬데믹 전·후 고용률 비교 (2019~2021)

	전 연령층			청년층(20대)			여성		
	2019	2020	2021	2019	2020	2021	2019	2020	2021
서울	60.0	59.3	59.2	60.0	58.1	61.6	52.2	51.6	51.8
인천	62.5	61.3	61.3	64.6	62.2	61.6	53.3	52.0	51.7
대전	57.9	60.7	60.9	53.0	57.5	56.7	50.5	51.7	51.8
광주	59.3	58.7	58.2	53.9	53.0	49.6	50.5	50.8	49.8
대구	57.9	56.6	58.2	54.3	51.5	56.0	48.8	46.8	48.9
부산	56.6	55.6	56.2	56.3	52.5	52.3	48.7	47.6	47.9
울산	59.1	58.1	57.7	55.3	52.3	51.0	46.8	44.7	45.7

출처: 통계청, 경제활동인구조사(KOSIS)

았다. 반면, 영남권 주요 도시의 전 연령층 고용률은 수도권 주요 도시뿐만 아니라 전국 평균보다 더 낮고, 노동시장에서 취업에 어려움을 겪는 청년층과 여성의 고용률은 영남권 대도시에서 매우 낮다.

지역경제 위기는 상대적 빈곤 혹은 일자리 질에도 영향을 미친다. 노동빈곤 가능성이 높은 일시 휴직자와 36시간 미만 취업자(취약노동계층①)의 비중은 서울과 울산에서 비교적 낮고, 부산에서 가장 높다. 또한 임시·일용직 임금근로자와 종업원 없는 자영업자(취약노동계층②)의 비중도 서울과 울산에서 낮고, 부산에서 가장 높다(<표 Ⅷ-5>). 지역 간 양질 일자리 격차가 팬데믹 이후에도 지속되고 있으며 일부 비수도권 대도시의 일자리 질은 예전보다 더욱 취약해지고 있음을 알 수 있다.

〈표 Ⅷ-5〉 주요 도시의 코로나 팬데믹 전·후 일자리 질의 지표 비교 (2019~2021)

	취약노동계층① 비중 (노동시간 기준)			취약노동계층② 비중 (종사상지위 기준)		
	2019	2020	2021	2019	2020	2021
서울	20.6	24.8	26.6	36.9	35.0	34.0
인천	20.1	23.5	24.2	39.3	38.3	38.0
대전	21.4	26.3	27.6	35.4	35.0	34.5
광주	21.1	25.5	24.7	35.7	35.4	35.3
대구	21.9	27.4	26.5	38.2	37.3	36.1
부산	21.8	27.1	28.2	36.0	36.6	39.8
울산	18.9	24.5	26.1	33.8	33.2	32.1
전국	21.4	25.2	26.4	37.9	37.1	36.9

주) 취약노동계층①은 일시 휴직자와 36시간미만 취업자의 합계, 취약노동계층②는 해당 지역 취업자 전체 가운데 '임시·일용직 임금근로자'와 '종업원 없는 자영업자'의 합계.
출처: 통계청, 경제활동인구조사(KOSIS)

코로나 팬데믹 이후 사회적 취약계층의 궁핍한 삶은 주거생활영역에서도 재현되고 있다. 2010년대부터 높아진 주거비용 부담은 팬데믹 상황에서도 가계경제활동을 위축시키고 있다. 많은 사람들은 주거비용을 마련하느라 일상적인 소비지출을 줄여야 했으며, 금융기관으로부터 대출을 받아 주택을 구입한 중산층이나 저소득층은 대출금과 원리금 상환의 부담도 안고 있다. 가계부채 상황을 주택 소유를 기준으로 비교하면, 2021년 경상소득은 자가 소유집단에서 가장 높지만 가구부채 비중은 전·월세 형태 거주집단에서 더 높으며, 자가 거주자의 부채 비중은 과거보다 약간 하락한 반면 월세 거주자

〈표 Ⅷ-6〉 주거 입주 형태별 코로나 팬데믹 전·후 소득, 자산, 부채 현황

(단위: 만 원, %)

입주	가계경제 현황	2019	2020	2021
자가	경상소득	6,675	6,751	6,975
	가구 자산	56,444	57,993	66,162
	가구 부채	9,291	9,586	10,226
	순자산액	47,154	48,407	55,936
	가구 부채비중	16.5	16.5	15.5
전세	경상소득	5,962	6,194	6,324
	가구 자산	41,242	43,720	46,401
	가구 부채	9,733	10,392	10,810
	순자산액	31,510	33,329	35,591
	가구 부채비중	23.6	23.8	23.3
월세	경상소득	3,908	3,972	4,102
	가구 자산	12,200	12,325	13,821
	가구 부채	3,798	3,983	4,385
	순자산액	8,403	8,342	9,435
	가구 부채비중	31.1	32.3	31.7

주) 경상소득은 전년도, 자산과 부채는 조사연도 기준.

출처: 통계청, 가계금융·복지조사(KOSIS)

의 부채 비중은 더욱 확대되었다(<표 Ⅷ-6>). 2022년에 들어서 금융시장에서는 금리가 인상되고 주택담보 대출에 따른 금융비용도 증가하여 부채부담이 많은 집단과 적은 집단 간에 순자산 격차는 더욱 확대될 가능성이 높다.

이러한 상황에서 가장 힘든 집단은 주거빈곤층이다. 주거 환경과 환기시설 등 '최저주거기준'을 충족하지 못한 주거빈곤층 밀집지역은 기본적으로 세균이나 바이러스 등에 취약하며, 다수의 동거인들이 좁은 공간에서 생활할 경우에는 가족 간 바이러스 전파 가능성도 적지 않다. 2020년 기준 한국사회에서 취약 주거시설은 4.1%이며, 이러한 시설 거주자는 전체 인구의 4.9%에 이른다(<표 Ⅷ-7>). 이들은 앞에서 분석한 '최저주거기준'을 충족하지 못하는 주거빈곤층이 될 가능성이 높으며, 가난한 독거노인이나 1인 가구의 주거빈곤율도 이러한 수치보다 더 높을 것이다.

한편 팬데믹 상황에서도 청소년들의 교육격차는 지속되고 있으며, 비대면 교육의 등장으로 새로운 형태의 교육격차도 발생하였다(김위정, 2020). 가정에서 부모의 보호를 받을 수 있는 아동과 그렇지 못한 아동, 가정에서 안

〈표 Ⅷ-7〉 일반 가구의 거처 종류별 가구 및 가구원 분포 (2020년)

	가구 수(개)	가구원 수(명)
합 계	21,484,785 (100)	51,070,015 (100)
주택 (단독주택 · 아파트 · 연립주택 · 다세대주택 · 오피스텔)	20,606,522 (95.9)	48,548,558 (95.1)
취약주거시설 소계	878,263 (4.1)	2,521,457 (4.9)
- 비거주용건물내 주택	334,757	722,498
- 숙박업소의 객실	46,215	64,460
- 기숙사 및 사회시설	53,286	960,241
- 판잣집, 비닐하우스	8,527	15,940
- 기타	435,478	758,318

출처: 통계청, 주택총조사 2000(KOSIS)

〈표 Ⅷ-8〉 사회경제적 격차와 사교육비: 코로나 팬데믹 전 · 후 비교

(단위: %)

		사교육 받지않음	월평균 사교육 비용				계
			~20만 원	20~40 만 원	40~60 만 원	60만 원 이상	
지역	2019년						
	전국	25.2	20.2	22.0	15.8	16.9	100
	서울	20.0	16.3	18.2	15.8	29.7	100
	광역시	25.0	20.5	22.6	16.2	15.7	100
	구 · 군	26.7	21.1	22.7	15.5	14.0	100
	2021년						
	전국	24.5	16.6	20.3	16.8	21.8	100
	서울	18.5	12.3	16.0	15.7	37.4	100
	광역시	24.0	16.7	20.8	17.7	20.9	100
	구 · 군	26.2	17.6	21.3	16.8	18.1	100
가구소득	2019년						
	200만원 미만	53.0	26.7	14.2	5.2	0.9	100
	200~400만원	34.5	25.8	22.5	10.8	6.7	100
	400~600만원	21.1	20.0	25.0	18.5	15.6	100
	600~800만원	14.7	15.0	22.1	21.1	27.2	100
	800만원 이상	14.9	11.3	16.5	18.6	38.6	100
	2021년						
	200만원 미만	53.4	23.0	15.2	6.8	1.5	100
	200~400만원	36.2	22.6	20.7	12.5	8.2	100
	400~600만원	21.3	16.6	23.1	19.8	19.3	100
	600~800만원	15.8	12.0	20.4	20.8	31.2	100
	800만원 이상	14.0	9.8	15.3	16.4	44.5	100

주) 가구소득의 수치는 소득구간의 평균값을 의미함. 예를 들어서 200~400만 원은 200~300소득구간과 300~400소득구간의 평균값.

출처: 통계청 · 교육부, 초중고사교육비조사(KOSIS)

또한 경제적 어려움, 건강관리 문제, 환경변화에 대한 적응 문제 등으로 스트레스를 받는 사람들이 더 많아졌다(<표 Ⅷ-9>).

특히 우울증상이나 자살생각 경험은 소득수준 변화와 밀접히 관련되었다. '소득이 매우 많이 감소한' 응답자의 우울증상 종합점수는 8.42점인 데 반하여 '변화 없거나 오히려 증가한' 응답자의 우울증상은 4.8점에 불과하다(보건복지부정신건강정책관·대구대학교산합협력단, 2020; 81~84쪽). 결국 코로나바이러스 감염이라는 보건학적 요인과 경제적 불안정성과 같은 사회경제적 요인이 코로나 블루라는 정신건강문제를 낳는다고 할 수 있다.

〈표 Ⅷ-9〉 코로나 팬데믹 전·후 우울감과 스트레스

	2018년	2020년 5월	2020년 12월
우울증상 종합 (점)	2.34	5.12	5.52
• 흥미와 즐거움이 없음	0.32	0.83	0.87
• 희망이 없다고 느낌	0.23	0.69	0.75
• 자살 생각 경험 (%)	4.7	10.1	13.4
일상생활 스트레스 종합 (점)	-	4.88	5.35
• 가족의 신체적, 정신적 건강문제	-	1.11	1.20
• 수입 감소, 가계 빚 등으로 인한 경제적 어려움	-	1.42	1.42
• 환경변화(예, 재택근무, 온라인수업 등)로 인한 학업·직무수행 어려움	-	1.04	1.20
• 실·휴직으로 인한 직장복귀 어려움	-	0.89	0.98

주) '우울증상 종합'은 '흥미와 즐거움이 없음' 등 9개 문항 4점 척도의 점수. '일상생활 스트레스 상황은 15문항의 점수. 또한 표의 시기 가운데 2018년은 보건복지부 질병관리본부의 「2018년 지역사회건강조사」 결과.

출처: 보건복지부정신건강정책관·대구대학교산합협력단(2020)

4. 불평등과 빈곤문제 해결방향

팬데믹과 같은 거대한 사회적 재난의 파급효과를 최소화하기 위해서는 우리 사회의 대 전환(great transformation)이 필요하다. 기본적으로 바이러스 확진 규모를 줄이는 보건의료 분야의 노력이 중요하며, 팬데믹 상황에서 고착화 된 불평등과 빈곤문제 그리고 이로부터 파생되는 사회문제를 해결하고 많은 사람들이 '사회적 시민권'을 실현하도록 노력해야 한다. 소득·자산 불평등 완화, 상대적 빈곤과 주거 빈곤 해결, 양질 일자리 창출, 교육 격차 및 지역불균형 해소 등을 위하여 시장과 정부의 역할이 중요하며, 팬데믹 상황에서 상실된 인간의 존엄성을 회복하기 위해서는 민간부문과 공공부문 등 전 사회적인 노력이 필요하다. 이 연구에서 정리한 내용을 기초로 불평등과 빈곤문제 해결방향을 정리하면 다음과 같다.

가장 일차적인 과제는 공적 소득지원정책을 확대하는 것이다. 팬데믹으로 인하여 시장이 제 기능을 발휘하지 못하는 상황에서는, 공공제도가 일반국민들과 사회적 취약계층의 생계 문제를 해결해야 한다. 정부는 2020년 상반기에 전 국민을 대상으로 재난지원금을 지급하였고 하반기에는 특수고용형태 취업자 및 자영업자 등에게 긴급고용안정지원금을 지급한 바 있다. 또한 2022년 5월부터 영세자영업자 등 위기적 상황의 소상공인을 대상으로 손실보전금을 제공하였다. 그러나 이러한 지원금의 대상자 및 지원금 규모 등에 대한 불만의 목소리도 제기되고 있다는 점을 고려하여(뉴시스, 2022), 공적 소득지원제도를 정비할 필요가 있다. 팬데믹 상황에서의 경험을 토대로 제반 정책의 문제점을 개선하고 더 나아가 팬데믹 상황에서 위기에 처한 취약계층을 대상으로 하는 소득지원 안전망(safety net)을 제도화해야 한다.

특히 공적부조제도와 사회보험제도를 통하여 상대적 빈곤문제를 해결해야 한다. 가처분 가구소득을 기준으로 할 때, 2010년대 한국의 소득불평등이 심화되지 않은 것은 공적 이전소득의 효과라는 점을 부인할 수 없다. 비록 복지선진국에 비교할 때 소득보장제도가 부족할 것은 사실이지만, 국민기초보장제도의 생계급여 등은 취약계층에게 도움이 되며, 국민연금제도와 기초노령연금제도는 노동시장에서 은퇴한 노인의 생존을 위하여, 고용보험제도의 실업급여사업도 경제위기로 일자리를 잃은 실업자의 생계유지와 재취업에 도움이 된 것도 사실이다. 경기침체로 인하여 시장소득이 전체적으로 감소하는 상황에서는 소득보장정책이 상대적 빈곤층의 생계유지에 필수적이다. 정부는 공적 부조제도를 개선하여 상대적 빈곤문제를 해결해야 하며, 저소득층 노인들에게 기초노령연금을 확대 지급하고, 고용보험에 가입조차 할 수 없었던 비정규직 종사자와 특수고용 취업자 등에게 가입기회를 확대해야 한다. 이러한 노력은 전 국민의 사회적 위험을 완화하고 상대적 빈곤층의 '사회적 배제' 문제점도 해결할 것이다.

한편, 양질의 일자리를 통한 시장소득 향상과 노동빈곤 해소방안을 마련해야 한다. 한국인의 가구소득에서 근로소득이 가장 높은 비중을 차지한다는 점을 고려할 때, 소득불평등 문제를 해결하기 위해서는 시장 활성화를 통한 양질의 일자리 창출과 취약계층 일자리 지원 프로그램 등 다양한 고용정책이 필요하다. 일자리 창출 가능성이 높은 제조업체들의 생산성을 향상시키고 4차 산업혁명에 부응하는 스마트제조 혁신활동을 확대한다면, 일자리의 질적 향상을 위한 기반이 마련될 것이다.

또한 서비스산업을 활성화하여 다양한 양질의 일자리를 창출해야 한다. 과거의 일자리가 산업화의 결과라고 한다면, 미래의 일자리는 지식기반 서비스산업 등에서 대규모로 발생할 것이다. 금융산업이나 정보통신산업의 성장, 제조업과 ICT 산업의 접목, 다양한 문화산업 육성 등을 통하여 지식기반 서비스 일자리를 창출한다면, 고용안정성과 적절한 임금을 제공하는 양질의 일자리가 확대될 것이다. 이러한 노력은 최근 심화되는 고학력 청년층과 여성의 일자리 문제를 해결하는 데 도움이 될 것이다.

지역격차 해소의 관점에서 보면, 지역차원의 산업 활성화와 고용정책이 반드시 필요하다.[30] 최근 몇 년간 중앙정부는 각 지역의 특성에 적합한 고용전략을 강조해 왔으며, 전국의 지방자치단체는 지역별 산업발전전략, 지역혁신프로젝트, 고용위기선제대응패키지사업 등 다양한 지역고용정책에 참여하고 있다. 그러나 지역주도형 고용정책은 취업자 규모를 증가하는데 기여하지만, 지역별로 양질 일자리를 확대하거나 고용인프라를 혁신하는데 많은 성과를 낳지 못하였다. 따라서 지역별 산업구조 및 노동시장 현실에 적합한 일자리사업을 통하여 장기적으로 지속가능한 일자리를 확대해야 한다.

이를 위하여 지역주력산업의 실행기능과 구상기능을 동시에 확대할 필요가 있다. 지방이 단순히 실행기능 공간에 머물러 있다면, 양질의 일자리 창출도 어렵고 지역 간 경제적 불평등 문제도 해결하기 어렵다. 따라서 현재 지역경제에서 가장 필요한 것은 실행기능과 구상기능을 결합하는 정책이다. 각 지역 사업체들이 신제품 개발과 생산성 증대를 위하여 연구개발활동을 확대한다면, 지역경제의 뿌리가 되는 주요 사업체들이 살아나고 새로운 산업이 육성되어 양질의 일자리도 늘어날 것이다. 또한 지역 내 주요 경제활동주체들의 공동 협력이 필요하다. 현재 지방의 실행기능 중심 도시에서는 산업구조의 고도화를 위한 인적 자원이 부족하고 구상기능 인프라도 부족한 상황이다. 이러한 문제를 해결하기 위해서는 산업생태계를 구성하는 사업체 · 연구개발기관 · 대학 등이 연계하는 공동의 노력이 시급히 요청된다.

또한 각 지역별로 고용인프라를 개선하고 고용과 복지를 연계하는 방법도 고민해야 한다. 시장이 활성화되고 양질의 일자리가 늘어나는 경우에

30) 지역차원의 고용정책 방안에 대해서는 이성균(2017)을 참고.

도, 모든 구직자들이 이러한 일자리에 취업하는 것은 아니다. 노동시장 미스매치(mismatch) 현상이 전국 각 지역에서 발생하여, 기업이 희망하는 인적 자원이 부족하거나 정보를 알지 못하여 취업에 성공하지 못하는 청년도 다수 존재한다. 또한 한 부모 가정이나 경력단절을 경험한 여성들은 보육지원 프로그램이나 일·가정 양립제도가 부족한 경우에 구직활동에 집중하지 못하고 취업에 성공해도 직장생활을 지속하기 어렵다. 이러한 문제점은 기본적으로 공공 제도의 한계에서 발생하지만, 기존 제도들의 연계성 부족 등으로 제 기능을 발휘하지 못하는 경우도 많다. 직업훈련 확대, 고용정보망 개선, 취업알선 활동의 체계화, 고용과 복지의 연계 강화 등을 통하여 노동시장 취약계층의 실제 취업성과를 높여야 한다.

한편 교육격차와 주거빈곤 문제를 해결하는 사회정책을 대폭 확대해야 한다. 교육열이 높고 주거소유 욕구가 강한 한국사회에서는, 자녀 교육비용이나 주거비용이 높기 때문에 많은 사람들이 경제적으로 안정된 생활을 유지하기 힘들다. 저소득층뿐만 아니라 중산층들도 불평등과 빈곤이 심각하다고 인식하는 것은 교육과 주거를 위한 비용 부담으로 일정한 생계수준을 유지하기 어려운 현실을 반영한다. 가정배경에 따른 교육격차가 미래의 사회경제적 지위를 결정한다면, 그리고 현재의 소득수준으로는 재산 형성이나 주거 마련이 불가능하다면, 경제적 불평등에 대한 불만은 계속될 것이다.

먼저 교육격차를 해소하는 노력이 필요하다. 학교, 가정, 지역사회에서 비교적 평등한 교육기회를 제공하고 학생들의 진로에 필요한 교육프로그램을 다양화함으로써, 가정배경이 교육격차를 낳는 악순환을 없애야 한다. 또한 지역의 교육생활 여건을 개선하는 작업도 중요하다. 교육청과 지방자치단체는 기초·광역 단위별로 교육시설과 생활환경을 개선해야 하며, 특히 코로나19 상황에서 더욱 확대된 교육격차와 지역격차 문제를 해결하기 위하여 다양한 프로그램을 마련해야 한다.

또한 주거격차를 해소하고 주거빈곤 문제를 해결하기 위한 과감한 정책이 필요하다. 부동산제도는 금융, 주택공급, 조세제도 등 많은 경제정책과 관련되므로 종합적인 지원방안이 필요하다. 일차적으로 국민들이 감내할 수 있는 가격의 주택 공급량을 늘려야 하며, 동시에 가구구성·개인소득·교통·교육·문화욕구 등을 고려한 다양한 주거지원 방안을 확대해야 한다. 특히 1인 가구의 재정 현실과 주거 수요 등을 반영하여 다양한 주거지원정책을 마련하고 주거빈곤 문제를 해결해야 한다. 사회생활의 초기에 있는 1인 청년 가구, 독거 생활하는 중장년층 가구에게 적절한 주거시설을 공급하고 재정적으로 지원하는 방법을 확대해야 한다. 더 나아가 주거시설의 면적·환경·여건 등 현행 최저주거기준을 '사회적 시민권'의 관점에서 재검토할 필요가 있다. 주거 면적과 시설 등의 '최저' 기준을 넘어서 '적정한' 기준을 마련해야 하며(진미윤, 2021), 이러한 '주거 시민권' 개념을 적용하여 주거 시설과 환경을 개선해야 한다.

마지막으로 정신건강 문제를 해결하는 제도와 프로그램을 본격적으로 도입해야 한다. 현재 한국의 일부 대기업은 산업복지 프로그램을 운영하고 직장인의 스트레스를 해소하도록 지원하지만, 중소기업 재직자, 자영업자, 비정규직 노동자들은 이러한 프로그램을 사용하기 어렵다. 팬데믹 이후에 우울증상과 자살충동 등이 높아졌다는 점을 고려하여, 정신건강 문제를 해결하는 방안을 본격적으로 고민할 필요가 있다. 먼저, 임금근로자들의 근로시간을 줄이는 노력이 직장 차원에서 필요하며 근로시간 단축을 위한 법과 제도의 정비가 필요하다. 장시간 근로가 대부분 인력부족에서 기인하므로, 인력채용 확대 등을 통한 근로시간 단축방안을 마련해야 한다. 또한 비정규직 등 노동시장 취약계층의 스트레스 해소를 위한 보완대책이 필요하다. 현재까지 비정규직 대책이 고용불안정성, 임금격차, 산업재해 등을 해결하는데 집중되었다면, 앞으로의 대책은 업무과정에서 발생하는 스트레스 혹은 우울증 등과 같은 정신건강 문제도 포함할 필요가 있다. 마지막으로 전 사회적 차원에서 정신건강문제 해결기회를 확대해야 한다. 우울증, 중독, 치매 등 다양한 정신건강 문제를 예방·진단·해결하는 프로그램을 전국 각 지역에서 운영하고, 이를 위한 인적·재정 자원을 확대하여 더 많은 국민들이 정신건강 문제를 해결하도록 지원해야 한다.

이러한 정책들은 팬데믹 상황에서 드러난 우리사회의 불평등과 빈곤 문제를 해결하고 재난 상황의 '사회적 시민권'을 복원하는 데 도움이 될 것이다. 지난 2년간의 시행착오 등을 고려하여 다양한 경제정책과 사회정책을 마련한다면 위기상황에서 발생한 문제를 해결할 수 있다. 이를 위하여 팬데믹 상황의 불평등과 빈곤 현실, 그리고 현행 공공제도의 효과 등에 대해서 좀 더 구체적으로 연구해야 한다. 이제 앞으로의 연구방향과 이를 위한 과제를 정리하면서, 이 저서를 마무리한다.

5. 새로운 연구와 자료의 필요성

이 저서는 최근 한국사회의 불평등과 빈곤 현실을 구체적으로 설명한다는 점에서 일정한 성과가 있으나, 연구 방법이나 자료의 한계로 인하여 명확히 해명하지 못한 점이 여전히 많다. 불평등과 빈곤의 측정 단위, 발생 원인과 변화, 거시적 요인과 개인적 요인의 연관성, 경제적 불평등과 사회적 불평등의 인과성 등 다양한 현실을 설명하기 위해서는 앞으로도 더 많은 연구를 수행해야 한다.

먼저 가구단위 경제적 상태를 가구원 개인의 미시적 요인과 관련하여 설명해야 한다. 이 연구는 가구소득 총액을 기준으로 소득 격차와 상대적 빈곤을 파악하였고, '가구주'의 경제활동 상태, 종사상지위, 직업 등으로 설명하였다. 그러나 가구소득 총액은 가구원 전체의 소득을 합한 것이므로, 가구주와 가구원 개인별 소득을 각각 파악할 때, 개인수준의 현실과 가구단위의 현실을 종합적으로 설명할 수 있다. 특히 최근 한국사회에서 가구형태 자체가 1인가구와 다인가구, 외벌이가구와 맞벌이 가구 등으로 다양화되는 상황을 고려할 때, 가구원 개인별 특성 등을 종합적으로 파악하지 않으면 가구단위 불평등과 빈곤을 설명하기 힘들다. 앞으로는 가구원 개인 차원의 설명논리와 가구 단위의 설명논리를 분리하고, 가구원 개인의 정보와 가구단위 정보를 구분하여 불평등과 빈곤문제를 설명할 필요가 있다.

또한 장기적 관점에서 한국사회 불평등과 빈곤 추이를 설명해야 한다. 한국사회 소득불평등 발생의 근본적 원인이 1990년대 초반 이후 진행된 기술변화, 세계화 내지는 탈산업화 등의 거시적 사회변동의 결과, 그리고 1980년대 이후 노사관계 변화 등이 중층적으로 누적된 결과임을 이론적으로 설명할 수 있으나, 이를 구체적으로 분석하는 일은 쉽지 않다. 또한 한국사회에서 빠른 속도로 진행되는 인구구조 및 가구구조 변화가 불평등에 미치는 영향이 높다는 점은 일부 연구에서 확인되지만, “고령화가 어떤 방식으로 소득불평등에 영향을 미치는가?” 혹은 “1인 가구 형성이 불평등에 미치는 영향은 무엇인가?”를 일관되게 설명하지 못하였다. 따라서 소득불평등의 장기 변화를 낳는 거시·미시적인 요인을 본격적으로 연구해야 한다.

자산불평등과 관련해서도 많은 연구과제가 남아 있다. 2010년대 중반기 이후 ‘자산불평등이 심화된다’ 혹은 ‘부동산자산 격차가 심각하다’는 점은 쉽게 알 수 있으나, 자산불평등 발생의 사회경제적 원인에 대하여 충분히 설명하지 못하였다. 이 저서에서는 특정 시점의 자산-소득 상관성을 설명하기 때문에, 자산형성 이후 소득변화 혹은 소득발생 이후 자산증가 등 소득과 자산의 시계열적 변화를 분석하지 못하였다. 자산은 과거의 경제활동이 누적된 결과이며, 소득은 비교적 단기간의 경제활동 성과를 나타낸다. 따라서 두 가지 경제적 자원의 축적과정을 각각 설명하고 양자 간 누적된 효과를 설명한다면, 한국사회에서 부의 축적 과정과 격차문제를 좀 더 명확히 파악할 수 있다.

또한 자산격차를 낳는 거시적 변동과 미시적 변동의 연관성을 설명해야 한다. 일반적으로 자산 가치는 시장변동에 따라서 변화하므로, 학자들은 부동산·금융시장의 변동을 통하여 각각의 자산 가치 변화 및 격차를 설명한다(Jordà et al. 2017; Piketty, 2014). 한국의 경우에도 2010년대 자산불평등 문제를 시장 변동과 관련하여 설명해야 하는데, 현재에는 설명 가능한 부분과 불가능한 부분이 혼재되어 있다. 각종 거시경제지표 등을 통하여 금융시장의 종합주가지수 혹은 금리수준의 변화를 파악할 수 있으나, 주식·채권 등으로 세분화된 금융자산 정보를 파악할 수 없어 거시적 시장 변동이 개인이나 가구단위의 자산 변화에 미치는 효과를 정확히 설명할 수 없다. 이 저서가 한국사회에서 자산불평등에 대한 출발점이라고 판단하고, 자산불평등을 낳는 시장구조의 변화와 개인의 자산 변동 등을 본격적으로 분석해야 한다.

결국 한국사회에서 불평등 변화와 빈곤의 특징을 좀 더 구체적으로 설명하기 위해서는 노동시장, 자본시장, 가구구성, 고령화, 노동·복지제도 등 다양한 사회경제적 요인이 개인이나 가구 단위 소득과 자산에 미치는 효과를 설명해야 한다. 구조 및 제도적 요인이 개인의 소득불평등과 어떻게 연관되어 있는지, 그리고 이러한 요인이 가족구성원의 인구학적 특성이나 경제활동참여 등과 어떻게 관련되는지 구체적으로 분석할 필요가 있다.

마지막으로 강조하고 싶은 것은 불평등과 빈곤 현실을 정확히 파악할 수 있는 자료의 필요성이다. 한국사회에서 소득과 자산 불평등에 대하여 학술적 연구가 누적되고 정치적으로도 수많은 논의가 진행되지만, 소득과 자산을 정확히 파악할 수 있는 원자료가 부족하기 때문에 불평등의 변화와 원인 등에 대한 의문이 여전히 많이 남아 있다. 시기적으로 2020년 이후 팬데믹 상황의 불평등과 빈곤 현실을 종합적으로 파악할 수 있는 자료를 구축해야 하며, 동시에 기존 자료의 성격과 조사 내용 등을 보완할 필요가 있다.

이 연구에서 소개한 가구단위 조사자료는 가구 총소득에 대해서는 상세한 정보를 제공하지만, 가구원 개인의 소득과 관련해서는 부분적인 정보만을 제공할 뿐 분석에 필요한 정보를 모두 확보하기 위해서는 별도의 절차를 밟아야 한다. 특히 가구원으로서의 청년 등 개인별 소득 정보를 알 수 없어, 개인차원의 사회경제적 지위 변화가 소득 불평등에 미치는 효과 등에 대하여 분석하기 어렵다. 또한 장기추이를 설명할 만한 가구단위 자료도 부족하다. 현재 소득 불평등을 파악하는데 사용한 통계청 조사자료의 경우, 조사대상자가 몇 차례 변경되어 소득불평등의 장기 추이를 정확히 파악하기 어렵다.

자산에 대한 자료는 더욱 부족하다. 이 연구에서 주로 활용한 가계금융·복지조사의 경우, 자산에 대한 행정자료 보정이 이루어지지 않아 가구별 자산 현황 등에 대해서는 설문조사 결과에 의존해야 한다. 그러나 설문조사를 통하여 부동산 가격이나 실물자산에 대한 정확한 정보를 얻는 일은 거의 불가능하다. 금융자산 정보의 신뢰성도 매우 큰 문제이다. 통계청의 자료와 국민계정의 '국민대차대조표'를 비교하면, 부동산자산 관련 정보는 비슷하지만 금융자산 정보는 큰 차이가 발생한다(정준호·전병유, 2020; 144쪽). 만약 설문조사 결과가 현실을 반영하지 못한다면, 금융자산의 격차 혹은 금융자산의 자산불평등 효과를 정확히 파악하는 데 한계가 있다.

자료의 문제점을 해결하기 위해서는 다양한 보완작업이 필요하다. 가계금융·복지조사 자료가 소득뿐만 아니라 자산에 대한 행정자료를 보완한다면 현실적으로 가장 좋은 자료가 될 것이다. 또한 소득과 자산의 변화를 파악할 수 있는 패널형식의 자료도 필요하다. 동일한 가구와 개인을 대상으로 소득과 자산의 변화 등을 시계열적으로 조사한 자료가 있다면, 소득의 자산 효과 혹은 자산의 소득 효과 등 불평등 형성에 대한 인과 분석이 가능할 것이다. 특히 부동산이나 금융자산 정보와 관련하여, 설문조사보다는 국세청, 보건복지부 등 행정기관 자료가 현실을 정확히 반영하므로, 이러한 행정자료를 활용하여 패널형식의 자료를 구축해야 한다. 현재 정부

차원에서 행정자료 등을 기초로 빅데이터(Big Data)를 구축하는 사업이 진행되고 있는데, 이러한 사업이 완성되고 정확한 자료가 공개된다면 자료의 문제점을 해결하는데 큰 도움이 될 것이다.

구체적이고 정확한 자료 구축작업은 단순히 학자들의 연구를 위하여 필요한 것은 아니다. 불평등과 빈곤 현실을 정확히 파악한 자료를 분석하는 작업은 노동시장, 소득보장, 조세, 부동산 등 다양한 분야의 공공정책을 수립하는 데 필수적이므로, 소득과 자산 등에 대한 신뢰할 만한 자료를 구축하는 일이 반드시 필요하다. 각 분야별로 팬데믹 상황을 파악하는 자료를 구축한다면, 우리는 불평등과 빈곤문제를 좀 더 구체적으로 분석하고 이를 바탕으로 실현 가능한 정책을 제시할 수 있다.

참고문헌

강병구 · 성효용 · 윤명수. 2008. “도시와 농촌의 가구빈곤율 차이에 대한 요인분석.”「사회보장연구」 24(1): 73~93.

강병익 · 황규성. 2017. “다중격차의 역사적 기원: 다중격차 이전의 불평등.” 황규성 · 강병익 엮음. 『다중 격차 2: 역사와 구조』. 페이퍼로드 39~74.

강영혜 · 김양분 · 류한구 · 김재철 · 강태중, 2004. 『교육격차의 실태 및 해소방안』. 서울: 한국교육개발원.

강영호, 2005. “사회경제적 건강불평등에 대한 생애적 접근방법.”「예방의학회지」 38(3): 267−275.

강은나 · 이민홍 2016. “우리나라 세대별 1인가구 현황과 정책과제.”「보건복지포럼」 5: 47~56.

강이수. 2001. “변화하는 노동시장과 여성노동자.”「경제와 사회」 51호(가을호): 10~37.

강현수. 1993. “정보기술의 발달과 도시 및 지역구조의 변화.”「국토계획」 28(3): 71~85.

고기동 · 조영태 · 조성일 · 성주헌 · 조비룡 · 손기영 · 최호천. 2012. “우리나라 노인에서 건강 위험 행동과 정신 건강과의 연관성: 고령화 연구 패널(KLoSA).”「한국노년사회학」 16(2): 66~73.

고상백 · 손미아 · 공정옥 · 이철갑 · 장세진 2004. “비정규직 근로자들의 직업적 특성과 사회심리적 스트레스.”「대한산업의학회지」 16(1): 102~113.

고용노동부, 2021. “재정지원 일자리사업 평가 및 개선방안」 발표.”고용노동부 2021. 6. 8.(화) 보도자료.

구인회. 2002. “빈곤층의 사회경제적 특성과 빈곤 이행: 경제위기 이후의 시기를 중심으로.”「한국사회복지학」 54(1): 82~112.

구해근. 2002. 『한국노동계급의 형성』. 창작과 비평사.

국토교통부. 2016. 『2017년 주거급여 선정기준 및 최저보장수준』. 국토교통부 고시 2−2016−505호.

국토교통부 주거복지기획과. 2011. 『최저주거기준. 국토해양부공고문』 제 2011−490호 (법제처 국가법령정보).

국회예산정책처. 2019. “가구특성이 주택점유형태에 미치는 영향.”「산업동향&이슈」 17:

55~66.
곽노선 · 김선하. 2008. “소득분배 결정요인 연구: FTA 효과 및 Kuznets 곡선 검정.” 「국제경제연구」 14: 77~100.
곽삼근 · 박성희 · 김은경. 2008. “여성노인의 젠더 불평등 경험과 인식 전환에 대한 연구.” 「한국여성학」 24(4): 141~174.
곽선화. 2013. “사회적 기업은 괜찮은 여성일자리인가?” *Management & Information Systems Review 32*(4): 53~79.
김경근. 2005. “한국사회 교육격차의 실태 및 결정요인.” 「교육사회학연구」 15(1): 1~27.
김경모. 2001. “경남지역 소도시 청소년의 사회계층 현상에 대한 이해유형 탐구 — 경제적 불평등개념을 중심으로.” 「청소년학연구」 8(1): 243~69.
김교성 · 노혜진. 2009. “지역 빈곤의 격차와 요인에 관한 연구.” 「한국사회복지학」 61(2): 85~106.
______ · 반정호. 2004. “고용상태와 빈곤경험이 빈곤이행에 미치는 영향에 관한 연구.” 「사회복지정책」 18(1): 31~54.
김기웅 · 박신구 · 김환철 · 임종한 · 이승준 · 전성환 · 허용석. 2012. “장시간 근로와 자살 생각의 관련성.” 「대한직업환경의학회지」 24(4): 339~346.
김낙년. 2018. “한국의 소득집중도: update, 1933—2016.” 「한국경제포럼」 11(1): 1~32.
______. 2012. “한국의 소득집중도 추이와 국제비교, 1976—2010: 소득세자료에 의한 접근.” 「경제분석」 18(3): 75~114.
김문길. 2017. 『청년빈곤의 다차원적 특성 분석과 정책대응 방안』. 한국보건사회연구원 기본보고서.
김문수. 2014. “청소년의 공동체 의식이 다문화 수용성에 미치는 영향에 관한 연구: 또래애착의 매개효과를 중심으로.” 「현대사회와 다문화」 4(2): 1236~64.
김바오. 2019. “청년가구의 주거빈곤에 영향을 미치는 요인에 관한 연구.” 「보건사회연구」 39(3): 408~436.
김석호 2018. 『인구특성별 1인가구 현황 및 정책대응 연구』. 서울대학교 사회발전연구소 여성가족부 연구용역의 최종보고서 (2018년 6월).
김수정. 2014. “1990년대 말 경제위기 이후 기혼여성의 경제활동이 가구소득불평등에 미친 영향: 시뮬레이션 방법의 적용조사연구.” 「조사연구」 15(1): 93~122.
김양희. 2013. “유통서비스업 시간제 일자리의 실제: 경력단절 여성의 판매노동 경험을 중심으로.” 「한국여성학」 29(2): 39－66.

김영미 · 신광영. 2008. “기혼여성 노동시장의 양극화와 가구소득 불평등의 변화.” 「경제와 사회」 77: 79~106.

______ · 한준. 2007. “내부노동시장의 해체인가 축소인가: 기업규모별 임금격차 분해를 통해 본 한국노동시장의 구조 변동, 1982~ 2004.” 「한국사회학」 42(7): 111~145.

김용창 · 최은영. 2013. “서울시 최저주거기준 미달가구의 시공간적 특성과 변화.” 「대한지리학회지」 48(4): 509~532.

김유빈 · 강신혁 · 김영아. 2020. 『청년층 일자리 현황과 변화 전망』. 한국노동연구원 연구보고서.

김윤태. 22013. “불평등시대에 『시민권과 사회계급』 다시 읽기,” T. H. Marshall 저 (김윤태 옮김). 1977. 『시민권과 복지국가』. 이학사.

______. 2013. “토마스 험프리 마셜의 시민권 이론의 재검토－ 사회권, 정치, 복지국가의 역동성,” 「담론」 16(1): 5~32.

김위정. 2020. “코로나19가 던진 교육격차 문제와 과제.” 「서울교육」 2020년 겨울호(241호) 특별기획기사.

김은정. 2015. “중공업 남성근로자의 직무스트레스, 우울, 음주.”「한국산학기술학회논문지」 16(7): 4758~4767.

김은정. 2007. “가정의 사회경제적 지위, 사교육비, 부모－자녀 관계 그리고 청소년 자녀의 학업성취 간의 관계에 관한 연구－ 부모－자녀 관계의 매개역할을 중심으로.” 「한국사회학」 41(5): 134~162.

김을식. 2020. 『코로나19 고용 충격, 위기 대응과 뉴 노멀의 모색』. 경기연구원 GRI 이슈 & 진단 422호.

김자영. 2011. “청소년 인권의식의 형성 및 유형화에 관한 연구.” 「법교육연구」 6(2): 57~83.

김정우. 2005. “노동소득분배율의 변동추이와 의미.” 「노동연구원 이슈분석」 2005: 55~65.

김정한 외. 2007. 『여성 취업촉진을 위한 양질의 단시간 근로모델 개발』. 여성가족부 보고서.

김주호. 2021. “임금노동자와 자영업자 사이의 회색지대 플랫폼 노동.” 참여사회연구소 시평 579. (www.peoplepower21.org/Research/1801682).

김지경. 2013. “한국청소년의 정의사회에 대한 인식.” 「한국부패학회보」 18(4): 311~329.

김지연 · 김승경 · 임세희 · 최은영. 2020. 『청소년의 주거권 실태와 보장방안 연구: 사회배제 관점을 중심으로』. 한국청소년정책연구원 연구보고서.

김진강. 2010. “직무 스트레스와 직무만족의 관계에서 LMX 질의 매개효과.” 「한국콘텐츠학회논문지」 10(11): 424~434.

김진구. 2001. “외환위기 이후 한국 노동시장의 변화와 사회보장.” 「상황과 복지」 10: 53~87.

김진영. 2007. “사회경제적 지위와 건강의 관계: 연령에 따른 변화를 중심으로.” 「한국사회학」 41(3): 127~153.

______ · 송예리아 · 백은정. 2013, “학력과 주관적 건강의 관계: 노동시장 지위와 경제적 지위를 통한 연결.” 「한국사회학」 47(2): 211~239.

김진욱. 2007. “한국 소득이전 제도의 소득불평등 및 빈곤감소 효과에 관한 연구.” 「사회복지정책」 20(1): 171~195.

김진현. 2017. “근로자의 고용형태와 스트레스유형별 우울상태: 스트레스의 다중매개효과 검증.” 「사회과학연구」 28(4): 287~304.

김창민 · 김은경 · 신광영. 2020. “가구구조와 소득불평등.” 「한국인구학」 43(1): 31~59.

김창엽 · 신영전, 2009. “고용상태변화가 정신건강에 미치는 영향: 한국 복지패널을 이용한 우울증세를 중심으로.” 「상황과 복지」 27: 79~120.

김창환 · 김형석. 2007. “직업훈련의 임금불평등 효과 분석.” 「한국사회학」 41(3): 32~64.

김형주 · 연보라 · 정세정 · 변금선. 2021. 『청년 빈곤 실태와 자립안전망 체계 구축방안 연구』. 한국청소년정책연구원 연구보고서.

김혜련 · 강영호 · 윤강재 · 김창석. 2004. 『건강수준의 사회계층간 차이와 정책방향』. 한국보건사회연구원 보고서.

김혜영 2014. “유동하는 한국가족: 1인가구를 중심으로.” 「한국사회」 15(2): 255~292.

김희삼. 2008. “사적소득이전과 노후소득보장.” 「한국개발연구」 30(1): 71~130.

남상섭. 2008. “한국 가계자산의 분배와 불평등 요인분해.” 「경제연구」 27(2): 59~86.

노대명, 2017. 『근로빈곤층의 부채에 대한 질적 연구 – 부채 발생과 파급효과를 중심으로』. 한국보건사회연구원 기본보고서.

동그라미재단. 2016. 『기회 불평등에 대한 조사: 조사방법 내용 정리』. 동그라미재단 미간행 보고서.

동남지방통계청. 2021. “2021년 3월 및 1/4분기 울산광역시 고용동향.” 동남지방통계청 2021년 4월 14일자 보도자료.

______. 2020a, “2020년 5월 동남권(부산－울산－경남) 산업활동동향.” 동남지방통계청 보도자료

______. 2020b. "2020년 2020년 6월 및 2/4분기 울산광역시 고용동향.” 동남지방통계청 보도자료(2020년 7월 15일).

류기락. 2013. “고용－복지 선순환의 제도적 조건: 괜찮은 일자리와 관대한 복지국가.” 「경제와사회」 98: 233~265.

마이크로밀엠브레인. 2014. 『2014 일상적 불안감, 스트레스관련 인식 평가』. 마이크로밀엠브레인 트렌드모니터 결과보고서.

문영만 · 류장수. 2020. “동남권(부산, 울산, 경남) 청년의 유출입 특성 및 유출 결정요인.” 「지역사회연구」 28(3): 59~86.

______ · 홍장표. 2019. “대졸 청년의 취업 결정요인 및 노동시장 성과 격차－동남권(부산, 울산, 경남)을 중심으로.” 「지역사회연구」 27(4): 70~93.

민인식 · 최필선. 2013. 『패널데이타 분석: STATA Panel Data Analysis』. (주)지필미디어.

박경숙. 2008. “빈곤층의 생활과 의식: 생활세계 내 불평등의 지배와 저항.” 「한국사회학」 42(1): 96~129.

박명호 · 성명재. 2020. “중고령자의 자산보유 실태 파악 및 기초연금 선정기준이 중고령자의 자산보유구성 형태에 미치는 영향 분석.” 정해식 외. 『소득불평등 심화의 원인과 정책적 대응 효과 연구3』. 한국보건사회연구원(경제인문사회연구회 협동연구총서 20－01－01) 175~213.

박보림 · 김준형 · 최막중. 2013. “1인가구의 주택점유형태: 연령 및 소득요인을 중심으로.” 「대한국토계획학회지」 48(1): 149~163.

박수경 · 이충권. 2014. “비정규직 근로자의 직무스트레스, 음주와 정신건강 간의 관계.” 「한국위기관리논집」 10(12): 57~76.

박세홍 · 김창엽 · 신영전. 2009. “고용상태 변화가 정신건강에 미치는 영향 － 한국복지패널을 이용한 우울감을 중심으로.” 「상황과 복지」 27: 79~120.

박신영. 2012. “우리나라의 주거빈곤실태.” 「보건복지포럼」 184: 33~46.

박자경. 2021. “코로나19 시대, 청년들의 고용취약성은 보장되는가?” 「직업과 자격 연구」 10(1): 91~114.

박정민 외. 2015. “주거빈곤이 건강에 미치는 영향에 관한 종단연구.”「한국사회복지학」 67(2): 137~159.

반정호. 2011. “노동력의 연령구조 변화와 임금불평등.”「노동리뷰」 72호: 56~68.

방하남·김기헌. 2002. “기회와 불평등: 고등교육기회에 있어서 사회계층간 불평등의 분석.”「한국사회학」 36(4): 7~26.

백병부·심재휘. 2021. “청소년의 주관적 계층의식과 능력주의 신념의 구조적 관계 분석.”「교육사회학연구」 31(3): 89~119.

변미리. 2015. “도시에서 혼자 사는 것의 의미: 1인가구 현황 및 도시정책 수요.”「한국심리학회지: 문화 및 사회문제」 21(3): 551~573.

변수용·이성균. 2021.『부모의 사회경제적 지위와 자녀의 교육 결과(한국학 총서 한국의 교육과 사회이동 2)』. 박영스토리.

보건복지부 정신건강정책관·대구대학교산합협력단, 2020.『코로나19 국민정신건강실태조사 2020년 하반기』 조사보고서.

보건복지부 질병관리본부. 2018『2018년 지역사회건강조사』. 보건복지부 질병관리본부

보건복지부·국토교통부·교육부. 2017. “중앙생활보장위, 2018년 기준 중위소득 및 실태조사 의결.” (2017년 7월 31일자 보도자료).

삼성경제연구소. 2011.『SERI 경영노트2』. 삼성경제연구소.

손미아. 2004. “비정규직 노동자의 노동조건과 건강실태.”『비정규직 노동자의 건강권 보장방안 마련을 위한 실태조사 보고서』. 국가인권위원회.

송이은·김진영. 2012. “고용지위와 우울의 관계: 소득과 사회심리적 자원의 매개효과를 중심으로.”「보건사회연구」 32(1): 228~259.

석재은. 2004. “한국의 빈곤의 여성화에 대한 실증 분석.”「한국사회복지학」 56(2): 167~194.

_____·임정기. 2007. “여성노인과 남성노인의 소득수준 격차 및 소득원 차이와 결정요인.”「한국노년학」 27(1): 1~22.

성명재·박기백. 2009. “인구구조변화가 소득분배에 미치는 영향.”「경제학연구」 57(4): 5~35.

송영남. 2007. “지역간 빈곤격차의 변화에 관한 연구.”「산업경제연구」 20(1): 17~38.

신광영. 2013.『한국사회 불평등 연구』. 후마니타스.

신영수. 2003. “한국기업의 승진결정요인과 1980~1990년대 변화분석.”「산업관계연구」

13(2): 27~40.

신종호 · 황혜영 · 서은진. 2010. “부모의 학업관리 및 학생의 자기조절능력의 조절효과에 따라 사교육이 학생의 학업성취에 미치는 영향.” 「아시아교육연구」 11(4): 249~264.

신중석. 2021. “韓 고령화 속도 日보다 2배 빠르지만 연금은 절반 수준.” 이데일리 2021년 11월 15일자 기사.

신진욱. 2013.“한국에서 자산 및 소득의 이중적 불평등: 국제 비교 관점에서 본 한국의 불평등 구조의 특성.” 「민주사회와 정책연구」 23: 41~70.

엄동욱. 2007. “기업에서의 승진 결정요인: IMF 외환위기 전후 한국 대기업 인사데이터에 대한 실증분석.” 「노동정책연구」 7(1): 173~201.

오삼일. 2021. 『코로나19와 여성고용』. BOK 이슈노트.

______ · 황수빈 · 유민정 · 이종화. 2021. 『코로나19 이후 자영업 특성별 고용현황 및 평가』. BOK 이슈노트.

우민희 · 이명진 · 최샛별. 2015. 청년세대 일인가구의 여가활동 및 가족가치관에 관한 연구: 청년세대 다인가구와 비교를 중심으로. 「한국사회」 16(1): 201~231.

우해봉. 2012. “건강기대여명 지표를 통해 본 직업과 건강 그리고 사망.” 「통계연구」 17(1): 27~52.

윤정혜 · 송현주. 2009. “외환위기 이후 가구주의 종사상지위 변화유형이 가계소득증감여부에 미치는 영향.” Family and Environment Research 47(10): pp.109~122.

윤홍식 · 김혜영 · 이은주. 2005. “절대 및 차상위 빈곤선을 통해본 여성가구주 가구의 빈곤지위 결정에 관한 연구: 저소득 여성가구주 가구를 중심으로.” 「사회보장연구」 21(3): 263~288.

원석조. 2019. 『사회문제론(제6판)』. 양서원.

이다미 · 강지혜 · 조한나. 2016. “가구주의 노동시장 특성에 따른 소득원천별 가구소득불평등과 요인분해: 2010년 · 2015년 소득분배상태의 변화.” 「사회보장연구」 32(4): 85~124.

이미숙. 2005. “한국 성인의 건강불평등 – 사회계층과 지역 차이를 중심으로.” 「한국사회학」 39(6): 183~209.

이병훈 · 신재열. 2011. “자영자의 계층의식에 관한 연구.” 「경제와사회」 92: 247~274.

이병희 · 황덕순 · 홍민기 · 오상봉 · 전병유 · 이상헌. 2014. 『노동소득분배율과 경제적 불평등』. 한국노동연구원.

이상록·백학영. 2008. “한국사회 빈곤구조의 지역 편차 분석 – 수도권과 지방의 빈곤 격차를 중심으로.” 「한국사회복지학」 60(4): 205~230.

이상문. 2008. “빈곤계층의 정신건강에 관한 연구.” 「한국사회학」 42(3): 119-152.

이성균. 2020. “코로나19 사태와 울산지역 실업문제: 노동력 수요부족과 일자리 미스매치를 중심으로.” 「지역사회학」 21(3): 105~136.

______. 2019a. “가구주 특성과 상대적 빈곤: 수도권과 비수도권의 비교,” 「지역사회학」 20(1): 5~34.

______. 2019b. “1인가구의 주거빈곤과 사회경제적 특성.” 2019년 비판사회학대회 발표문.

______. 2017. 『울산지역 노동시장과 고용문제』. 울산: UUP(울산대학교출판부).

______. 2016a. “한국 임금근로자의 스트레스에 관한 연구: 패널자료 분석.” 「한국사회학」 50(4): 203~232.

______. 2016b. “한국사회 고등학생의 기회불평등 의식.” 「사회과학논총」 47(2): 3~26.

______. 2008. “경제위기 이후 가구단위 소득 구성요소와 직업의 소득불평등 효과: 도시 임금소득자 가구를 중심으로.” 「노동정책연구」 8(4): 119~146.

______·신희주·김창환. 2020. “한국사회 가구 소득과 자산의 불평등: 연구 성과와 과제.” 「경제와사회」 9월호: 60~94.

이성재·이우진. 2016. 「샤플리값을 이용한 소득과 자산 불평등의 기여도 분석」. 한국재정학회 2016년도 경제학 공동학술대회 자료집, 1~29.

이순형. 1991. “사회적 불평등에 대한 청소년의 인지.”「한국청소년연구」 5: 7~28.

이왕원·김문조. 2015. “한국인의 생활전망 잠재유형과 영향요인에 관한 연구: 객관적 불평등과 주관적 불평등의 효과 검증을 중심으로.” 「보건사회연구」 35(3): 5~41.

______·김문조·최율. 2016. “한국인의 상향이동에 대한 의식: 연령(Age), 기간(Period), 코호트(Cohort)효과를 중심으로.” 한국사회학회 2016년 전기 사회학대회 논문집. 103~124.

이용관, 2018. “청년층의 주관적 계층의식과 계층이동 가능성 영향요인 변화 분석.” 「보건사회연구」 38(4): 465~491.

이우진. 2018. “한국의 소득 및 자산불평등: 현황과 과제.” 「정부학연구」 24(2): 29~59.

이윤경. 2006. “근로시간에 따른 근로자들의 직무스트레스.” 「한국직업건강간호학회지」 15(2): 115~125.

이윤석. 2012. “1인가구의 추세와 특색: 나홀로 집에.”『한국의 사회동향 2012』68~76.
이정우·황성현. 1998.『한국의 분배문제: 현황, 문제점과 정책방향』. KDI정책연구.
이진숙·이윤석 2014. “비혼 1인가구의 사회적 관계: 여성과 남성의 교제활동 시간 비교를 중심으로.”「한국인구학」37(4): 1~24.
이철승. 2019. “세대, 계급, 위계- 386세대의 집권과 불평등의 확대.”「한국사회학」53(1): 1~48.
이철희. 2008. “1996~2000년 한국의 가구소득불평등 확대: 임금, 노동공급, 가구 구조 변화의 영향.”「노동경제논집」31(2): 1~34.
이태진. 2009. “경제위기에 따른 주거빈곤 개선방안.”「보건복지포럼」148: 44~55.
______·우선희·최준영. 2017. “청년층의 주거 실태는 어떠한가.”「보건복지포럼」244: 38~53.
임세희. 2010. “주거빈곤이 아동발달에 영향을 미치는 과정 분석.”「한국사회복지학」62(4): 377~402.
임채홍·현승현·김수용 2011. “절대적, 상대적 빈곤수준의 결정요인 및 격차 비교분석: 2005-2007년의 수도권과 비수도권의 차이를 중심으로.”「국가정책연구」25(4): 77~111.
장귀연. 2015. “자본의 노동 포섭 형태 변화와 자영노동의 실질적 종속.”「경제와사회」통권 107: 79-106.
장세훈. 2011. 최저주거기준 미달 주거빈곤가구의 실태. 인터넷자료 (2012_05_03%20최저주거기준%20미달%20주거빈곤가구의%20실태.pdf).
장영은·이강용·정준호. 2017. “거주주택자산이 자산불평등에 미치는 영향.”「주거환경」15(3): 19~33.
장지연. 2020. “플랫폼노동자의 규모와 특징.”「KLI 고용·노동브리프」제104호(2020-11).
______. 2012. “다양한 층위의 소득정의와 구성요소에 따른 불평등 수준.”「동향과전망」85: 131~163.
______. 2001. “비정규직 노동의 실태와 전망.”「경제와사회」51: 75-99.
______·양수경. 2007. “사회적 배제 시각으로 본 비정규 고용.”「노동정책연구」7(1): 1~22.
전기택. 2020. “코로나19 확산과 여성고용.” 한국여성정책연구원「이슈브리프」57:

70~77.
전병유. 2016. “한국의 자산불평등.” 「월간 복지동향」 216: 18~27.
______. 2013. “한국 사회에서의 소득불평등 심화와 동인에 관한 연구.” 「민주사회와 정책연구」 23: 15~40.
______ · 정준호. 2014. “소득-자산의 다중격차: 소득-자산의 결합분포를 중심으로.” 「경제발전연구」 20(1): 105~134.
______ · 정준호 · 정세은. 2017. “한국의 불평등 추이와 구조적 특성.” 황규성 · 강병익 엮음. 『다중 격차 2: 역사와 구조』. 페이퍼로드. 115~146.
전승훈 · 강성호 · 임병인. 2004. “선형패널자료 분석방법에 관한 비교연구.” 「통계연구」 9(2): 1~24.
전인 · 오선희 · 성한영. 2015. “전문직종 비정규직 고용불안정성이 직무스트레스와 직무태도에 미치는 영향에 관한 연구: 사립중등학교 기간제교사를 중심으로.” 「경영연구」 30(3): 85-109.
정동일 · 박영민. 2021. “대졸자 지역이동의 구조: 연고, 기회, 거리의 상호작용.” 「지역사회학」 22(1): 5~40.
정성미. 2012. “여성고용과 사회서비스업.” 「노동리뷰」 89: 58~73.
정원오. 1995. “지난 20년의 임금불평등의 변화추세.” 「사회복지연구」 6: 70~90.
정이환. 2013. 『한국고용체제론』. 후마니타스.
______. 2007. “기업규모인가 고용형태인가-노동시장 불평등의 요인 분석.” 「경제와 사회」 73: 332~355.
정준호 · 전병유. 2020. “소득과 자산의 연계 불평등 현황 분석.” 정해식 외. 『소득불평등 심화의 원인과 정책적 대응 효과 연구3』. 한국보건사회연구원(경제인문사회연구회 협동연구총서 20-01-01). 139~174.
______ · 전병유 · 장지연. 2017. “1990년대 이후 소득 불평등 변화 요인에 관한 연구.” 「사회복지정책」 44(2): 29~54.
정진호 · 이규용 · 최강식. 2004. 『학력 간 임금격차의 변화와 요인 분석』. 한국노동연구원 연구보고서 2004-05.
정현수. 2022. “대기업 쏠림에 ‘서울 사무실’서 일하는 직원만 87만명.” 머니투데이 2022년 2월 28일자 기사
정혜선 · 장원기 · 이복임 · 박현주. 2009. “장시간 근로와 직무스트레스와의 관계.” 대한직

업환경의학회 학술대회 논문집.
정회옥 · 정승회. 2018. “한국 청소년의 정치의식 수준 분석.” 「시민교육연구」 50(2): 159~183
중앙방역대책본부. 2022. “코로나19 국내 발생 및 예방접종 현황(5월 31일).” 중앙방역대책본부 보도자료 5월 31일.
조경배. 2001. “직접고용의 원칙과 파견근로.” 「민주법학」 19: 33~54.
조돈문 · 손정순 · 남우근 · 김진희 · 노상헌 · 조임영 · 이남신 · 정승균 · 허윤진. 2013. 『사라져 버린 사용자 책임 간접고용 비정규직 실태와 대안: 사라져 버린 사용자 책임』. 매일노동뉴스.
조동기. 2006. “중산층의 사회인구학적 특성과 주관적 계층의식.” 「한국인구학」 29(3): 89~109.
조성민. 2018. “지역소득 역외유출 결정요인과 시사점.” 「KIET 산업경제」 2018년 10월호: 33~43.
조영철 · 권혁진. 2020. “자산불평등의 거시경제영향 분석.” 정해식 외. 『소득불평등 심화의 원인과 정책적 대응 효과 연구3』. 한국보건사회연구원(경제인문사회연구회 협동연구총서 20－01－01). 13~71.
진미윤. 2021. 주거의 질적 지표: 현황과 개선방안. 「KIPS 조사포럼」 35: 36~45.
최옥금. 2007. “노인 빈곤에 영향을 미치는 요인에 대한 연구: 패널자료를 활용한 분석.” 「한국사회복지학」 59(1): 5~25.
______. 2005. “근로빈곤층의 '괜찮은 일자리(decent job)' 이동에 관한 연구: 임금일자리를 중심으로.” 「노동정책연구」 5(1): 1~42.
최원석. 2020. “<최원석의 글로벌 인사이트> [9 Interview] 2019 노벨경제학상 수상자 에스테르 뒤플로 교수 “코로나19가 불평등의 심각성 알리는 경종 됐으면.” 「Economy 조선」 353호(2020년 06월 22일).
최윤정 · 박성정 · 김은경 · 김인순 · 김애라 · 김효경 · 박민주. 2021. 『또래문화를 통해 본 청소년의 성평등 의식과 태도 연구(Ⅰ): 남녀 청소년의 또래문화와 젠더의식 격차 비교』. 여성정책연구원 연구보고서.
최저임금위원회. 2020. 『비혼 단신근로자 실태생계비 분석보고서』. 최저임금위원회 보고서.
통계청. 2021. “이용자용 통계정보보고서_지역별고용조사2020” 통계청 자료.
______. 2020. “2019년 중 · 장년층 행정통계 결과.” 통계청 보도자료(2020년 12월 22일).

______. 2019a. “2019년 4분기 가계금융복지조사 결과.” 통계청 · 금융감독원 · 한국은행 보도자료(2019년 12월 17일).

______. 2019b. “2019년 8월 경제활동인구 부가조사결과.” 통계청 보도자료.

______. 2018a. “인구주택총조사에 나타난 1인 가구의 현황과 특성.” 통계청 보도자료(2018년 9월 28일).

______. 2018b. “2018년 3/4분기 가계동향조사(소득부문) 결과” 통계청 보도자료(2018년 11월 22일).

______. 2017a. “서비스업조사.” KOSIS.

______, 2017b. “지역소득: 행정구역(시도)별 1인당 지역내총생산, 지역총소득, 개인소득.” KOSIS.

______. 2016. “2016년 6월 한국은행지역본부 기업경기지수.” KOSIS.

______. 2014. 『사회조사』. KOSIS.

통계청 고용통계과. 2022. 『이용자용 통계정보보고서_경제활동인구조사_2022』. 통계청 자료.

통계청 사회통계국. 2021. 『소득분배지표 이해하기 – 작성방법과 각 지표의 용어를 중심으로』. 통계청 자료.

한국감정원. 2020. “전국주택가격 동향조사 각년도 3월 기준 종합주택 평균매매가 5분위 배율.” (www.r-one.co.kr/rone/resis/statistics/statisticsViewer.do?menuId=TSPIA_43100)

한국공간환경연구회. 1993. 『서울 연구: 유연적 산업화와 새로운 도시, 사회, 정치』. 한울아카데미.

한국보건사회연구원 · 국민건강보험공단. 2015. 『2008~2012 한국의료패널 연간데이터 사용안내서』. 한국보건사회연구원 · 국민건강보헌공단.

한국비정규직노동센터. 2014. “통계로 본 한국의 비정규직 노동자: 2014년 8월 경제활동인구조사 근로형태별 부가조사 분석.” 한국비정규직노동센터 이슈페이퍼 2014-02.

한국여성정책연구원. 2020. 『코로나19의 여성 노동위기 현황과 정책과제』. KWDI Brief 제58호.

한국은행. 2021. 『지역경제보고서』. 한국은행 보고서.

______ 부산본부. 2021. 『코로나19와 부산경제』. 한국은행 부산본부 보고서.

______ 울산본부 · 경남본부. 2020. 『울산 · 경남 지역 자동차 부품업 특징 및 발전방안』.

한국은행 울산본부 · 경남본부 보고서.
한종석 · 최승문 · 윤성주. 2015.『근로소득 불평등 변화에 대한 실증분석과 정책적 함의』. 한국조세재정연구원 기본과제 최종보고서.
허수연. 2012. "자녀유무별 여성임금격차(Family gap)." 「사회복지연구」 43(2): 345~366.
홍두승 · 설동훈. 2012.『사회조사분석』. 서울: 다산출판사.
홍민기. 2015a. "최상위 임금 비중의 장기 추세 (1958-2013)."「산업노동연구」 21(1): 191~220.
______. 2015b. "최상위 소득 비중의 장기 추세 (1958~2013년)."「경제발전연구」 21(4): 1~34.
홍성철. 2015. "1인 가구의 증가와 미디어 소비 행태 분석."「정보와사회」 16(3): 59~84.
황규성 · 강병익. 2017. "다중격차의 확대와 구조화: 1997년 이후 불평등." 황규성 · 강병익 엮음.『다중 격차 2: 역사와 구조』. 페이퍼로드. 75~114.
황선재 · 계봉오. 2018. "경제적 불평등 인식에 대한 경험적 연구-한국 사례와 함의." 「한국인구학」 41(4): 1265~1288.

Abrevay, J. and S. Shen. 2013. "Estimation of Censored Panel-Data Models with Slope Heterogeneity." *Journal of Applied Econometrics* 29(4): 523~548.
Ahn, K. 1997. "Trends in and Determinants of Income Distribution in Korea." *Journal of Economic Development* 22(2): 27~56.
Almås, I., T. Havnes and M. Mogstad. 2011. "Baby Booming Inequality? Demographic Change and Earnings Inequality in Norway, 1967-2000." *Journal of Economic Inequality* 9: 629~650.
Anker, R., I. Chernyshev, P. Egger, F. Mehran, J. A. Ritter. 2008. "Measuring decent work with statistical indicators." *International Labour Review* 142(2): 142~178.
Atkinson, A. B., and C. Lakner. 2017. "Capital and labor: The factor income composition of top incomes in the united states, 1962-2006." World Bank Policy Research Working Paper 8268,
Atkinson, J. 1984. "Flexibility, Uncertainty and Manpower Management." IMS Report

No.89. Institute of Manpower Studies. Brighton.

Atkinson, T. 2002. “Is rising income inequality inevitable? A critique of the Transatlantic Consensus.” In *World poverty: New policies to defeat an old enemy* 1~51.

Autor, D., L. F. Katz, and M. S. Kearney. 2008. “Trends in U.S. Wage Inequality: Revising the Revisionists.” *Review of Economics and Statistics* 90(2): 300~323.

Bachman, D. and A. Barua. 2015. *Single-person households: Another look at the changing American family*. Deloitt Insights: Behind the Numbers. November 2015.

Barcia, L. 2015. *Why proper housing for the poor makes economic sense?* Inside Development (issued on 28 August, 2015).

Barker, K. and K. Christensen. 1998. "Controversy and Challenges raised by Contingent Worker Arrangements" in Barker (ed.) *Contingent Work: American Employment Relations in Transition*. ILR Press.

Becker, G. 1964. *Human Capital: A theoretical and empirical analysis, with special reference to education*. University of Chicago Press.

Blank, R. 1991. *Why Were Poverty Rates So High in the 1980s?* NBER Working Paper No. 3878.

Bourdieu, P. 1986. "The forms of capital," In J. G. Richardson (ed.) *Handbook of Theory and Research for the Sociology of Education*. New York: Greenwood.

Bradshaw, J. et al. 2012. “Relative Income Poverty among Children in Rich Countries.” Innocenti Working Paper. Florence, Italy: UNICEF Innocenti Research Centre.

Cameron, A. C. and P. K. Trivedi. 2005. *Microeconometrics: Methods and Applications*. Cambridge University Press.

Carayon, P. 1993. “A Longitudinal test of Karasek’s Job Strain model among Office Workers. *Work & Stress: An International Journal of Work, Health & Organizations* 7(4): 299~314.

Card, D. 2001. “The Effect of Unions on Wage Inequality in the U.S. Labor Market." *Industrial and Labor Relations Review* 54: 296~315.

______ and J. E. DiNardo. 2002. "Skill-Biased Technological Change and Rising Wage Inequality: Some Problems and Puzzles." *Journal of Labor Economics* 20(4): 733~783.

Castells, M. 1978. *City, Class and Power.* London; New York, MacMillan; St. Martins Press

Charles, M. and D. Grusky. 2005. *Occupational Ghettos: The Worldwide Segregation of Women and Men.* California: Stanford University Press.

Cheung, A. and W. J. Yeung. 2015. "Temporal-spatial patterns of one-person households in China, 1982-2005." *Demographic Research* 32(44): 1209~1238.

Christopher K. 2019. "National disgrace: cost of housing driving up child poverty rates." *The Guardian* (5월 14일자 기사).

Collins, R. 1971. "Functional and Conflict Theories of Educational Stratification." *American Sociological Review* 36: 1002~1019.

Credit Suisse Research Institute, 2019. *Global Wealth Report 2019.* Credit Suisse Research Institute Report.

Crompton, R. 1993. *Class and Stratification: An Introduction to Current Debates.* Cambridge : Polity Press. 정태환 · 한상근 옮김. 1995. 『현대 계급론』 서울: 한울 아카데미.

Cynamon, B. Z., and S. M. Fazzari. 2016. "Inequality, the Great Recession and slow recovery." *Cambridge Journal of Economics* 40(2): 373~399.

Davies J. and A. F. Shorrocks. 2000. "The distribution of wealth." in *Handbook of Income Distribution* vol. 1 (Chapter 11). Elsevier. 605~675.

De Jonge, J. 1997. "A Critical Examination of the Demand-Control-Support Model from a Work Psychology Perspective." *International Journal of Stress Management* 4: 235~258.

_______. H. Reuvers, and M. A. Kompier. 2000. "Linear and Nonlinear Relations between Psychosocial Job Characteristics, Subjective Outcomes and Sickness absence." *Journal of Occupational Health Psychology* 5: 256~268.

Der Doef, M. V. and S. Maes. 1999. "The Job Demand-Control(-Support) Model and Psychological Well-being: A Review of 20 years of empirical research."

Work & Stress: An International Journal of Work, Health & Organizations 13(2): 87~114.

Desmond, M. 2015. *Unaffordable America: Poverty, housing and eviction.* Fast Focus 22. Institute for Research on Poverty.

Dwyer, R. E. 2009. "The McMansionization of America? Income Stratification and the standard of living in house, 1960~2000." *Research in Social Stratification and Mobility* 27: 285~300.

Easterlin, R. 2001, "Income and Happiness: Towards a Unified Theory." *The Economic Journal* 111: 465~484.

Employment Conditions Knowledge Network. 2007. *Employment Conditions and Health Inequality. Final Report.* Employment Conditions Knowledge Network.

Erikson, R. and J. H Goldthorpe. 1992. *The constant flux: A study of class mobility in industrial societies.* Oxford University Press.

Esping-Anderson, G. 1990. *The Three Worlds of Welfare Capitalism.* Princeton University Press.

Eurostat. 2018. *Rising proportion of single person households in the EU.* (appsso.eurostat.ec.europa.eu/nui/show.do).

Foner, A. 1979. "Ascribed and Achieved Bases of Stratification." *Annual Review of Sociology* 5: 219~242.

Gerth, H. and C. W. Mills. 1948. *From Max Weber : essays in sociology.* London : Routledge & Kegan Paul.

Ghai, D. 2008. "Decent work: Concept and indicators." *International Labour Review* 142(2): 113~145.

Gilbert, D. 1988. *The American Class Structure: In an Age of the Growing Inequality.* Wadsworth.

Goldthorpe, J. H. D. Lockwood, F. Bechhofer and J. Platt. 2010. *The Affluent Worker in the Class Structure.* Cambridge Studies in Sociology 3. Cambridge University Press.

Grusky, D. B. 1994. "The Contours of Social Stratification." in Grusky (ed.) *Social Stratification: Class, Race, and Gender in Sociological Perspective.* pp. 3~35.

Boulder: Westview Press.

Guilmoto, C. Z. and M. de Loenzien. 2015. "Emerging, transitory or residual? One person households in Viet Nam." *Demographic Research* 32(4): 1147~1176.

Guy, S., F. Benet, J. B. Figueiredo. 2003. "A family of decent work indexes." *International Labour Review* 142(2): 213~238.

Harvey, D. 2009 *Social Justice and the City*. Athens: University of Georgia Press.

Hauser, J. A., A. Mojzisch, M. Niesel and S. Schulz−Hardt. 2010. "Ten years on: A Review of recent research on the Job Demand−Control(−Support) Model and psychological well−being." *Work & Stress: An International Journal of Work, Health & Organizations* 24(1): 1~35.

Hellerstedt, W. L. and R. W. Jeffery. 1997. "The Association of Job Strain and Health Behavior in Men and Women." *International Journal of Epidemology* 26: 575~583.

Hewlett, S. and C. B. Luce. 2006. "Extreme Jobs: The Dangerous Allure of the 70−Hour Workweek." *Harvard Business Review* 84(12): 49~59.

Ho, J. H. 2015. "The problem group? Psychological wellbeing of unmarried people living alone in the Republic of Korea." *Demographic Research* 32(4): 1299~1328.

Hollister, M. N. 2004. "Does Firm Size Matter Anymore? The New Economy and Firm Size Wage Effects." *American Sociological Review* 69(5): 659~679.

Housing and Dependency Working Group (2008). *Housing Poverty: From Social Breakdown to Social Mobility*. Center for Social Justice Working Paper. November 2008.

ILO. 2021. *WESO Trends 2021. Slow jobs recovery and increased inequality risk long−term COVID−19 scarring*. ILO 홈페이지 자료 (www.ilo.org/global/about−the−ilo/newsroom/news/WCMS_794834/lang—en/index.htm).

______. 2020. *Employment and Decent Work*. ILO 홈페이지 자료 (www.ilo.org/global/topics/decent−work/lang—en/index.htm).

Jackman, M and R. Jackman. 1973. "An Interpretation of the relation between objective and subjective social status." *American Sociological Review* 38(5): 569~582.

Joensuu, M., M. Kluimarki, A. Kolskinen and A. Vaananen. 2015. "Differential Association between Job Control Components with Mortality: A Cohort Study, 1986~2005." *American Journal of Epidemiology* 175: 609~619.

Joseph Rowntree Foundation. 2013. *The Links Between Housing and Poverty*. Joseph Rowntree Foundation Report.

Jordà, O. K. Knoll, D. Kuvshinov, M. Schularick and A. M. Taylor. 2017. "*The Rate of Return on Everything, 1870–2015*." Federal Reserve Bank of San Francisco Working Paper Series 2017~25.

Kalleberg, A. 2018. *Precarious Lives: Job Insecurity and Well–Being in Rich Democracies*. John Wiley & Sons.

______. 2011. *Good Jobs, Bad Jobs: The Rise of Polarized and Precarious Employment Systems in the United States*. New York: Russell Sage Foundation.

Karasek, R. A. 1979. "Job demands, Job Decision Latitude and Mental Strain: Implications for job redesign." *Administrative Science Quarterly* 24: 285~308.

______ and T. Theorell. 1990. *Healthy Work. Stress, Productivity and the Reconstruction of Working Like*. New York: Basic Books.

Karoly, L. A. and G. Burtless. 1995. "Demographic Change, Rising Earnings Inequality, and the Distribution of Personal Well–being, 1959–1989." *Demography* 32: 379~405.

Kim, Bo H, and H. Lee. 2015. "The association between working hours and sleep disturbances according to occupation and gender." *Chronobiology International: The Journal of Biological and Medical Rhythm Research* 32(8): 1109~1114.

Kim, C. and A. Sakamoto. 2010. "Assessing the Consequences of Declining Unionization and Public–Sector Employment: A Density–Function Decomposition of Rising Inequality from 1983 to 2005." *Work and Occupations* 37: 119~161.

Klinenberg, E. 2012. *Going solo: The extraordinary rise and surprising appeal of living alone*. New York: Penguin Press.

Lloyd-Sherlock, P. 2010. “Building Decent Societies: Rethinking the Role of Social Security in Development.” *Social Policy & Administration* 44(1): 104~106.

Lorence, L. 1991. “Growth in Service Sector Employment and MSA Gender Earnings Inequality: 1970~1980.” *Social Forces* 69(3): 763~709.

Marshall, T. H, 1977. *Class. Citizenship and Social Development.* Second Edition. The University of Chicago Press. 김윤태 옮김 2013 『시민권과 복지국가』. 이학사

______. 1963. *Class, Citizenship and Social Development.* The University of Chicago Press.

______. 1950. *Citizenship and Social Class.* Cambridge University Press.

Marx, K. 1962. “Manifesto of the Communist Party.” in K. Marx and F. Engels. *Selected Works,* Vol. 1. Foreign Languages Publishing House.

______. 1850(1977). “Preface to A Contribution to the Critique of Political Economy.” in David Mclellan (ed) *Karl Marx: Selected Writings.* Oxford: Oxford Univ. Press.

Massey, D. 1995. *Spatial Division of Labor* (2nd Edition). Routledge.

Matthys, M. 2014. *Cultural Capital, Identity, and Social Mobility: Life Course of Working Class University Graduates.* Routledge

Michael, R. T., Fuchs, V. R. and Scott, S. R. 1980. “Changes in the Propensity to Live Alone: 1950-1976.” *Demography* 17(1): 39~56.

Morris, M. and B. Western. 1999. “Inequality in Earnings at the Close of the Twentieth Century.” *Annual Review of Sociology* 25: 623~657.

Mueller, N., S. Buchholz and H. P. Blossfeld. 2011. *Wealth inequality in Europe and the delusive egalitarianism of Scandinavian countries.* University of Bamberg.

OECD. 2018. “Decile ratios of gross earnings.” OECD DB(stats.oecd.org)

______2017. *OECD* “*Income Distribution Database (IDD): Gini, poverty, income, Methods and Concepts.*” OECD DB (www.oecd.org/social/income-distribution-database.htm).

______. 2016. “Income Inequality Remain High in the Face of weak Recovery.” OECD *Income Inequality Update* November 2016.

Park, H, 2018. “Income gap widens to 11 year-high.” An Article in Korean Times (published on November 22, 2018).

Park, H. and Choi, J. 2015. "Long−term trends in living alone among Korean adults: age, gender, and educational differences." *Demographic Research* 32(43): 1177~1208.

Peterson, T. and L. Morgan. 1995. "Seperate and Unequal: Occupation−Establishment Segregation and the Gender Wage Gap." *American Journal of Sociology* 101(2): 329~365.

Piketty, T. 2014. *Capital in the Twenty−First Century*. Belknap Press.

______ and E. Saez. 2003. "Income Inequality in the United States, 1913−1998." *Quarterly Journal of Economics* 118(1): 1~41.

Piore, M. J. 2014. "The Dual Labor Market : Theory and Implications." in Grusky, D. B. *Social Stratification.* 4th Edition. Routledge.

Regini, M. 2000. "The Dilemmas of Labor Market Regulations." in Esping−Andersen (ed.) *Why Deregulate Labor Market?* Oxford University Press.

Schmidt, V. 2009. *Equal Access to Full Employment and Decent Work As a Poverty Reduction Strategy*. United Nations Report(EGM/BPFA-MDG/2009/EP.2).

Silver, H. 1994. "Social exclusion and Social Solidarity: Three Paradigms." *International Labour Review* 133: No. 5~6.

Sparks, K., B. Faragher and C. L. Cooper. 2001. "Well−Bing and Occupational Health in the 21st Century Workplace." *Journal of Occupational and Organizational Psychology* 74(4): 489~509.

STATA. 2015. "*xtintreg: Random−effects interval−data regression models.*" Unpublished STATA Manual (www.stata.com/manuals13/xtxtintreg.pdf).

Thompson, E. P. 1968. *The Making of the English Working Class*. Penguin Books.

Torres−Reyna, O. 2007. *Panel Data Analysis Fixed and Random Effects using Stata* (v 4.2). Princeton University Press.

Townsend, P. 1979. *Poverty in the United Kingdom: A Surrey of Household Resources and Standards of Living*. London: Allen Lane and Penguin Books.

Treiman, D. J. 1977. *Occupational Prestige in Comparative Perspective*. Academic Press.

UNITED NATIONS. 2000. *Millennium Development Goals*. UN 홈페이지 자료

(https://www.un.org/millenniumgoals)

______ Economic and Social Council. 2005. "*The Right to Work. General comment*" No. 18 UN 홈페이지 자료 (https://undocs.org/E/C.12/GC/18).

US Bureau of Labor Statistics. 2011. "A Profile of the Working Poor, 2009." US Department of Labor.

Warren, J. R. and A. Halpern-Manners. 2012. "Panel Conditioning in Longitudinal Social Science Surveys." *Sociological Methods & Research,* 41(4): 491~534.

Watts, J. H. 2009. "Allowing into a Man's World: Meanings of Work-Life Balance." *Gender, Work and Organization* 16(1): 37~51.

Weber, M. 1978. *Economy and Society: An Outline of Interpretive Sociology* (Vol. 2). Roth and C. Wittich (ed). University of California Press.

______. 2002. *The Protestant Ethic and The Spirit of Capitalism.* (translated by Peter Baehr and Gordon C. Wells) Penguin Books.

World Bank. 2018. "Decline of Global Extreme Poverty Continues but Has Slowed." Press Release September 19, 2018.

Wright, E. O. 2015. *Understanding Class.* New York: Verso.

______. 1997. *Class Counts.* Cambridge: Cambridge University Press.

Yeung, W. J. and A. K. Cheng. 2015. "Living alone: One-person households in Asia." *Demographic Research* 32(40): 1099~1112.

신문 기사

경향신문. 2021. "코로나로 불평등 심화…현 정부 들어 '임금 지니계수' 첫 상승." 2021년 1월 24일 기사.

______. 2019. "[90년대생 불평등 보고서]환승 어려워진 '계층 순환버스'." 2019년 9월 30일 기사.

국민일보. 2020. "월 200도 못벌어"…생활고 몰린 택배기사 극단 선택." 2020년 10월 20자 기사.

내일신문. 2020. "코로나19 사태로 '경제적 불평등' 우려." 2020년 11월 5일 기사.

뉴데일리. 2018. "2018. 주식부자 상위1%, 배당소득 75% 넘게 가져가." 2018년 9월 7일 기사.

뉴시스, 2022. “누구는 주고 누군 안주냐”....손실보전금 신속지급 놓고 택배기사 설왕설래.” 2022년 5월 31일 기사.

______. 2020. “서울시민 70% 사회불평등 심각...부동산 등 자산 최대 원인.” 2020년 1월 27일 기사.

______. 2018. “숙박음식점 절반이상이 2년내 문닫았다.” 2018년 12월 10일 기사.

동아일보. 2020. “'코로나 고용쇼크' 일시휴직 126만명 급증.” 2020년 4월 18일 기사.

디지털타임스. 2016. "세계 빈곤선 이하 인구 1억명 이상 감소" 2016년 10월 3일 기사.

매일경제. 2020. “무너지는 차 생태계 … 부품사 60% 감원.” 2020년 7월 15일 기사.

서울경제신문. 2021. “작년 재정일자리 사업 10개 중 3개 ‘미흡’” 2021년 6월 8일 기사.

서울신문. 2017. “똑같은 기회, 공정한 분배.” 2017년 7월 3일 기사.

세계일보. 2016. “청소년 10명 중 8명, 79.4% 사회불평등하다고 생각.” 2016년 1월 16일 기사.

시사포커스. 2022. “전세계 코로나19 확진자 83만명…북미·유럽 등 다시 확산조짐.” 2022년 5월 30일 기사.

시사IN. 2020. “적나라하게 드러난 팬데믹 시대 교육 불평등.” 2020년 9월 14일 기사.

아시아경제. 2021. “세계불평등연구소 "한국, 서유럽처럼 부유하지만 소득·부 불평등 심각." 2021년 12월 7일 기사.

연합뉴스. 2020. “원격수업으로 부모 경제력 따른 교육격차 커져.” 2020 6월 9일 기사.

______. 2018. “추락하는 구미공단. 수출생산액, 근로자수 수년째 내리막.” 2018년 11월 30일 기사.

이데일리, 2021. “자영업 비중 사상 최저…지금도 어려운데 미래 더 캄캄.” 2021년 8월 21일 기사.

______. 2020. “특고, 자영업자 150만 원 고용안정금 지원에 176만명 몰려.” 2020년 7월 21일 기사.

______. 2019. “한달 벌어야 절반 임대료.. 주거지원 절실한 1인가구.” 2019년 3월 15일 기사.

이투데이. 2020. “교사 79% “원격 수업에 학습격차 커졌다…쌍방향 수업 비율 5% 그쳐.” 2020년 9월 21일 기사.

조선일보. 2020. “부(富)의 불평등이 소비 위축하고 성장률 저하시켜.” 2020년 6월 29일 기사.

중앙일보. 2019. “양질의 일자리, 정부 아닌 시장 통해 만들자.” 2019년 11월 7일 사설.
______. 2015. “법원, 업무 스트레스 자살도 업무상 재해.” 2015년 9월 7일 기사.
한겨레신문. 2020. “‘지역사회 감염’ 우려, 취약계층 대응 더 중요해졌다.” 2020년 2월 18일 사설.
______. 2019. “2021년부터 기초생활수급 20대 청년에 주거급여 지원.” 2019년 7월 31일 기사.
______. 2018. “불평등 고통 겪은 계층이 되레 “불평등심하지 않다.” 2018년 10월 18일 기사.
______. 2016a. “‘흙수저’는 기회박탈 절망.” 2016년 10월 17일 기사.
______. 2016b. “비혼·가족해체로 독거중년…실직까지 겹쳐 무너지는 ‘삶’.” 2016년 9월 28일 기사.
______. 2009. “비정규직, 고용불안 스트레스도 업무재해.” 2009년 8월 31일 기사.
한경비즈니스. 2018. “예전에 서울부럽지 않았는데....잇단 파산에 지역경제 축복이 악몽으로.” 2018년 10월 30일 기사.
한국경제신문. 2021. “양질의 일자리 급감, 공공 알바로 ‘눈가림’…세금으로 통계 분식.” 2021년 3월 21일 기사.
______. 2020. “5월 산업단지 생산 20% 뚝 … 울산·아산·창원 등 큰 폭 감소.” 2020년 7월 20일 기사.
한국일보 2020. “2020년대 한국 제1의 과제 … ‘불평등의 해소.’” 2020년 9월 15일 기사.
헤럴드경제. 2022. “월 600만 원번다고? 배달기사 수입, 실체 알면 놀란다.” 2022년 4월 22일 기사.
______. 2019. “[신년기획 2019－富의 장벽 높이는 서울] 지방 엑소더스…돈도 빚도 ‘富의 블랙홀’로.” 2019년 1월 2일 기사.
KBS. 2021. “부자 나라 한국, 소득 불평등 심각…부의 불평등은 더 심각.” 2021년 12월 8일 기사.

필자 소개

필자는 1997년에 미국 위스컨신대학교(University of Wisconsin－Madison)에서 사회학 박사학위를 취득하였다. 현재 울산대학교 사회과학부 사회·복지전공교수로 재직 중이며, 한국사회학회, 비판사회학회, 불평등연구회 등 다수의 학술단체에서 활동하였다. 주요 저서는 『경제위기와 노동시장변동』, 『울산지역 노동시장과 고용문제』 등이며, 최근에는 행정자료를 활용한 불평등과 빈곤문제, 지역고용정책 등에 관한 연구 과제를 수행하고 있다.

한국사회 불평등과 빈곤 현실

초판발행 2022년 11월 1일
중판발행 2023년 12월 15일

지은이 이성균
펴낸이 노 현

편 집 배근하
기획/마케팅 정성혁
표지디자인 이소연
제 작 고철민·조영환

펴낸곳 ㈜ 피와이메이트
서울특별시 금천구 가산디지털2로 53 한라시그마밸리 210호(가산동)
등록 2014. 2. 12. 제2018-000080호
전 화 02)733-6771
f a x 02)736-4818
e-mail pys@pybook.co.kr
homepage www.pybook.co.kr
ISBN 979-11-6519-318-8 93330

정 가 17,000원